U0064939

古典文獻研究輯刊

十三編

潘美月・杜潔祥 主編

第 2 冊

李卓吾事蹟繫年

林其賢 著

國家圖書館出版品預行編目資料

李卓吾事蹟繫年／林其賢 著 — 初版 — 新北市：花木蘭文化
出版社，2011〔民100〕
序 2+ 目 2+232 面；19×26 公分
（古典文獻研究輯刊 十三編：第 2 冊）
ISBN：978-986-254-623-9（精裝）
1.（明）李贄 2.傳記 3.學術思想 4.哲學
011.08　　　　　　　　　　　　　　　100015551

ISBN-978-986-254-623-9

9 789862 546239

古典文獻研究輯刊
十三編 第 二 冊　　　　　ISBN：978-986-254-623-9

李卓吾事蹟繫年

作　　者　林其賢
主　　編　潘美月　杜潔祥
總 編 輯　杜潔祥
企劃出版　北京大學文化資源研究中心
出　　版　花木蘭文化出版社
發 行 所　花木蘭文化出版社
發 行 人　高小娟
聯絡地址　新北市永和區中正路五九五號七樓
　　　　　電話：02-2923-1455／傳眞：02-2923-1452
網　　址　http://www.huamulan.tw 信箱 sut81518@gmail.com
印　　刷　普羅文化出版廣告事業
初　　版　2011 年 9 月
定　　價　十三編 20 冊（精裝）新台幣 31,000 元
　　　　　　　　　　　　　　　　　　　版權所有·請勿翻印

李卓吾事蹟繫年

林其賢　著

作者簡介

林其賢，國立中正大學中國文學系博士

現任：

      國立屏東商業技術學院 副教授

      聖嚴教育基金會 董事

      法鼓山聖嚴書院 弘講師

主要著作有：

      李卓吾事蹟繫年

      李卓吾的佛學與世學

      聖嚴法師七十年譜

      聖嚴法師人間行履（合著）

提　　要

　　本書考述明朝末葉李贄卓吾先生（1527-1602）生平事蹟與著作。分三章。

　　第一章為〈李卓吾事蹟繫年〉。

　　第二章為〈李卓吾師友考〉。

　　第三章為〈李卓吾著述考〉。

　　第三章〈著述考〉考訂現存或歷代書目著錄之李卓吾著述計共 102 種。先以「經、史、子、集、叢書」五部區分，各部再依「自著、評選、存目、譌託存疑」等四類分目，詳細考訂李卓吾著述之著作歷程與刊刻流傳。

　　第二章〈師友考〉則依年次為經、寓地為節，敘述李卓吾出守姚安（1577）以前，去滇就黃（1581）之際、湖廣寄寓、出遊西北（1596）及以後所來往之師友朋弟，計共 61 人。

　　第一章〈事蹟繫年〉採「年譜」體式，以〈著述考〉、〈師友考〉為基礎，除詳察李卓吾各書著作的時間，並將其重要文集中之各篇拆出，確切考察李卓吾六百餘篇詩文著作之年日與撰述背景，益以師友書劄、時輩錄記，期呈現李卓吾生平事蹟與思想發展之歷程。

目 次

自 序

　　如果說，歷史是一面鏡子；那麼，在時間的折射下，李卓吾的映像已然失眞。

　　四百年來，卓吾的聲價就在大褒大貶的懸差中起落。這原因固然緣自於卓吾激烈的言行，而批評者的學思立場更是重要的因素。他們都習於把卓吾堆累成一「箭垛式」的人物，用來做爲助威援引或聲討抨擊的憑藉。卓吾的本來面目因之扭曲模糊了。

　　李卓吾到底是什麼樣的人呢？這就像問孔子、朱子、王陽明是怎麼樣的人一樣，不容易回答。勉強地，則可以說：卓吾是個「不甘平凡的凡夫」。卓吾確是凡夫，賦性上他沒有孔子、朱子、陽明那種聖賢氣象；但在歷盡塵世辛勞後，確也勇於放下，嚮慕「得道眞人不死」的超越境界。只因習氣難化，雖然見理深刻，但在行事的揀擇上常偏於盛氣用事。移用佛法「見思惑」的概念來表述，卓吾是見惑輕而思惑深。纂《龍溪文鈔》、輯《陽明年譜》、評《忠義水滸》……，此見理不俗處；剃髮食葷、唐突天台、性傲好罵……則是思惑深重了。

　　實際上，卓吾立足於超越的道和平凡的俗之間。但是站在「道」一邊看，卻覺得他軌徑仄怪，與吾道不符；站在「俗」一邊看，方能感覺到卓吾搔著癢處、契合我心。這些在別人看來是極端不容的兩種路向，卓吾卻能兼融並蓄、處之泰然。理想與現實、堅持與妥協，在卓吾來說原就是同時存在的。因爲，面對卑弱的國勢、委頓的士風、僵化的禮法，想要安身立命，便需求生活的調適。解脫是必要的，超凡是必要的，但非得建立在安頓的人生基礎上不可。同是安頓人生，當代群士大多詳論「人道」，獨卓吾多談「人生」，正視生命的原欲發動。當然，生命原欲的發露，或有可能掩蓋了人類異於禽獸的幾希；但現代教育學的觀點卻也認爲：原始自我的表現是完成眞我的最有效方式。眞性情、眞涵養確由坦露、率直冶鍊轉化來。生命不能僅止於此，但又不能不如此。歷史上，對卓吾的責難便來自於責難他「僅止於此」；歷史

上，對卓吾的掌聲卻也來自於「不能不如此」。

　　但是，這都只是卓吾思想在歷史上引起的迴響。人的思想一旦進入歷史，便難保有原貌。在卓吾原本不矛盾的，歷經歲月的流變，其思想卻有畸重畸輕的發展，因而形成矛盾、擴大矛盾；這實在不該歸咎罪源於卓吾。事實上，歷史的褒貶都是有為而發，為那些拿著卓吾招牌的人而發，說的並不是卓吾本人。明季顧炎武責難的不是卓吾，現在海峽對岸揄揚的也不是真正的卓吾。

　　退一步來說，就算這些批評都直指卓吾，我們也並不以此為完事。歷史智慧不止是來自評判是非善惡，更在於掌握是非善惡的來由。這便要進入思想家的時代、社會，乃至進入他的內心世界。思想的形成是一連串細緻而繁複的變動過程；外在的時代風氣、社會習俗、偶發因素……，內在的天賦性格、學養訓練……，都是溯源的主要線索，最為根本的則是作者自己的著作。而從作品著作的時、地，以及諸般內因外緣的會證，是比較可能接近作者創作原義的。年譜的功用就在於此；我們能夠跟著譜主一起生活、一起成長，一起面對問題，而從中領略欣賞。

　　有關李卓吾年譜的纂作已有多家，但有的失之太簡，無法觀得卓吾行事之全；有的失之舛錯，錯置卓吾著文的時間、對象，因此誤解本義。這本《繫年》，綜合前賢的努力，希望能完成這步基礎工作。大體上，《繫年》的綱領是藉著〈師友考〉、〈著述考〉二篇來提挈，再確切地考察卓吾六百篇詩文，以及師友書箚、時輩錄記而完成。透過這樣的步驟，希望能使卓吾思想言行的原貌與全貌呈顯出來，而那些與卓吾不相干的評論也可以不辯而解。

　　研究所畢業多年，一直不敢將論文付印；一方面是自覺闕漏太多，另方面也想等到自己學業較成熟，對卓吾學術有比較全面而深入的研究後再一併出版。然而成熟之日似仍遙遠，全面的研究成果亦非一蹴可即。乃謹遵從師友的建議，將比較完整，可以獨立的部份先行修訂付梓，作為自勉再出發的起點；更希望藉此獲得先進賢達的教正。

　　感謝業師　王教授闥齋、　吳師碧霞的悉心教導，使我認識到文化之富。

　　更要謝謝內人惠芯的襄助，使我能安心伏案。同學復同行，常得切磋之樂。

　　懷念當年撰稿時，鄰窗對坐的慈父。父親離開三年了，而我始終感覺父親與我同在；時日愈久，愈信「長相左右」之不虛。

民國七十七年元旦序於屏東寄寓

新版附語

　　這是二十多年前的舊作了。當年承文津出版社邱鎭京教授不棄，列爲該社文史哲大系叢刊。

　　近來，陸續有友朋或直接或間接詢問《繫年》消息，並探問手上存書能否轉讓。原來是文津出版的該書已經售罄，短期內亦無再版可能。而我手上亦僅留存一二純供藏玩而已。

　　今得花木蘭文化出版社邀約列爲《古典文獻研究輯刊》，藉此重新排版機會，將全書校對一過，並將格式符號等調整爲當下通行者，並增加師友著作等簡表數則。至於內文則除錯字漏字外，大抵不作更動，以保留當時原貌。當時爲一詩一文的著作時地，反覆考究，詳予推斷。現在重新再來，恐怕也未必作得到那時候的精細程度。

　　新版發行，相信這是一種特別的祝福，透過李卓吾的精神而來的祝福—願與此書有緣會者，在平凡中探索不凡人生的可能！

　　過往與現在交疊，透過複雜的思辨歷程，人類將通向更好的未來！

其賢謹識於屏東 2010 年 8 月

第一章　李卓吾事蹟繫年

敘　例

　　前古史編，尚乎傳記。唐宋以降，年譜斯興。清儒章實齋以爲年譜之體，昉自宋人。〔註1〕惟近人藍氏則稱年譜之作，創自樂天。〔註2〕譜並傳興，其來有自。蓋因「傳紀止能作平面之敘述，而年譜則可爲立體之排比」且能將「譜主生平之學德事功、本末淵源，咸依時空序列。俾讀者于其某時在某地，某日建某業，皆瞭若指掌，且獲知人論世之益。」〔註3〕故爾年譜之體蔚爲大國。

　　新會梁任公，嘗論及譜牒之學，以爲歷史之大部份，實乃少數人心力所創造而成。此少數人之言論行事，恒足以供千百年後輩感發興起。然此「非有詳密之傳記以寫其心影，則感興之力亦不大。」「此名人年譜之所以可貴也！」〔註4〕梁氏所論，蓋欲涵紀傳於編年，收敘述撰著於記注排比之中。

　　捧懷斯旨，衡諸從來；則近人胡適之、姚名達兩先生可爲法式；時賢王德毅、卞孝萱二氏亦有足多，而尤以姚氏爲最。彼稱胡撰《章實齋年譜》爲

〔註1〕見：氏著〈韓柳二先生年譜書後〉、收入《文史通義》（台北：史學出版社）外篇。

〔註2〕見：藍文徵序王德毅《王國維年譜》（台北：中國學術著作獎助委員會，民五十六年初版）

〔註3〕同注2

〔註4〕見：氏著《中國近三百年學術史》（台北：華正書局，民六十三年台一版）頁353。

―1―

創新體例，因於增補該編時，訂述標準九項曰：

    1. 譜主有意識之行動。（全錄）

    2. 譜主最重要之著述。（節錄）

    3. 可顯譜主眞性之小事。

    4. 譜主被人輕視之軼事。

    5. 譜主理論文章之著述年月。（無關緊要之記述文章雖知年月亦不錄）

    6. 譜主關於一己學術之自述自評。

    7. 譜主與時人時風時事之接觸。

    8. 譜主不爲人知之事蹟經攷得出者。

    9. 與譜主極有關係人物之生平。〔註5〕

所揭九點，可謂得其體要。茲參綜胡、姚、王、卞、四家之作，擇善而從，參以愚見，述例於下，計共十則：

一、全編依譜主生卒年分爲：譜前、年譜、譜後三部份。譜前溯其家世。譜後述其影響。年譜述其生平。附表若干。

二、紀年以當時正朔、干支。其下括弧作西紀，再下爲譜主年歲。

三、每年下，先述學行（第一節），次繫詩文著作（第二節）。

四、第一部份旨在介紹譜主生平、學問歷程。舉凡：性情、志願、行爲、思想、境遇、家教、師傳、友箴……（見前姚述九項），有則詳錄，疑則闕如。

五、所述以譜主著述書牘之重要文字爲主要根據，旁採友朋書札、時人議論。於各年行事，力求詳實。尤留意其思想發展之脈絡。

六、譜主之師友門生……皆稱名而不稱字號，以利檢攷。

七、譜主心存致用，時輩事迹、國家治亂之犖犖大者，間亦附載。

八、第二部分著錄該年所著詩文撰述。詩文以《李氏焚書、續焚書》（日、京都。中文出版社。一九七一、二月打字排版本初版）、《李溫陵集》（台北。文史哲出版社。民六十、八月影明萬曆刊本初版）、《李卓吾遺書》（台北。中央圖書館。明萬曆壬子陳大來刊二卷本）三書所收爲主。先列篇題，括弧內註記出處。如：〈與焦弱侯〉（《焚書》一：三），指該篇爲《焚書》第一卷第三篇，以免混淆於其他同題名之篇章。

〔註5〕見：胡適著，姚名達訂補：《清章實齋先生學誠年譜》（台北：台灣商務印書館，1980）。

九、當年所作依專書、文、詩三類分。各類中又以撰作先後相次。日月無可
　　攷者，置於最後。

十、其詩文或未能確認某年作者，惟知某數年間於某地所作，則附繫於該最
　　末年。如《心經提綱》作於任姚安守時。守姚安爲五一~五四歲時事，繫
　　於五四歲後，以「附案」隔一行述之。

一、家　世

李贄，原姓林，名載贄。

　　《清源林李宗譜》（頁 3 下）謂其「原姓林，入泮學冊『林載贄』，
　　旋改姓李。避勝朝（穆宗）諱，去『載』字。」〔註6〕

　　其先爲光州固始人氏，唐末入閩，遂爲閩人。

　　〈與焦弱侯書〉（《焚書》二：三五）論鄭一拂氏云：「一拂於余，其
　　先同爲光州固始人氏，唐末隨王審知入閩，遂爲閩人。……余於先
　　生爲兩地同鄉。」

　　案：固始，約今河南淮陽、沈丘一帶。王審知，字信通。光州固始人。
　　　　唐末爲福建觀察副使。唐亡，梁太祖加拜中書令，封閩王。《新五代
　　　　史》（卷六十八）有傳。

　　七世祖林閭，字君和，號睦齋。元至元年間，爲泉州之海外貿易巨商。
爲人敦厚實言，深爲夷人所敬重。

　　《清源林李宗譜》謂其「承藉前人蓄積之資，常揚航海外諸國。」

　　《清源林李宗譜》云：「元綱解紐，夷人據泉，干戈擾攘。……夷人
　　雖暴，敬公德行，不敢有犯。」

　　其妻錢氏，爲虔誠佛教徒。

　　《清源林李宗譜》云其「好修寺宇，構彌陀殿，塑金剛像於開元寺
　　廊之西。」

　　六世祖林駑，字景文，號東湖。繼承父業，爲泉巨賈。從信回教。

〔註 6〕1958 年，晉江鳳池李家發現《林李宗譜》。1975 年，泉州文物管理委員會於
　　　李贄後人林姓族中發現：一、抄錄本《清源林李宗譜草創卷之三、歷年表》
　　　一本。二、宗譜抄錄本殘頁十頁。三、李贄故居地契一紙。《歷年表》始元至
　　　治元年辛酉（1321），下迄嘉慶間，按年詳記林李宗族大事。詳見：葉國慶〈李
　　　贄先世考〉（《歷史研究》，一九五八：二）；以及泉州市文物管理委員會〈李
　　　贄的家世、故居，及其妻墓碑〉，（《文物》，一九七五：一）

《清源林李宗譜》云其於洪武丙辰九年（1376）「奉命發舶西洋；娶色目女，遂習其俗，終身不革。」又云：「行年三十，遂從其教，受戒清淨寺教門，號順天之民。」

案：林駑崇信回教，至將篤信佛教之母親錢氏與父親合葬之墓園「式用回制」。其自建墓則在泉東門外仁風鄉之伊斯蘭墓葬地。

駑弟：端。

案：駑之一脈稱老長房，端之一系稱老二房。老二房再傳後改姓李；老長房脈分五支，有仍姓林，亦有改姓李者。（參見前頁之〈林李世系表〉）

五世祖林仙寶，字居安，號通衢。承家業爲商，夙有經營四方志。

《清源林李宗譜・歷年表》載其於永樂二二年（1424）以疾卒於廣州龍州縣之商處。

仙寶兄□□，弟允誠、廷贊、□□。允誠、廷贊因避禍改姓李。

案：允誠、廷贊係受堂兄弟（老二房一系）林廣齋之牽連，爲避禍遷居改姓。《清源林李宗譜・歷年表》永樂壬寅二十年（1433）大事紀及餘紀述林廣齋事甚詳云：「公以貲顯，又性剛。……世傳廣齋叔祖之構禍也，始於上塘倡建岳帝廟，立『下馬碑』。……徐蔡院子姪騎馬過岳，叔祖揪下之。徐憾焉，伺叔祖到郡城，拿置幽室。……各佃砍門捲回。」救回後，廣齋因移居南安胭脂巷，並改姓李。「老長房三世祖叔允誠公從廣齋」，亦改姓居胭脂巷。改姓移居，卒未能消弭禍獄；於正統癸亥八年（1443），被刑福州。子遁齋遭遣戍。《晉江縣志》有記林廣齊者，應即此事。其云：「林廣齊，晉江人。復姓李，遷南安。世以貲顯，性剛正不撓，爲執政所齮齕，從容畢命於福州。人覘其魁梧豐下而罹奇禍，心懔而壯之。」

爾後，老長房林允誠一系從老二房林廣齋徙居南安胭脂巷，衍爲「胭脂巷李派」。允誠弟廷贊，亦於廣齋被刑後二十年（1462）改姓李，衍爲「庵前李派」。

高祖林恭專，字乾甫，號易庵。曾祖林琛，號純齋。俱往來琉球貿易，兼爲通譯。

《清源林李宗譜・歷年表》成化丙戌年（1466）云：「易庵公率長子

琛引琉球入貢。……初公諳曉譯語，蒙道府荐爲通事官。」純齋因
襲父職，仍賜官帶。

祖林義方，號竹軒。父，名、字不詳，號白齋。所事業俱不詳，家道應
已中落。

案：《清源林李宗譜·歷年表》，凡秀才以上必記，表上無記，知其且非
　　秀才。然〈歷年表〉嘉靖癸巳（1533）條有「東井公……從何作庵
　　學，亦師白齋公。」〈卓吾論略〉（《焚書》三：一）亦自謂「隨父白
　　齋公讀書歌詩、習禮文。」知其或業儒爲村塾先生。

贄之改姓，當係承繼「庵前李派」之故。

案：卓吾入泮學冊係名「林載贄」，按舊禮爲犯五世祖叔「林廷贄」諱。
　　唯「載」有「再」之承事義，應是其間有繼承關係。廷贄既衍「庵
　　前李派」，故改姓爲李。

二、事蹟繫年

明世宗嘉靖六年丁亥（1527）

十月三十日，卓吾生。生而喪母。

　　〈卓吾論略〉云：「居士生大明嘉靖丁亥之歲，時維陽月（十月），
　　得全數（三十）焉。生而太宜人徐氏沒。」（《焚書》三：一）

承父姓爲林，取名載贄。

　　《鳳池林李宗譜》云：「老長房諱贄，原姓林，入泮學冊係林載贄，
　　旋改姓李。」

案：改姓李當由於繼承〔庵前李派〕之故（詳譜前「家世」部分）。改名
　　則由於避穆宗（朱載垕）諱，去載。生平字號甚多：卓吾、篤吾、
　　溫陵、百泉、宏甫、思齋，皆其稱號（據〈卓吾論略〉）。徙龍湖自
　　號「龍湖叟」，薙髮後則自謂「禿翁」。又時人稱「李長老」、「李老
　　子」（散見文集中）。袁中道則呼其爲「柞林叟」（〈柞林紀譚〉，《李
　　溫陵外·紀卷一》），生地爲福建泉州。

　　〈卓吾論略〉云：「居士生於泉……謂吾溫陵人。」（《焚書》三：一）

案：卓吾故居在今泉州市南門萬壽路，自三世祖林通衢始創以來約百年。
　　（詳參：〈李贄的家世、故居及其妻墓碑〉）泉州爲我東南沿海港口
　　之一，唐宋以來已爲交通海外之要津。明永樂三年（1405）設舶司，

為番使出入之處，時為世界三大港口之一。近人陳文淵嘗析論卓吾思想性格之形成與地理環境之淵源，謂：

一、李卓吾性格乃中國近代南方文化之結晶。

二、李卓吾思想為一文化接觸之產物。

蓋從心理學眼光著論，北方民族為「外傾性」，南方則為「內傾性」。外傾性者長於政治、軍事。內傾性者長於文學、藝術。外傾性之優點為穩健平正，然易失於呆板靜滯。內傾性者多能進取創發，而偏激躁動為其弊端。卓吾正內傾之代表。而泉州為中國最早接觸西方文化之地，於卓吾思想啓迪必具影響歟。（見「李卓吾專號」卷首、《福建文化》三：十八）

除上述家世、地理二端外，當世學風亦必影響及焉。茲將師友及並世學者年歲錄於下：

羅欽順，字允升，號整菴。江西泰和人。生於成化元年，是年六十三歲。

湛若水，字元明，號甘泉。廣東增城人。生於成化元二年，是年六十二歲。

王守仁，字伯安，學者稱「陽明先生」。浙江餘姚人。生於成化八年，是年五十六歲。

王廷相，字子衡，號浚川。河南儀封人。生於成化十年，是年五十四歲。

王艮，字汝止，號心齋。江蘇泰州人。生於成化十九年，是年四十五歲。

鄒守益，字謙之。江西安福人。生於弘治四年，是年三十七歲。

錢德洪，字洪甫，號緒山。浙江餘姚人。生於弘治九年，是年三十二歲。

王畿，字汝中，號龍谿。浙江山陰人。生於弘治十一年，是年三十歲。

羅洪先，字達夫，號念菴。江西吉水人。生於弘治十七年，是年二十四歲。

趙貞吉，字孟靜，號大洲。四川內江人。生於正德三年，是年二十歲。

王襞，字宗順，號東崖。江蘇泰州人。生於正德六年，是年十七歲。

羅汝芳，字惟德，號近溪。江西南城人。生於正德十年，是年十三年。

胡直，字正甫，號盧山。吉州泰和人。生於正德十二年，是年十一歲。

何心隱，本名梁汝元，字柱乾，號夫山。江西永豐人。生於正德十二年，是年十一歲。

王時槐，字子植，號塘南。吉州安福人。生於嘉靖元年，是年六歲。

耿定向，字在倫，學者稱「天台先生」。湖廣黃安人。生於嘉靖六年，是

年四歲。

周思久，字柳塘。人稱「石潭先生」。湖廣黃安人，生於嘉靖六年，是年一歲。

是年於學術史上復有大事二件：

一、錢德洪（緒山）與王畿（龍溪）證道天泉橋。

二、王艮（心齋）因湛若水（甘泉）所揭「隨處體認天理」六字與王守仁師說不同，因至金陵會湛若水、鄒守益……，聚講天泉書院，作〈天理良知說〉。

嘉靖七年戊子（1528）二歲

是年，徐用檢生。

案：徐用檢，字克賢，號魯源。浙江蘭谿人。為攝引卓吾求道之關鍵人物。（詳〈師友攷〉）

十一月，王守仁卒於南安。臨逝，門人請問遺言，微哂曰：「此心光明，亦復何言。」

嘉靖八年己丑（1529）三歲

父白齋公續弦。

案：〈與耿克念〉云：「我自六、七歲喪母，便能自立。」（《續焚書》一：二六）唯卓吾生母歿於前年，此處所指應係繼母。來歸日不詳，姑繫於是年。

嘉靖九年庚寅（1530）四歲

嘉靖十年辛卯（1531）五歲

嘉靖十一年壬辰（1532）六歲

是年周思敬生。

案：周思敬，字子禮，號友山。湖廣麻城人。卓吾稱其「剖心析肝相信」之唯一人。（詳〈師友攷〉）

嘉靖十二年癸巳（1533）七歲

繼母謝世。（見嘉靖八年）

隨父白齋公讀書，歌詩，習禮文。（《卓吾論略》、《焚書》三：一）

嘉靖十三年甲午（1534）八歲

是年，耿定理生。

案：耿定理，字子庸，號楚倥。湖廣黃安人。爲天台先生耿定向仲弟。
　　卓吾日後之去官寓黃，即爲此君之故。（詳見〈師友攷〉）

嘉靖十四年乙未（1535）九歲

嘉靖十五年丙申（1536）十歲

是年，管志道生。（詳見〈師友攷〉）

嘉靖十六年丁酉（1537）十一歲

是年，顧養謙、藩士藻生。（詳見〈師友攷〉）

嘉靖十七年戊戌（1538）十二歲

撰作〈老農老圃論〉，迥出常見，頗爲同學所稱，而卓吾未以爲意。

　　〈卓吾論略〉：「年十二，試〈老農老圃論〉。……吾時已知樊遲之問
　　在荷蕢丈人間，然而上大人丘乙不忍也。故曰『小人哉，樊須也。』
　　則可知也。論成，爲同學所稱，眾謂白齋公有子矣。……吾時雖幼，
　　早已知如此臆說，未足爲吾大人有子賀；且彼賀意亦太鄙淺不合於
　　理。彼謂吾利口能言，至長大或能作文詞，博奪人間富若貴，以救
　　賤貧耳。不知吾大人不爲也。吾大人何如人哉？……豈可以世俗胸
　　腹窺測而預賀之哉！」（《焚書》三：一）

是年，劉晉川生。（詳見〈師友攷〉）

嘉靖十八年己亥（1539）十三歲

是年，祝世祿生。（詳見〈師友攷〉）

嘉靖十九年庚子（1540）十四歲

今年起，攻讀《尚書》。

　　〈易因小序〉云：「余自幼治《易》，後改治《禮》；以《禮經》少，
　　決科之利也。至年十四，又改治《尚書》，竟以《尚書》竊祿。」（《李
　　溫陵集》十一：五）

是年，焦竑生。

案：焦竑，字弱侯，號澹園。竑於卓吾學術影響頗大，爲卓吾少數密友
　　之一。（詳見〈師友攷〉）

嘉靖二十年辛丑（1541）十五歲

改姓李或當於是年。

案：卓吾原姓林，入泮後改姓李。（見嘉靖六年）入泮之年不知，姑繫此

志學之年。

嘉靖二十一年壬寅（1542）十六歲

是年，梅國楨、方沆生。（詳見〈師友攷〉）

嘉靖二十二年癸卯（1543）十七歲

是年，耿定向補諸生，著〈五倫圖說〉。

案：耿定向，字在倫，號楚侗，人稱天台先生。為耿定理伯兄。卓吾之去黃、被逐、被執，與此老有或直接或間接之關係。

嘉靖二十三年甲辰（1544）十八歲

是年，耿定向叔弟定力生。（詳見〈師友攷〉）

王廷相卒。

羅汝芳舉會試，與同志大會靈濟宮。聞父病，不廷對而歸。

案：羅汝芳，字惟德，號近溪，江西南城人。卓吾生平極崇仰之學者。（詳見〈師友攷〉）又，靈濟宮在京城之西，為道教宮殿。其時北京講學盛行，宰相徐階借此講陽明之學，極一時之盛。（《明儒學案‧二七》，〈徐階傳〉。）

嘉靖二十四年乙巳（1545）十九歲

嘉靖二十五年丙午（1546）二十歲

為求生計，四處奔走。

〈與焦弱侯書〉：「弟自弱冠，餬口四方，靡日不逐時事奔走。」（《續焚書》一：六十）

嘉靖二十六年丁未（1547）二一歲

是年，楊起元生。（詳見〈師友攷〉）

羅欽順卒。

嘉靖二十七年戊申（1548）二二歲

妻黃氏來歸，年十六。

案：黃氏生於嘉靖癸巳（1533），少卓吾六歲。歿於萬曆戊子（1588），得年五十六。（詳見〈李贄的家世、故居，及其妻墓碑〉）黃氏既歿，卓吾有書〈與莊純夫〉云：「人生一世……相聚四十餘年……難遽離割也……。」（《焚書》二：一）自卒年上溯四十年為嘉靖二八年（1549），既云「四十餘年」，則不當晚於今年。因繫於此。

嘉靖二八年己酉（1549）二三歲

嘉靖二九年庚戌（1550）二四歲

是年，錢德洪增刻王守仁〈朱子晚年定論〉。

嘉靖三十年辛亥（1551）二五歲

嘉靖三一年壬子（1552）二六歲

原讀朱注未愜，因改誦時文而得舉鄉試。

〈泉州府志〉嘉靖三一年壬子科解元黃昇耀條：「李載贄。（後改名贄，傳見文苑）」（卷三五、選舉三）文苑傳：「嘉靖壬子，領鄉薦。」（卷五四）

〈卓吾論略〉：「稍長，復憒憒，讀傳注不省，不能契朱夫子深心。因自怪，欲棄置不事，而閒甚無以消歲日，乃歎曰：『此直戲爾，但剽竊得濫目足矣，主司豈一一能通孔聖精蘊與耶！』因取時文尖新可愛玩者，日誦數篇。臨場得五百，題旨下，但作繕寫諸生，即高中矣。」（《焚書》三：一）

鄉試及第後，不再赴考。

袁中道〈李溫陵傳〉：「少舉孝廉，以道遠，不再上公車。」（《續焚書》卷首）

耿定向亦於是年鄉試中舉。

利瑪竇生。（詳見〈師友攷〉）

嘉靖三二年癸丑（1553）二七歲

周思久柳塘成進士。

嘉靖三三年甲寅（1554）二八歲

嘉靖三四年乙卯（1555）二九歲

任職河南共城教諭，欣嚮邵雍（堯夫）之樂道。

〈卓吾論略〉曰：「吾初意乞一官，得江南便地；不意走共城萬里，反遺父憂。雖然，共城，宋李之才宦遊地也，有邵堯夫安樂窩在焉。堯夫居洛，不遠千里就之才問道。吾父子儻亦聞道於此，雖萬里可也。且聞邵氏苦志參學，晚而有得，乃歸洛，始婚娶，亦既四十矣。使其不聞道則終身不娶也。」（《焚書》三：一）

及喪長子，嚮道之情彌篤。

〈卓吾論略〉：「予年二十九而喪長子，且甚感。夫不感感於道之謀而唯情是念，視康節不亦愧乎！」（《焚書》三：一）

寄情山水，自號百泉居生。

〈卓吾論略〉：「安樂窩在蘇門山泉之上，至是，日邀遊其間，曰：『吾泉而生，又泉而官，泉與吾有夙緣焉。』故自謂百泉人，又號百泉居士。」（《焚書》三：一）

案：共城在河南衞輝府城西六十里，古為共伯國，隋為共城縣，俗稱「共城」。百泉又稱百門泉，因通泉百道而得名。泉在蘇門山，山在縣城外西北七里。《輝縣志》序云：「輝邑為古共城之域，山川秀麗。蘇門百泉之勝甲於通省，晉孫登嵇康輩嘗詠嘯其間，至宋邵康節先生從李之才講易，居安樂窩，流寓最久。元則有姚雪齋、許魯齋昌明理學，先後輝映。」

又案：官共城之年，或作二九如鈴木虎雄，或作三十如容肇祖。茲據〈答耿司寇〉：「卓吾自二十九歲做官以至五十三歲乃休，何曾有半點超脫也！」（《李溫陵集》三：一）繫於此。

嘉靖三五年丙辰（1556）三十歲

仍官共城任縣學。

胡直、耿定向第進士；始與羅汝芳等商訂所學。

嘉靖三六年丁巳（1557）三一歲

仍官共城任縣學。

嘉靖三七年戊午（1558）三二歲

仍官共城縣學。

是年春耿定向偕弟定理入都，始從羅汝芳、胡直遊。羅極贊賞定理。

焦竑〈天台耿先生行狀〉：「戊午春報命，偕仲子入都與豫章羅惟德、胡正甫兩先生遊。……冬，復奉命使衞。惟德先生曰：『子（耿定向）歸矣，仲子（定理）殆天授，非吾儕比。幸與細商之。』」（《澹園集》三二）

案：定理時年二五爾。

嘉靖三八年己未（1559）三三歲

春，遷南京國子監教官。旋丁父憂歸閩。時逢倭擾，境甚窘迫。

〈卓吾論略〉云：「在百泉五載，落落竟不聞道。卒遷南雍以去。數月，聞白齋公歿，守制東歸。時倭夷竊肆海上，所在兵燹。……間關畫行夜伏，餘六月方抵家。抵家，又不暇試孝子事，墨衰率其子弟若姪，畫夜登陴擊柝爲城守備。城下矢石交，米斗斛十千無糶處。……家口零三十，幾無以自活。」（《焚書》三：一）

案：《清源林李宗譜・歷年表》，嘉靖己未（1559）年條云：「倭至；十一月，薄城，焚浯江祖居。」（詳見〈李贄的家世、故居其妻墓碑〉）〈論略〉所云：「米斗斛十千無糶處。……幾無以自活。」當係指此時祖宅遭焚，避難別處事。據此推之：卓吾之抵家爲今年十一月以前事。

嘉靖三九年庚申（1560）三四歲

在鄉居喪。

是年，湛若水卒，享壽九十五。

袁宗道伯修生。（詳見〈師友攷〉）

何心隱北遊京師，與耿定向相稔。又因耿而晤張居正。

耿定力〈胡時中義田記〉云：「嘉靖庚申，張江陵（居正）官少司成，先恭簡（耿定向）官御史，巡視東城，嘗約會僧舍中。日待恭簡，聞其奇江陵，又奇心隱也。乘會日，偕心隱突入座。心隱、恭簡南面，江陵北面，大興令吳哲與予西隅坐。恭簡故令二公更相評品。江陵謂心隱『時時欲飛，但飛不起耳。』心隱氣少平，謂江陵『居大學，當知大學之道』云。心隱退而撫膺高蹈，謂予兄弟曰：『此人必當國，殺我者必此人也。』」（《何心隱集》附錄）

嘉靖四十年辛酉（1561）三五歲

九月，服闋，舉室入京，然久不得缺。

〈卓吾論略〉云：「三年服闋，盡室入京，蓋庶幾欲以免難云。居京邸十閱月，不得缺。」（《焚書》三：一）

是年，何心隱密使道士藍道行刺嚴嵩相。

黃宗羲〈序泰州學案〉云：「心隱在京師，闢各門會館，招來四方之士，方技雜流無不從之。是時，政由嚴氏，忠臣坐死者相望，卒莫能動。有藍道行者，以乩術幸上。心隱授以密計，偵知嵩有揭帖，乩神降語：『今日有一奸臣言事。』上方遲之，而嵩揭至。上由此疑嵩。」（《明儒學案》卷三二）

耿定向於是秋奉命按甘肅，因過里門偕仲弟定理與胡直相會，參訂學宗。

〈漢滸訂宗〉云：「嘉靖辛酉秋，余偕仲弟晤胡正甫于漢江之滸，相
與訂學宗旨。余時篤信文成良知之宗，以常知爲學無異矣。正甫則
曰：『吾學以無念爲宗。』仲子曰：『吾學以不容己爲宗。』正甫首
肯數四，余瞿然失已，蓋訝仲子忽立此新論也。胸中蓄疑十餘年，
密參顯證……後始憮然有省。竊服正甫之知言，嗟歎仲子之天啓
也！」（《耿天台先生文集》卷八）

嘉靖四十一年辛酉（1562）三六歲

秋後，以補缺不得，乃開館授徒以維生計。

〈卓吾論略〉云：「居京邸十閱月，不得缺，囊垂盡，乃假館授徒。」
（《焚書》三：一）

是年，耿定向以監察御史督學金陵，倡道東南。一時學子群士風附影從。

焦竑〈先師天台耿先生祠堂記〉：「先生嘉靖壬戌（1562）以監察御
史董學政，始來金陵。隆慶丁卯（1567）遷大理丞。萬曆戊子（1588）
爲御史大夫總憲留台，又二年召爲大司徒，請老歸亭州。蓋居金陵
先後垂十載。至今言先生所注念者必曰金陵，而金陵之言學者亦必
曰先生。」（《澹園集》二十）

焦竑始從耿定向學。（同前）

馬經綸生，陶周望生。（詳見〈師友攷〉）高攀龍生。

嘉靖四十二年癸亥（1563）三七歲

是冬，補缺稱國子先生。

〈卓吾論略〉云：「館復十餘月，乃得缺。稱國子先生如舊官。」（《焚
書》三：一）

嘉靖四十三年甲子（1564）三八歲

春，大父竹軒公訃至。次男亦病卒於京城。卓吾返里安葬父、祖，留置
妻女於河內（共城）。

〈卓吾論略〉曰：「未幾，竹軒大父訃又至。是日也……次男亦以病
卒于京邸。……（卓吾）曰：『吾先曾大父大母歿五十多年矣，所以
未歸土者，爲貧不能求葬地；又重違俗，恐取不孝譏。夫爲人子孫
者，以安親爲孝……此歸，必令三世依土。權置家室於河內，分賃

金一半買田耕作自食，余以半歸，即可得也。』」（《焚書》三：一）

卓吾既歸，河內歲荒，二女三女相繼夭死。

〈卓吾論略〉云：「有權墨吏……，盡徹泉源入漕，不許留半滴溝澮間。居士（卓吾）時相見，雖竭情代請，不許。計自以數畝請，必可許也。……曰：『嗟哉，天乎！吾安忍坐視全邑萬頃，而令余數畝灌溉收哉！縱與必不受，肯求之！』遂歸。歲果大荒，居士所置田僅收數斛稗。長女隨艱難日久，食稗如食粟。二女三女遂不能下咽，因病相繼夭死。」（《焚書》三：一）

其妻及長女，幸賴故人鄧君石陽接濟，始得生活。

〈卓吾論略〉云：「有告者曰：『人盡飢，官欲發粟。聞其來者為鄧石陽推官，與居士舊，可一請。』宜人曰：『婦人無外事，不可。且彼若有舊，何待請耶？』鄧君果撥己俸二星，并馳書與僚長各二兩者二至。宜人以半糴粟，半買花紡為布。三年衣食無缺，鄧君之力也。」（《焚書》三：一）

是年，蜀人鄧鶴（豁渠）訪黃安。耿定理館之高筍塘寺。

案：卓吾與豁渠平生事行多相類。卓吾於豁渠亦頗心服，嘗為其著作《南詢錄》撰引稱之，自歎弗如。（〈南詢錄序〉，《續焚書》二：十二）鄧訪黃時，年近七旬，耿定向〈里中三異傳〉述之曰：「鄧豁渠者，蜀之內江右族也，名鶴。少補邑庠弟子員，屢試列高等。初聞里中大洲（趙貞吉）先生談學，心厭之。已漸有入則時時從之遊。」（《耿天台先生文集》卷十六）

羅洪先卒，年六十一。

嘉靖四十四年乙丑（1565）三九歲

在鄉服喪，經營葬事。

嘉靖四十五年丙寅（1566）四十歲

是夏，服闋。復往共城會妻，偕與赴京，補禮部司務，意欲訪友學道。

〈卓吾論略〉云：「吾時過家畢葬，幸了三世業緣，無宦意矣。回首天涯，不勝萬里妻孥之想，乃復抵共城。入門，見室家歡甚。問二女，又知歸未數月，俱不育矣。此時黃宜人淚隨在目睫間，見居士色變，乃作禮，問葬事及其母安樂。居士曰：『是夕也，吾與室人秉

燭相對，眞如夢寐矣。乃知婦人勢逼情眞，吾故矯情鎭之，到此方覺屐齒之折也！』至京，補禮部司務，人或謂居士曰：『司務之窮，窮於國子。雖子能堪忍獨不聞焉往而不得貧賤語乎？』蓋譏其不知止也。居士曰：『吾所謂窮，非世窮也。窮莫窮于不聞道，樂莫樂于安汝止。吾聞京師人士所都，蓋將訪而學焉。』」（《焚書》三：一）

既官禮部，果如所願，遭逢賢明益友，與聞聖學。

〈卓吾論略〉云：「五載春官，潛心道妙。」（《焚書》三：一）

卓吾序《陽明先生道學鈔》云：「余自幼倔強難化，不信學，不信道，不信仙釋。故見道人則惡、見僧則惡、見道學先生則尤惡。惟不得不假升斗之祿以爲養，不容不與世俗相接而已。然拜揖公堂之外，固閉戶自若也。不幸年甫四十，爲友人李逢陽、徐用檢所誘，告我龍溪先生語，示我陽明王先生書，乃知得道眞人不死，實與眞佛眞仙同。雖倔強，不得不信之矣。」

《明儒學案·徐魯源（用檢）學案》云：「（用檢）在都門從趙大洲講學。禮部司務李贄不肯赴會。先生以手書《金剛經》示之曰：『此不死學問也，若亦不講乎？』贄始折節向學。嘗晨起候門，先生出，輒攝衣上馬去，不接一語。如是者再，贄信向益堅，語人曰：『徐公鉗錘如是！』」（卷十四）

改號宏甫，冀恢闊胸襟；因思念父親，又號思齋。（〈卓吾論略〉）

是年，耿定理始會焦竑，相商學業。（〈天台先生行狀〉）

穆宗隆慶元年丁卯（1567）四十一歲

避聖上（朱載垕）諱，去載字，改名贄。

隆慶二年戊辰（1568）四十二歲

今年，初識焦竑。

〈壽焦竑太史尊翁後渠公八秩華誕序〉云：「予至京師，即聞白下有焦弱侯其人矣。又三年，始識侯。」（《續焚書》二：三）

案：「又三年」，所指未確。或有疑當明年者。惟竑之北來當爲會試，會試乃今年戊辰科。且竑既下第，旋於是冬赴黃安訪候耿師定向，（詳見容肇祖〈焦竑及其思想〉）並未久留京師，因繫是年。

是年，袁宏道中郎生。（詳見〈師友攷〉）

鄧鶴（豁渠）離黃安北遊，值趙貞吉（大洲）起官過衛輝，因得相會。

> 耿定向〈里中三異傳〉云：「渠出郊迎大洲。遙望見，驚異已，識之，下輿把手徒行十數里。彼此潸然流涕。大洲且泣痛自悔責曰：『誤子者，余也。余學往見過高，致子於此，余罪業重矣。向以子爲死，墮此大罪惡爲不可改。今子幸尚在，可亟歸廬而父墓側終身以補前愆。吾割田租百石贍子。』即作券給之。于時，中州數孝廉來就大洲問學，大洲令鄧與答問。」（《耿天台先生文集》卷十六）

羅汝芳聞顏鈞（山農）以剛直取罪，監禁留都，乃貸金二百，與二子及門人，買舟往救之。

隆慶三年己巳（1569）四十三歲

仍官禮部。

耿定向告歸返里。焦竑因於客冬會試下第後過黃安訪候焉。（參容肇祖〈焦竑及其思想〉）

鄧豁渠（鶴）病卒涿州。

> 耿定向〈里中三異傳〉云：「嗣大洲入相，（鄧）乃來京候謁。大洲拒不容見而心故又憐之。斥俸十金屬里中一仕宦者携之歸。仕宦者携至涿州，渠病作而仕宦急于赴任，棄之去。竟死野寺中。」（《耿天台先生集》卷十六）
>
> 案：鄧豁渠卒年未詳。據〈里中三異傳〉所云，當是趙貞吉（大洲）入相以後事。攷趙之入相乃今年八月事（詳《明通鑑》卷六四），明年十一月致仕歸。鄧當卒於此時。今姑繫此。

隆慶四年庚午（1570）四十四歲

仍官禮部。

是年，袁中道小修生。（詳見〈師友攷〉）

【附案】

卓吾徙官南京當在今年或明年，五年居官禮部，有不能確定爲何年，然確爲此期間事，綜述於下：

> 一、潛心道學。〈卓吾論略〉云：「五載春官，潛心道妙。」袁中道撰之〈李溫陵傳〉亦據前引徐用檢接引事曰：「『學道所以免生死也！』公曰：『有是哉！』遂潛心道妙。久之自有所契，超於

語言文字之表。」（《續焚書》卷首）

二、初識周安。周安於後日披剃於南京，法名定林。〈定林庵記〉云：「定林，白下人也。自幼不茹葷血，又不娶，日隨其主周生赴講，蓋當時所謂周安其人者也。……隨楊君道南至京師。時李翰峰先生在京，告余曰：『周安知學，子欲學，幸毋下視周安。』……又曰：『……道南乃東南名士，終歲讀書破寺中，故周安復事道南。』夫以一周安，乃得身事道南，又得李先生嘆羨，弱侯信愛，則周安可知矣！」（《焚書》三：十三）

三、一會大洲。〈柞林記譚〉云：「問：『叟曾會趙大洲（貞吉）先生否？』曰：『曾於京師城外一會，草草講數語。』」卓吾並贊大洲為「極有力量」人。（《李溫陵外紀》卷一）

四、屢觸長上。〈感慨平生〉云：「司禮曹務，即與高尚書、殷尚書、王侍郎、萬侍郎盡觸也。高、殷皆入閣。……高之掃除少年英俊名進士無數矣，獨我以觸忤得全，高亦人傑哉。」（〈豫約〉，《焚書》四：三十）

隆慶五年辛未（1571）四十五歲

徙官南京，任刑部員外郎。

案：〈卓吾論略〉：「五載春官，潛心道妙」；自嘉靖四十五年（1566）補禮部司務，任期五年。徙官南京，當在今年。又，萬曆二五年（1597）卓吾重遊京師時作有七古一首〈捲蓬根〉，中有「二十七年今來歸」句（《續焚書》五：一）亦可為證。

是年，焦竑亦會試下第自京師歸來；從此二人相與密從，窮詣所學，推為知己。

〈壽焦太史尊翁後渠公八秩華誕序〉云：「……既而徙官留都，始與侯朝夕促膝，窮詣彼此實際。夫不詣則已，詣則必爾，乃為冥契也。故宏甫之學雖無所受，其得之弱侯者亦甚有力。」（《續焚書》二：三）

隆慶六年壬申（1572）四十六歲

耿定理（楚倥）來遊金陵，因得相識共參學，大相契符。

耿定向〈觀生紀〉云：「隆慶六年壬申，……白下儀部李正郎逢陽來

訪仲子（定理）……附其舟南遊，至白鹿洞，遇大參徐魯源用檢，聯舟東下，與商學，甚契驩，若同胞。要至淮上，還過金陵，與李宏甫（贄）焦弱侯（竑）輩商學。」（《耿天台全書》：八）

案：結識定理爲卓吾生平之一件大事。卓吾之去官依黃，爲此君也。定理天資甚高，泰州巨將羅汝芳稱其爲「天授，非吾儕比。」又且不事舉業，究心參訪賢儒。嘗自述其得力處曰：「得一切平實之旨於太湖（鄧豁渠），復能收視反聽，得『黑漆無入無門』之旨於心隱，乃始充然自足，深信而不復疑也。」（〈耿楚倥先生傳〉，《焚書》四：九）其兄耿定向亦云「吾之問學……賴吾八弟（定理）之力爲多。」（同上）卓吾之得泰州心傳，當由此處理會。二人既識，便結深契。卓吾曰：「歲壬申（即今年），楚倥遊白下，余時懵然無知而好談說。先生（楚倥）默默無言，但問余曰：『學貴自信，故曰「吾斯之未能信」。又怕自是，故又曰「自以爲是，不可與入堯舜之道」。試看自信與自是有何分別？』余時驟應之曰：『自以爲是，故不可與入堯舜之道；不自以爲是，亦不可與入堯舜之道。』楚倥遂大笑而別，蓋深喜余之終可入道也。」（同上）

是秋，何心隱訪黃安。

耿定向〈觀生紀〉云：「隆慶六年壬申……是歲秋，梁子汝元（何心隱之本名）來，居之天窩。」（《天台全書》：八）

神宗萬曆元年癸酉（1573）四十七歲

仍官南京刑部。

神宗萬曆二年甲戌（1574）四十八歲

仍官南京刑部。

冬十二月，刻《道德經蘇轍解》於金陵，有〈題詞〉。

〈題詞〉曰：「食之於飽一也。南人食稻而甘，北人食黍而甘。此一南一北者未始相羨也。然使兩者易地而食焉，則又未始相棄也。道之於孔老，猶稻黍之於南北也。足乎此者雖無羨於彼，而顧可棄之哉。何也，至飽者各足，而眞飢者無擇也。……使予之於道，若今者之望食，則孔老暇擇乎？……時獲子由《老子解》於焦弱侯氏。解老子者眾矣，而子由最高。……今去子由五百餘年，不意復見此

奇特，嗟夫，亦惟眞飢而後能得之也。」

案：此篇即〈子由解老序〉，現收入《焚書》卷三。焦竑《老子翼》卷七
　　所收錄者，篇末有「萬曆二年冬十二月二十日宏甫題」。

是春，耿定向奉命冊封魯府，焦竑偕王襞迎之於眞州，商切學問，數宿
而別。（參：容肇祖〈焦竑及其思想〉）

錢德洪（緒山）卒。年七十九。

【著作】

文：〈子由解老序〉（《焚書》三：十八，焦竑《老子翼》卷七）

神宗萬曆三年乙亥（1575）四十九歲

仍官南京刑部

是年，耿定向遷太僕少卿。尋晉都察院右僉都御史。五月，丁內憂歸。（〈天
台先生行狀〉，《澹園集》卷卅三）

神宗萬曆四年丙子（1576）五十歲

仍官南京刑部。

是年，王襞講學金陵，卓吾師事之。

　　〈儲瓘〉云：「心齋之子東厓（王襞）公，贄之師。東厓之學，實出
　　自庭訓，然心齋先生在日，親遣之事龍溪於越東，與龍溪之友月泉
　　老衲矣，所得更深邃也。」（《續焚書》三：二三）

案：卓吾師事王襞之年日不詳。王襞曾兩度會講金陵；一次爲嘉靖乙丑
　　四十四年（1565），卓吾在北京。一次則爲今年，卓吾恰亦在此，因
　　繫是年。

是年，趙貞吉（大洲）卒，年六十九。

【附案】

卓吾明年出守姚安。茲將六年來任官留都刑部時諸事之無可確繫年日
者，總述於下，以見此期間生活之一般。

　　一、銳志修學，嘗兩會龍溪王畿，一見近溪羅汝芳。〈羅近溪先生告
　　　　文〉云：「我於南都得見王先生（畿）者再，羅先生（汝芳）者
　　　　一。……自後無歲不讀二先生之書，無口不談二先生之腹。」
　　　　（《焚書》三：二九）祝世祿〈序《藏書》〉時亦述之云：「往予
　　　　以南宮之役，偕潘去華過留都。於時先生居比部。先生自託無

為人也，唯知性命之學而已。」（《藏書》卷首）焦竑更述之曰：「卓吾初官南都，予友人謂予曰：『李某卻有仙風道骨，若此人得入道，進未可量。』後見其人果然。久之，乃向學，每聚會之中，嘿無一言，沈思而已。如此數年，談鋒始發。」（《遊居柿錄》卷三引）描述其進境歷驗。焦竑別於〈讀書不識字〉一文中述當時卓吾「為南比部郎，日聚友講學。寮友或謂之曰：『吾輩讀書，義理豈有不明？而講乎？』宏甫曰：『君輩以高科登仕籍，豈不讀書？但若未識字，須一講耳！』或怪問其故。宏甫曰：『論語大學豈非君所嘗讀耶！然論語開卷，便是一學字。大學開卷，便是大學二字。此三字，吾敢道諸君未識得。何也？此事須有證驗始可。如識論語中學字，便悅樂不愠，識大學二字，便定靜安慮。今都未能，如何自負識得此字耶？』其二人默然不能對。」（《焦氏筆乘》卷四頁八六）

二、會友刻書。當時交遊自以焦竑為密邇。焦有〈同李比部永慶禪房小集〉二首，中有「相看意不盡，涼露滿衣襟」及「談玄傍竹林，梵天留宴坐」之句。（《澹園集》卷三九）餘則陸光祖、方沆、李登、管志道等，皆有往來。曾與焦竑、管志道，送周安出家。（〈定林庵記〉，《焚書》三：十三）又與一、二同志集資刻行《太上感應篇》，序之曰：「天下之理，感應而已。感則必應，應復為感。儒者蓋極言之……作善降之百祥，作不善降之百殃……天人感應之理示人顯矣。……如感應之理為誣，聖人何用諄諄焉明五福以勸之而為是斷然必得之語哉？是篇言簡旨嚴，易讀易曉，足以破小人行險僥倖之心以陰助刑賞之不及。」（〈因果錄序〉、《李溫陵集》十：十四）

三、觸忤長上。〈感慨平生〉云：「為員外郎，不得尚書謝、大理卿董并汪意。謝無足言矣，汪與董皆正人，不宜與余抵。然彼二人者皆急功名，清白未能過人，而自賢則十倍矣。余安得免觸耶？又最苦而遇尚書趙。趙於道學有名，孰知道學益有名而我之觸益又甚也。」（〈豫約〉，《焚書》四：三十）

神宗萬曆五年丁丑（1577）五十一歲

以南京刑部尚書郎出守雲南姚安府知府。

〈耿楚倥先生傳〉追記曰：「丁丑，入滇。」（《焚書》四：九）

顧養謙〈贈姚安守溫陵李先生致仕去滇序〉：「初，先生以南京刑部尚書郎來守姚安。」（《焚書》二：四二附）

焦竑〈送李比部〉曰：「昔我從結髮，翩翩恣狂馳，凌厲問學場，志意縱橫飛。……中原一顧盼，千載成相知。相知千古難，千秋一嘉遇。而我狂簡姿，得蒙英達顧。肝膽一以被，形跡非所驚。……冷冷曲方調，絃絕自今始。山川一間之，相去忽千里。念我平生歡，繾綣不能已。繾綣無終極，行役自有期。……行行善自愛，無爲怨天涯。」（《澹園集》卷三七）

方揚〈長松篇送李宏甫先生之姚安〉曰：「君不見，庭前樹，一回春到花無數。花下年年減卻春，春光歲歲倍愁人。惟有長松差可久，參天老幹批龍麟。……逐花空受花狂惱，亭亭蒼翠只長松。清陰不改從誰道，此道惟堪向君呈。君方策馬南徼行，幾年大隱石頭城。搏來萬里垂天翼，笑殺鶯鳩榆枋橫於猗。萬里之搏未足爲君重，鶯鳩之笑未足爲君輕。知君但飲滇南水，請君但教滇南耕。坐見上如標枝下野鹿，熙熙建德忘其名。從此姚安君畏壘，一暢玄風表八紘。」（《方初菴先生集》卷三頁三二）

入滇前，道經黃安一會耿定理，初識其伯兄耿定向。並與定理相約，三年任滿，便來相就。

〈耿楚倥先生傳〉云：「丁丑入滇，道經團風，遂舍舟登岸，直抵黃安。見楚倥並覿天臺，便有棄官留住之意。楚倥見余蕭然，勸余復入。余乃留吾女并吾婿莊純夫于黃安，而因與之約曰：『待吾三年滿，收拾得正四品祿俸歸來爲居食計，即與先生同登斯岸矣。』」（《焚書》四：九）

案：卓吾之結識天臺（耿定向），或有以爲更早者。惟據〈耿楚倥先生傳〉：「歲壬申（1572）楚倥遊白下……，自是而後，思念楚倥不置，又以未得見天臺爲恨。」是壬申年，卓吾尚不識天臺。此下以迄去歲丙子（1576）耿定向以都御史丁內憂歸，一在南一在北，曾無相會時緣。又據〈耿楚倥傳〉「並覿天臺」句揣之，初會當爲今年。

入滇，復於龍里（屬貴陽府）得會近溪羅汝芳。

〈羅近溪先生告文〉云：「及入滇，復於龍里得再見羅先生焉。此乃

丁丑以前事也。」『《焚書》三：二九』

是年，焦竑會試下第。

是年，首輔張居正（江陵）父喪，奪情不歸。朝議大嘩。（《明史紀事本末》卷六一）

神宗萬曆六年戊寅（1578）五十二歲

任姚安知府。與顧養謙交善。（詳〈師友攷〉）

是年，蕺山先生劉宗周生。

神宗萬曆七年己卯（1579）五十三歲

任姚安知府。屬邑大姚令鄭某告歸，作〈送鄭大姚序〉。（《焚書》三：二一）

是年三月，何心隱被執於祁門。九月被杖而死。

案：何被執後，輾轉遞解送省城。沿途上書辨解。有〈上祁門姚大尹書〉、〈上祁門顧四尹書〉、〈謝浮梁張大尹書〉、〈上饒州陶四府書〉……。既抵省城，有〈上湖廣王撫院書〉。計約二十餘封。卓吾稱其「千言萬語，滾滾立就，略無一毫乞憐之態，如訴如戲，若等閑日子。」（〈與焦漪園〉太史〉，《續焚書》一：四一）

【附案】

明年三月，閉門不復理事。姚安任守期間諸事之無確日可繫者，總述於下：

一、政風簡易，頗有足稱。顧養謙〈送行序〉謂其「爲姚安，一切持簡易，任自然，務以德化人，不賈世俗能聲。其爲人汪洋停蓄，深博無涯涘，人莫得其端倪，而其見先生也不言而意自消。自僚屬、士民、骨隸、夷酋，無不化先生者，而先生無有也。此所謂無事而事事，無爲而無不爲者耶？」（《焚書》二：四二附）據《姚州志》所云，卓吾致仕歸時「士民遮道相送，車馬不能前進」，則顧氏所稱當非溢美。滇南情俗有異中土，卓吾治理亦別有術。嘗奉告上官駱守道云：「邊方雜夷，法難盡執。日過一日，與軍與夷共享太平足矣。仕於此者，無家則難住，攜家則萬里崎嶇而入，狼狽而去尤不可不體念之。但有一能即爲賢者，豈容備責。但無人告發即裝聾啞，何須細問。蓋清謹勇

往，只可責己不可責人。若盡責人則我之清亦不足為美矣。」
（〈豫約〉。感概平生），《焚書》四：三十）又作〈論政篇〉云：
「夫君子之治，本諸身者也；至人之治，因乎人者也。本諸身
者取必於己，因乎人者恒順於民，其治效固已異矣。夫人之與
己不相若也，有諸己矣而望人之同有；無諸己矣而望人之同無。
此其心非不恕也，然此乃一身之有無也，而非通於天下之有無
也。而欲為一切有無之法以整齊之，惑也。於是有條教之繁，
有刑法之施，而民日以多事矣。其智而賢者，相率而歸吾之教，
而愚不肖則遠矣。於是有旌別淑慝之令，而君子小人從此分矣。
豈非別白太甚而導之使爭乎？至人則不然：因其政不易其俗，
須其性不拂其能。……不欲求知新於耳目，恐其未寐而驚
也；……不欲重之以桎梏，恐其縶而顛且仆也。」（《焚書》三：
二）「因其政不易其俗」，於是卓吾之神道設教可得而喻。《姚州
志》云：「初，姚民數被火災，贄為壇祈禱遂免焉。乃建光明宮
於城東門外以祀火神。」（卷五）殆因此地風俗使然。又作〈關
王告文〉云：「惟神忠義貫金石，勇烈貫古今。……宜其千秋萬
祀，不問海內外足迹至與不至，無不仰公之為烈。蓋至於今日，
雖男婦老少，有識無識，無不拜公之像，畏公之靈，而知公之
為正直，儼然如在宇宙之間也。某等來守茲土，慕公如生，欲
使君臣勸忠，朋友效義，固因對公之靈，復反覆而致意焉。」
（《焚書》三：二六）

二、修學精勤，多究佛乘。《姚州志》云：「贄天性嚴潔，政令清簡。
　　簿書之暇，時與釋子參論。又至伽藍判了公事。」蓋當時滇南
　　佛教鼎盛，高僧輩出（參陳援庵《明季滇黔佛教攷》），卓吾至
　　此隨緣參佛。〈聖教小引〉云：「五十以後，大衰欲死，因得友
　　朋勸誨，翻閱貝經。幸於生死之原，窺見斑點。」（《續焚書》
　　二：十五）時有友人求書《心經》，遂亦撰〈心經提綱〉曰：「《心
　　經》者，佛說心之徑要也。心本無有，而世人妄以為有；亦無
　　無，而學者執以為無。有無分而能所立，是自罣礙也，自恐怖
　　也，自顛倒也，安得自在？獨不觀於自在菩薩乎？彼其智慧行
　　深既到自在彼岸矣。斯時也，自然照見色、受、想、行、識五

蘊皆空。本無生死可得，故能出離生死苦海而度脫一切苦厄焉。此一經之總要也。下文重重說破皆以明此。」(《焚書》三：十)

三、其他。任守間與上官仍多不合。〈感慨平生〉云：「爲郡守，即與撫巡王觸，與守道駱觸。王本下流不必道矣。駱最相知，其人最號有能有守，有文學，有實行，而終不免與之觸，何耶？渠過於刻屬，故遂不免成觸也。渠初以我爲清苦敬我，終反以我爲無用而作意害我，則知有己不知有人，今古之號爲大賢君子，往往然也。」(〈豫約〉，《焚書》四：三十) 此其間又曾作自傳〈卓吾論略〉，(《焚書》三：一) 以第三者身份述來滇以前歷事。凡其生、長，從學、中舉、以及官宦歷仕。爲認識卓吾生平之重要文字。

【著作】

文：〈卓吾論略〉(《焚書》三：一)，〈論政篇〉(《焚書》三：二)，〈心經提綱〉(《焚書》三：十)，〈高同知詩獎勸序〉(《焚書》三：十九)，〈送鄭大姚序〉(《焚書》三：二十)，〈關王告文〉(《焚書》三：二六)。

詩：〈雨後訪段嚴庵禪室兼懷焦弱侯舊友〉(《續焚書》五：五四)

萬曆八年庚辰（1580）五十四歲

滇中名士李元陽（中谿）卒，卓吾有告文祭之。

〈李中谿先生告文〉曰：「公倜儻非常人也。某見其人又聞其語矣。……余等或見而知，或聞而慕，今其死矣，云誰之依；……富貴榮名，無謂可樂，此但請客時一場筵席爾，薄暮則散去。生年滿百，未足爲壽，以今視昔，誠然一呼吸之間也。……『有子萬事足』，俗有是言也，不曰揚子雲法言、白長慶樂天，人至于今傳乎？使待嗣而後傳，則古今有子者何限也。須知孔子不以鯉傳，釋迦不以羅睺傳，老聃不以子宗傳，則公可以撫掌大笑矣。勿謂道家法力勝禪家，道家固不能離道而爲法也。勿謂灌頂陽神可出，公固精神在天矣，又何用勞神求出乎？公但直信本心，勿顧影、勿疑形，則道力固自在也，法力固自在也，神力亦自在也。」(《焚書》三：二七)

（另詳見〈師友攷〉）

三月，任將三年矣，封庫欲歸，辭不獲命，因走雞足山避事。

〈顧沖老送行序〉云：「萬曆八年庚辰之春，……先生歷官且三年滿矣。少需之，得上其績，且加恩或上遷。而侍御劉公方按楚雄，先生一日謝簿書、封府庫，攜其家，去姚安而來楚雄，乞侍御公一言以去。侍御公曰：『姚安守，賢者也。賢者而去之，吾不忍。非所以爲國，不可以爲風，吾不敢以爲言。即欲去，不兩月所爲上其績而以榮名終也，不其無恨於李君乎？』先生曰：『非其任而居之，是曠官也，贄不敢也。需滿以倖恩，是貪榮也，贄不爲也。名聲聞於朝矣而去之，是釣名也，贄不能也。去即去耳，何能顧其他！』而兩臺皆勿許，於是先生還其家姚安而走大理之雞足。……兩臺知其意已決，不可留，乃爲請於朝，得致其仕。」（《焚書》二：四三附）

在雞足山時，有〈鉢盂庵聽誦華嚴並喜雨〉三首。

案：《續焚書》卷五收有兩首，另一首見於《雞山范志》。（案：《范志》今未見，引據陳垣《明季滇黔佛教攷》卷三）

七月，得准致仕，因遍遊滇中群山。有一生郭萬民相從。

〈與焦弱侯〉云：「弟自三月即閉門專爲告歸一事，全不理事矣。至七月初乃始離任，因茲得盡覽滇中之勝，殊足慰也。又得姚安一生爲郭萬民者相從，自三月起，頗有尋究下落處。竊自欣幸，以爲始可不負萬里遊。……弟南北雲遊，苦未有接手英雄、奇特漢子，此子稍稱心云。」（《續焚書》一：六九）

離任將歸時，士民遮道相送，馬不能前。

《姚州志》：「（卓吾歸時）囊中僅圖書數冊。士民遮道相送，車馬不能前進。巡按劉維及當時藩臬作高尚冊以遂其志，僉事顧養謙爲之序。」（卷五）

案：顧序即贈〈姚安守溫陵李先生致仕去滇序〉（亦即〈顧沖老送行序〉），今收《焚書》二：四二附。又，焦竑有〈書宏甫高尚冊後〉云：「或曰：『……高尚之名，非有道者之處也，仲尼嘗比之瓠瓜之固矣，曾謂宏甫而不聞之乎？夫大道無尚，有高則有過。至人無尚，有尚則有累。渠既深於是而猶以過自累也，安在其爲知道歟？』噫！是非或人所知也。夫宏甫非高尚之士也，而未始非高尚之士也，而與以高尚之名則受之矣。……且吾聞宏甫氏懶散不事生產作業而兢兢一

郡惟恐後時。譬則細人之理其家然，不爲千歲之計不止也。凡一切備禦經久之費靡不日新而孰知其旦暮決去哉！……或者欲以是知宏甫，胡可得矣。……宏甫爲人一錢之入不妄，而或以千金與人如棄草芥。一飯之恩亦報而或與人千金，言謝則恥之。見一切可喜人無有不當其心者而不必合於己。己不能酒而喜酒人，己不能詩而喜詩人，……己不能文而喜文人，……己不好鬥而喜徘徊古戰場，己不好殺而喜商君吳起韓非之書，己不愛紛華而喜郭汾陽窮奢極欲以身繫國家之安危，……獨不喜遜床循牆，終日百拜傴僂以爲恭者。以故常不悅於世俗之人，俗之所愛因而醜之，俗之所憎因而求之，俗之所疏因而親之，俗之所親因而疏之。……終其身無一錢之積。平生未嘗召客人，召之酒則赴；平生不禮貴人，貴人饋之則受。以故雖不悅於人而終不見害於人；以宏甫與世無爭也。獨三科度世最得祖意。見上士則誇而肆之，冀其或我知也。見中士則櫝而藏之，以待其自知也。見下士則時發而後謹閉之，恐其不知而恣疑謗無益也。以此終其身交遊徧天下，無知宏甫者。知宏甫者疑莫如侍御，故宏甫與我言，并出此相示云。」（《李溫陵外紀》卷三）

又案：《明史》本傳云其「爲姚安知府，一旦去其髮，冠服坐堂上。上官勒令解任。」（卷二二一，〈耿定向傳〉附）去髮乃八年後萬曆戊子年事；「勒令解任」何自來哉？宜據《姚州志》訂正。

既致仕，未汲汲離滇，欲一會顧養謙。顧亦急急返回以晤別。

〈寄焦弱侯〉云：「我當時送顧中丞入賀，復攜妻室回府，此時已將魂靈付託顧君入京邸去矣。數月間反反覆覆，閉門告老，又走雞足……及已准告老矣，又遲回滇中不去，遍遊滇中山。吾豈眞以山水故舍妻室與愛女哉！此時禁例嚴，差遣官員俱不敢留滯過家，決知顧當急急趨滇也，是以託意待之一再會耳。果得一再會乃別。別至貴州烏撒，聞顧轉浙少參，復留烏撒一月餘日待之，度得方舟並下瀘、戎也。……世間勝己者少，雖略有數個，或東或西，或南或北，令我終日七上八下。」（《續焚書》一：十）

顧養謙〈顧沖老送行序〉云：「命下之日，謙方出都門還趨滇，恐不及一晤先生而別也。乃至楚之常、武而程程物色之。至貴竹而知先生尚留滇中遨遊山水，歸當以明年春，則甚喜。」（《焚書》二：四三附）

是年，耿定向尊翁靜庵公下世，耿返鄉守喪。

【著作】

文：〈李中谿先生告文〉（《焚書》三：二七），〈寄焦弱侯〉（《續焚書》一：
　　十），〈與焦弱侯〉（《續焚書》一：六九）

詩：〈鉢盂庵聽誦華嚴並喜雨〉二首（《續焚書》五：五五）（同上）又一
　　首（《雞山范志》卷十），〈顧沖菴登樓話別〉（《續焚書》五：七六）

萬曆九年辛巳（1581）五十五歲

正月，抵黃安耿家，依耿氏兄弟居。

　　〈與焦弱侯〉云：「弟正月末可抵黃安。」（《續焚書》一：六九）

　　焦竑：〈李宏甫解官卜築黃州寄贈〉，詩云：「夜郎三載見班春；又向
　　黃州學隱淪。說法終憐長者子，隨緣一見宰官身。門非陳孟時投轄，
　　鄉接康成不買鄰。若欲移家難自遂，何時同作灌園人。」（《澹園集》
　　卷四一）

已而，邀焦竑來黃，並弔耿門之喪。焦竑於是冬訪黃州，歡聚十日別。

　　〈與焦弱侯〉：「弟正月末可至黃安，兄如來往弔，可約定林及一二
　　相知者至彼一會。不惟於耿門弔禮不失，亦可以慰渴懷也。」（《續
　　焚書》一：六九）

　　〈壽焦太史尊翁後渠公八秩華誕序〉云：「萬曆……九年冬，侯以書
　　來曰：『逼歲當走千里，與宏甫爲十日之飲。』已而果然，飲十日而
　　別。」（《續焚書》二：三）

是年並結識僧無念。（詳見〈師友攷〉）

案：《李溫陵集》卷十二有〈與眾樂樂卷〉，乃爲己丑（1589）念僧生辰
　　作，有云「相伴九載」，據推而知。

【著作】

文：〈與焦弱侯〉（《續焚書》一：六九）

萬曆十年壬午（1582）五十六歲

去臘走麻城，今春復返黃安與羅汝芳（近溪）使者談，約羅近老三月來黃。

　　〈與焦竑書〉云：「臘底走麻城，與周柳塘相約潭上爲一春之計。偶
　　接羅近老書遂歸，與彼來人相會，并請之三月間到此。此老決然一
　　來也。」（與〈焦竑書之八〉，《李卓吾遺書》上卷）

惟羅近老終未來。

春，焦竑父後渠公壽誕，撰有〈壽焦太史尊翁後渠公八秩華誕序〉以賀。

〈壽焦太史尊翁後渠公八秩華誕序〉：「先是，九年冬，侯……走千里……飲十日而別。別至中途，復以書來曰：『家大人三歲失怙恃備嘗艱辛，能自立……。舉世識眞者少，……敢述大都以請於門下，倘得闡發道眞，一攄幽隱。』」（《續焚書》二：三）

初夏，移住天臺山。耿定向爲築天窩以居之。

〈與焦竑書〉云：「僕初夏到此。」（〈與焦竑書之二〉，《李卓吾遺書》上卷）〈復焦漪園〉云：「侗天爲我築室天窩，甚整。」（《續焚書》一：七三）

既入山，得焦竑來書，喜而賦詩。

〈復焦漪園〉云：「人來得書，時正入山，故喜而有述。」（《續焚書》一：七三）

〈入山得焦弱侯書有感〉：「易感平生淚，難忘故舊書。三春鴻雁影，一夜子雲廬。風雨深杯後，杉松對我初。開函如可見，是夢者非歟！」

〈其二〉云：「海內存知己，天涯若比鄰。古人聊自遣，此語總非眞。問學多奇字，觀書少斷輪。何時策杖履，共醉秣陵春。」（《續焚書》五：五三）

同住天窩者有管志道（東溟），吳少虞，周柳塘等人。

〈復焦漪園〉云：「東溟兄時在天窩……（但）不久住此。此兄挫抑之後，收歛許多，殊可喜。……時共少虞、柳塘二丈老焉，絕世囂，怡野逸，實無別樣出遊志念，蓋年來精神衰甚，只宜隱也。」（《續焚書》一：七三）

安居天窩，竟日讀書。惟時生疑悶，常與焦竑書函商問，且欲邀其來遊。

〈與焦弱侯〉云：「……唯有朝夕讀書，手不敢釋卷，筆不敢停揮。自五十六至今年七十四歲，日日如是而已。」（《續焚書》一：五）

〈與焦漪園〉云：「千里阻隔，徒爾夢寐。非但孤寂無聞，偶開書帙欲以散悶，而奇字奧義無從問卜，反增悶耳。譬如六家各爲一家，而以名家爲禮官，則是儒家之一支，不成家矣。太史氏謂使人儉而善失眞：善失眞是也，儉豈禮官事乎？墨家以強本節用爲教，故以儉爲家。孟氏以兼愛鬭之，又從儉上推一層，是說墨之枝葉，何以

服墨之心哉！幸略推言之以教我。諸如此者殊多，筆端難形，故不
盡楮。」（《續焚書》一：三二）

〈與焦竑書之十〉：「天窩佳勝，可以終身。弟意已決。兄倘能再遊
否？恐會期迫，不能爾也。」（《李卓吾遺書》卷上）

【著作】

文：〈壽焦太史尊翁後渠公八秩華誕序〉（《續焚書》二：三），〈與焦弱侯
之二、之八、之十〉（《李卓吾遺書》卷上），〈與焦漪園〉（《續焚書》
一：三二），〈復焦漪園〉（《續焚書》一：七三）

詩：〈入山得焦弱侯書有感二首〉（《續焚書》五：五二）

萬曆十一年癸未（1583）五十七歲

是年春，耿子健出守成都過里門，便攜焦竑來函及所贈物事。因覆函謝，
告以去年入冬讀史、讀《老子》事。

〈與焦弱侯〉：「耿子健歸，承教言足矣，乃有許多物，不大爲寒士
費乎！中間教以勿談世事，此弟所素不知談者，不知兄何所聞而云
爾也。弟自弱冠餬口四方，靡日不逐時事奔走，方在事中猶如聾啞，
全不省視之矣。豈以今日入山之深而故喜談樂道哉！……所謂立言
云者，不過一時憤激之詞，非弟事也、弟志也。待木之人，望兄速
了業緣，以闡揚光大此學爲不朽事業，不敢專以有盡有漏之圖期兄，
故輒及之。文章鳴世與道德垂芳等，然眾生盡時則此名盡，大丈夫
不願寢處其中也。……山中寂寞無侶，時時取史冊披閱，得與其人
會覿，亦自快樂，非謂有志於博學宏詞科也。嘗謂載籍所稱，不但
赫然可紀述於後者是大聖人，縱遺臭萬年，絕無足錄，其精神巧思
亦能令人心羨。況眞正聖賢不免被人細摘，或以浮名傳頌而其實索
然。自古至今多少冤屈，誰與辨雪。故讀史時眞如與百千萬人作對
敵。一經對壘，自然獻俘授首，殊有絕致，未易告語。近有讀史數
十篇，頗多發明。入九以後，雪深數尺，不復親近冊子。偶一閱子
由《老子解》，乃知此君非深老子者，此老蓋眞未易知也。呵凍作《解
老》一卷，七日而成帙，自謂莫踰，……待春暖凍解，抄出呈上取
證如何！」（《續焚書》一：六十）

案：「讀史數十篇」殆指《焚書》卷五所收四十八篇。唯此四十八篇亦收

後來增補所作，未必全作此時。或論曹操、楊修，或申屈原、伯夷，或寫兩晉諸子，或談春秋人物。其〈論賈誼〉有云：「班氏（固）文儒耳，只宜依司馬氏例以成一代之史，不宜自立論也，……不宜更添論贊於後也。何也，論贊須具曠古隻眼，非區區有文才者所能措也。」（《焚書》五：十）而此四十八篇大抵皆議論事，〈宋人譏荀卿〉條：宋人之以弟子爲惡而罪及師，因引〈鹽鐵論〉「李斯與苞丘子同事荀卿，而苞丘子修道白屋之下。」而曰：「使李斯可以累荀卿，則苞丘子亦當請封荀子矣。」（《焚書》五：三九）〈賈誼〉條云「漢之儒者咸以董仲舒爲稱首，今觀仲舒不計功謀利之云，似矣。而以明災異下獄論死，何也。夫欲明災異，是欲計利而避害也。……既欲明災異以求免於害，而又謂仁人不計利，……所言自相矛盾矣。且夫天下曷嘗有不計功謀利之人哉！若不是眞實知其有利益於我，可以成吾之大功，則烏用正義明道爲耶？其視賈誼之通達國體，眞實切用何如耶？」（《焚書》五：十）如此之論甚多，聊引二三以窺一斑。

又案：《解老》（詳見〈著述攷〉）有序云：「嘗讀韓非解老，未始不爲非惜之也。以非之才而卒見殺于秦，安在其爲善解老也。……夫老子者非能治之而不治，乃不治以治之者也。故善愛其身者不治身，善愛天下者不治天下。凡古聖王所謂仁義禮樂者，皆非所以治之也，而況一切刑者法術歟？故其著書專言道德而不言仁義，以仁雖無爲而不免有爲，義則爲之而有以爲，又甚矣。是故其爲道也，以虛爲常，以因爲綱，以善下不爭爲百谷之王，以好戰而樂殺人，以用兵爲不得已，以勝爲不美，以退爲進，以敗爲功，以福爲禍……孰謂無爲不足以治天下乎！世固未知無爲之有益也。」（《李溫陵集》十：六）

仲夏，修書焦竑慰其下第，且詢前寄所著《老子解》、《莊子解》二書意見。

〈與焦弱侯〉：「李如眞四月二十六日書到黃安，知兄已到家，藏器待時，最喜、最喜！……當接到兄京信時，時夜雷雨，山中偶感事作二絕句，便去，亦可以見古今豪賢之感也。——秣陵人去帝京遊，可是隋珠復暗投。昨夜山前雷雨作，傳君一字到黃州。獨步中原二十秋，劍光長射斗間牛，豐城久去無人識，早晚知君已白頭。——

尊翁老況何似，但能養志，不妨少九鼎之味也。況素淡其平生
乎？……前寄去二解……不知有當兄心否？南華如可意，不妨刻
行，若未也，可即付之水火。」（《續焚書》一：十六）

案：《莊子解》當作於撰《老子解》前後不久，〈答焦漪園〉云：「我於南
華……特爲要刪汰繁，故於隆寒病中，不四五日塗抹之。《老子解》
亦以九日成。」（《焚書》一：七）今僅見存中圖藏《李氏叢書》（殘
存三種）中。（詳〈著述攷〉子部莊子解、老子解條）

又：國家圖書館藏《李卓吾遺書》上卷，〈與焦弱侯書〉之第六、第七並
提及《解老》云：

「欲印刷二十餘冊《解老》去，而馬大即於山中告別，容後便寄去。
擇可與言者與之亦不枉作《解老》一場也。」（第六）「《解老》板，
弟欲發去，竟不果。見有四本附去，但以能觀看喜觀者，勿漫置之
覆醬子也。」（第七）知《老子解》乃刻於山中，而《南華》乃以稿
付焦竑，或是刻於白下。

焦竑書復，有詩二首。

焦竑〈寄宏甫二首〉云：「歸田乃作客，散步自安禪。去我無千里，
相違忽二年。夢醒江閣雨，心折楚雲天。寥落知音後，愁看伐木篇。」
〈其二〉：「風雨秋偏急，懷人鬢欲絲。飄零違俗久，歲月著書遲。
獨往眞何事，重過會可期。白門遺址在，相爲理茅茨。」（《李溫陵
外紀》三：九）

十月爲耿定向六十壽誕。卓吾邀焦竑來黃。唯焦未能成行。

〈與焦弱侯書〉：「侗老十月初十爲耳順誕期，大會親知。兄可同如
眞一枉駕到此。弟且得同舟或隨車回白下矣。」（〈與焦弱侯書之四〉、
《李卓吾遺書》卷上）

入冬，聞王畿龍溪先生逝世。作告文祭之。

〈王龍溪先生告文〉曰：「聖代儒宗，人天法眼。白玉無瑕，黃金百
鍊。今其沒矣，後將何仰！吾聞先生少遊陽明先生之門，既以一往
而超詣；中升西河夫子之坐，遂至歿身而不替。要以朋來爲樂分，
不以不知而慍也，眞得乎不貳不遷之宗。……蓋修身行道者將九十
歲，而隨地雨法者已六十紀矣。以故四域之內，或皓首而執經；五
陵之間，多繼世以傳業。……非直斯文之未喪，實見吾道之大明。

先生之功，於斯爲盛。……嗟乎！『嘿而成之，存乎其人，不言而信，存乎德行。』先生以言教天下，而學者每咕嗶其語言，以爲先生之妙若斯也；而不知其糟粕也，先生不貴也。先生以行示天下，而學者每驚疑其所行，以爲先生之妙不若斯也，而不知其精神也，是先生之所重也。我思古人實未有如先生者也，故因聞先生之訃也，獨反覆而致意焉。先生神遊八極，道冠終古；天壽不二，生死若一。吾知先生雖亡，固存者也。其必以我爲知言也夫，其必以我爲知先生也夫！」（《焚書》三：二八）

案：王龍溪逝於是年六月七日，然卓吾聞訃甚晚。〈羅近溪先生告文〉云：「癸未之冬，王公訃至。……即爲文告之，禮數加焉。」（《焚書》三：二九）

【著作】

書：《老子解》、《莊子解》。

文：〈與焦弱侯之四、之六、之七〉（《李卓吾遺書》上卷），〈王龍溪先生告文〉（《焚書》三：二八），〈與焦弱侯〉（《續焚書》一：十六），〈與焦弱侯〉（《續焚書》一：六十），〈讀南華〉（《續焚書》四：十一），〈老子解序〉（《李溫凌集》十：六），〈讀史四十八篇〉（《焚書》卷五）

詩：〈感事二絕寄焦弱侯〉（《續焚書》五：四五）

【附案】

耿定理於明年七月下世。今總彙耿定理歿前，卓吾偕與往來之事行於此。

一、遊石湖。石湖又稱石潭，又稱龍湖、又稱龍潭。在麻城東二十餘里。卓吾戊子落髮於此之前便曾與定理來遊。〈與焦弱侯書之三〉云：「……此間大蓋樓屋精舍於釣台待賢者至止。弟亦另設精廚寢食其上爲賢地主。楚倥兄朝夕在其間，誠可樂也。」（《李卓吾遺書》卷上）耿定向後來寓書周柳塘時亦嘗語及云：「憶昔年卓吾寓兄湖上時，兄謂余重名教，卓吾識眞機。亡弟（指定理）誚兄曰：『拆籬放犬』意蓋訝兄與余營道同術而作是分別，未究余學所主，語若右卓吾云爾。」（《耿天台先生文集》卷三）其時，作有五律一首：〈初到石湖〉。又作〈石湖卷致僧無念〉

云：「湖之西架木爲閣，直侵湖上，其名曰芝佛院。有上人來居之，其名曰無念。吾不知上人果能無念否也。……三年，吾將孜之。」（《李溫陵集》十二：一）居釣台時亦有〈與耿楚倥〉云：「世間萬事皆假，人身皮袋亦假也。既已假合而爲人，一失誠護，百病頓作，可以其爲假而遂不以調攝先之，心誠求之乎？……此成物一體之學，侗老所以眞切示人者，兄獨不聞之乎？若謂大休歇人到處自在，只好隨時著衣喫飯度日，則孔聖何以汲汲、孟氏何以遑遑，達摩不必東度，青牛不之流沙，從前祖師棒喝交馳，建立道場，作人天眼，盡爲沒來由底漢矣！此必有不容自己者。……知己終日釣台，整頓收拾十分全力用之之友朋，而推其餘者以理紛雜，此正所望以承先聖者；恐諸公未悉，故於此日獨申明之云。」（《續焚書》一：二四）

二、刻二解。二經解指《心經提綱》及《老子解》。〈提綱說〉云：「黃安邑侯既刻《提綱》矣，復幷予所注《道德解》並刻之。」（《李溫陵集》九：三）知《心經提綱》（作於滇中）刻於此時。

【著作】

文：〈提綱說〉（《李溫陵集》九：三），〈石湖卷〉（《李溫陵集》十二：一），〈與耿楚倥〉（《續焚書》一：二四）

詩：〈初到石湖〉（《焚書》六：五五），〈宿天台頂〉（《續焚書》五：八三）

萬曆十二年甲申（1584）五十八歲

三月，耿定向起爲都察院左僉都御史。七月抵任。其仲弟耿定理即於是月廿三日謝世。卓吾書告耿定向，並有詩哭定理甚哀。

〈復耿中丞〉云：「四海雖大而朋友實難，豪士無多好學者益鮮。若夫一往參詣，務于自得，直至不見是而無悶，不見知而不悔者，則令弟子庸（定理）一人實當之，而今不幸死矣。……今所憾者，僕數千里之來，直爲公兄弟二人耳。今公又在朝矣，曠然離索，其誰陶鑄我也！……欲成大器，爲大人、稱大學，可得耶！」（《李溫陵集》二：七）

〈哭耿子庸四首〉，其一：「楚國有一士，胸中無一字。令人讀漢書，便道賴有此。蓋世聰明者，非君竟誰與？所以羅盱江，平生獨推許。

行年五十一，今朝眞死矣。君生良不虛，君死何曾死。」

〈其二〉有句云：「我是君之友，君是我之師。我年長於君，視君是先知。」（《焚書》六：九）

定理既歿，焦竑令尊訃聞又至。去函慰竑。

〈與焦弱侯書〉：「尊先翁八十以上，躋上壽矣，孝子無可恨矣！惟早晚自重自保。兄一生事全未動頭，萬自爲王可。此間見克明甚欲爲兄處理生事。倘田房三百金亦足用自度，意欲兄買舟過此，作朋兩三載耳。想會期試遠，可俯從克念兄之雅志也。」（〈與焦弱侯之十五〉、《李卓吾遺書》卷上）

【著作】

文：〈復耿中丞〉（《李溫陵集》二：七），〈與弱侯焦太史〉（《續焚書》一：二九），〈與焦弱侯之十五〉（《李卓吾遺書》卷上）

詩：〈哭耿子庸四首〉（《焚書》六：九）

萬曆十三年乙酉（1585）五十九歲

獨居天窩，意甚無聊。秋八月，定林自白下來天山共住。唯不甚得意，令人更思定理耳。

〈與焦弱侯太史〉云：「八月定林到此……便住天山中，無說無言，緊守關門，一如在京時候。然向雖未得活，猶成一死和尚也，今則弄成一個不死不活和尚矣，豈不哀哉！……此間自八老（耿定理）去後寂寥太甚。因思向日親近善知識時，全不知身在何方，亦全不覺欠少什麼，相看度日，眞不知老之將至，蓋眞切友朋，生死在念，萬分精進，他人不知故耳。自今實難度日。」（《續焚書》一：二八）

天窩難居，良朋未得，因思動轉。唯未果。

〈與焦弱侯太史〉云：「十月曾一到亭州（麻城），以無館住宿，不數日又回。」（《續焚書》一：二八）

是年，羅汝芳大會江省同志於會城。

胡直正甫卒，年六十九。

黃道周幼元生。

萬曆十四年丙戌（1586）六十歲

開春又思遠遊，原擬直抵白下，因疾作而返。

〈答駱副史〉云：「新邑（黃安）僻陋實甚，……是以開春便理舟楫，動遠遊之興，直下赤壁磯頭矣。而筋力既衰，老病遽作，不得已復還舊隱。且賤眷為累，亦未易移動也。則其勢自不得不閉戶獨坐，日與古人為伴侶矣。」（《續焚書》一：三四）

〈與焦侯太史〉云：「此月初一日，弟已隨柳老與定林、無念諸僧同登江舟，欲直至建昌，然後由浙江至秣陵會兄，大敍所懷矣，乃忽爾疾作，遂復還舊隱。此點點機會亦且不得如願，弟於世間友朋緣薄，已可知也。」（《焚書》一：二十）

時耿定向作〈二鳥賦〉，微諷卓君。卓君批繳之，二人隙生。

〈與焦弱侯太〉云：「楚侗令師近有〈二鳥賦〉，兄曾見否？弟實感此老不忘我鍼砭也，當時遂妄肆批題，繳而還之，又有數字附克明呈上。（按：當即〈與耿司寇告別文〉，見後）今並述之於兄，以為當否何如？侗老作用乃大聖人之作用，夫誰不信之者，縱非自心誠然，直取古人格式做去，亦自不妨。如隋王通氏豈莫千古人豪乎！但欲以此作用教人，必欲人人如此作用乃為聖人大用，則是本等濶大之樣翻成小樣去矣！是以承教中戲為題刺，亦無已之意也。入京幸執此呈上，便見區區千里之來，本無所求，有莫知其然而然者。剝膚析腹，雖羅盱江未能如余之真切苦心也，亦可謂愚矣！克明（定向子）初七日已入京去，世間豪士不多得，得一豪士又祇如是過日，此臨濟門下所以畢竟無臨濟兒也。……夫所貴乎講學者，謂講此學耳。今不講此學，而但教人學好、學孝學弟、學為忠信，夫孝弟忠等豈待教之而能乎？古人即孝弟等指點出良知良能以示人，今者舍良知而專教人以學孝學弟，苟不如此，便指為害人、為誤後生小子，……則自古聖人皆誤害人之王矣，可勝嘆哉！孔子教人，教人求仁，惟求之而不得則無可奈何。待價而沽不欲求售者，以天下之無豪傑也。求豪傑必在於狂狷，必在於破綻之夫。若指鄉愿之徒遂以為聖人，則聖門之得道者多矣。此等豈復有人氣者，而盡指以為聖人，益可悲矣夫！」（《續焚書》一：二十）

夏，徙麻城，依周柳塘兄弟居焉。去黃前，去函告別耿定向。

〈與耿司寇告別〉云：「新邑明睿，唯公家二三子姪可以語上。可與言而不與之言，失人，此則不肖之罪也。其餘諸年少或聰明未啓，

或志向未專，所謂不可與言而與之言則爲失言，此則僕無是矣！雖然，寧可失言，不可失人。……苟萬分一有失人之悔則終身抱痛，死且不瞑目矣。蓋論人極好相處，則鄉愿爲第一；論載道而承千聖絕學，則舍狂狷將何之乎？……僕今將告別矣，復致意于狂狷與失人、失言之輕重者，亦謂惟此可以少答萬一爾。賤眷思歸，不得不遣，僕則行遊四方，效古人之求友。蓋孔子求友之勝己者，欲以傳道，……吾輩求之勝己者，欲以證道。所謂三上洞山，九到投子是也。」（《焚書》一：二二）

案：卓吾自萬曆九年春來黃依耿，迄今（十四年）夏離耿去黃，計共五年整。雖以定理身亡、定向出仕，舊交四散，因欲更尋新勝；而與耿定向之稍生間隙實爲主因。定向蓋慮卓吾之誘諸子姪向道參遊廢舉子業如定理者也。〈李溫陵傳〉云：「子庸（定理）死，子庸之兄天臺（定向）公惜其超脫，恐子姪效之，有遺棄之病，數至箴切。公遂至麻城。」（《李溫陵外紀》二：一）卓吾亦有〈答耿司寇〉云：「分明憾克明（定向子）好超脫，……乃又錯怪李卓老曰：『因他超脫，不以嗣續爲重，故兒效之耳。』……分明憾克明好超脫，不肯注意舉子業，……乃又錯怪李卓老曰：『因他超脫，不以功名爲重，故害我家兒子。』」吁呼！卓吾自二十九歲做官以至五十三歲乃休，何曾有半點超脫也！克明年年去北京進場，功名何曾輕乎！？」（《李溫陵集》三：一）

抵麻後，寓書焦竑告以遷居事，並以性命之事相勉。

〈與弱侯焦太史〉：「去年十月曾一到亭州，以無館住宿，不數日又回。今年三月復至此中，擬邀無念初入地菩薩、曾承菴向大乘居士，泛舟至白下與兄相從，遍參建昌西吳諸老宿。……兄以蓋世聰明，而一生全力盡向詩文草聖場中，又不幸而得力，所嗜好者真堪與前人爲敵，故於生死念頭不過一分兩分，微而又微也，……所幸菩薩（卓吾自謂）不至終窮，有柳塘老以名德重望爲東道主，其佳壻曾中野捨大屋以居我，友山兄又以智慧禪定爲弟教導之師，……然念兄實不容不與弟會者。兄雖強壯之年，然亦幾知命矣，此時不在念，他年功名到手……益不暇爲此矣。……功名富貴等，平生盡能道是身外物，到此乃反爲主而性命反爲賓矣。我與兄相處，惟此一事，

故不覺重疊如此。」（《續焚書》一：二八）

案：麻城在黃安東北，城爲後趙將麻秋所築，故名。唐初曾置亭州，故習稱亭州。黃安爲新邑，麻城爲舊縣治所在。來麻所居處爲「維摩庵」。見〈豫約〉（《焚書》四：三十）

卓吾妻黃氏於徙麻後不久歸返泉州。

案：黃宜人返閩時日未確。據〈答周柳塘〉：「自我入邑中來，遣家屬後；……我于丙戌（即今年）之春，脾病載餘……及家屬既歸，獨身在楚……」（《李溫陵集》四：七）繫於此。

耿定向既接卓吾所批題文字及告別文，來書謂「〈二鳥賦〉原爲子禮（周思敬）而發，不爲公也」云。卓吾因辨二人宗旨、工夫之別答之。

〈答耿司寇〉云：「此來一番承教，方可稱眞講學，方可稱眞朋友。公不知何故而必欲教我，我亦不知何故而必欲求教於公，方可稱是不容已眞機，自有莫知然而然者。

惟公之不容已者在於汎愛人而不欲其擇人；我之所不容已者，在於爲吾道得人，而不欲輕以與人，微覺不同耳。公之所不容已者，乃人生十五歲以前弟子職諸篇入孝出弟等事；我之所不容已者，乃十五成人以後爲大人明大學，欲去明明德於天下等事。……公之所不容已者，多雨露之滋潤，是故不請而自至，如村學訓蒙師然，以故取效寡而用力艱；我之所不容已者多霜雪之凜冽，是故必待價而後沽，又如大將用兵，直先擒王，以故用力少而奏功大。雖各各手段不同，然其爲不容已之本心一也。心苟一也，則公不容已之論固可以相忘於無言矣！……

試觀公之行事，殊無甚異於人者。人盡如此，我亦如此，公亦如此。……均之耕田而求食，買地而求種，……讀書而求科第、居官而求尊顯，……種種日用，皆爲自己身家計慮，無一釐爲人謀者。及乎開口談學，便說爾爲自己，我爲他人；爾爲自私，我欲利他……某等肯上門教人矣，是孔孟之志也，某等不肯會人，是自私自利之徒也……。以此而觀，所講者未必公之所行，所行者又公之所不講，其與言顧行、行顧言何異乎？……反不如市井小夫，身履是事，口便說是事。作生意者但說生意，力田作者但說力田。鑿鑿有味，眞

有德之言，令人聽之忘厭倦矣。……

聖人不責人之必能，是以人人皆可以爲聖。故陽明先生曰：『滿街皆聖人。』佛氏亦云：『即心即佛，人人是佛。』夫惟人人之皆聖人也，是以聖人無別不容己道理可以示人也……夫惟人人之皆佛也，是佛未嘗度眾生也。……善既與人同，何獨於我而有善乎？人與我既同此善，何有一人之善而不可取乎？故曰『自耕稼陶漁以至爲帝，無非取諸人者。』……耕稼陶漁之人既無不可取，則千聖萬賢之善，獨不可取乎？又何必專學孔子而後爲正脈也。……然則孔子之講學非歟？孔子直謂聖賢一律，不容加損。所謂麒麟與凡獸並走，凡鳥與鳳凰齊飛，皆同類也。所謂萬物皆吾體是也。而獨有出類之學，唯孔子知之，故孟子言之有味耳。然究其所以出類者，則在巧中焉。巧處又不可著力。今不於不可用力處參究，而唯欲於致力處著腳，則已失孔、孟不傳之秘矣。此爲何等事，而又可輕以與人談耶？

公聞此言，必以爲異端人只宜以訓蒙爲事，而但借『明明德』以爲題目可矣，何必說此虛無寂滅之教以眩惑人耶？夫所謂仙佛與儒皆其名耳。孔子知人之好名也，故以名教誘之；大雄氏知人之怕死，故以死懼之；老氏知人之貪生也，故以長生引之。皆不得已權立名色以化誘後人，非眞實也。唯顏子知之，故曰夫子善誘。今某之行事有一不與公同者乎？……但公爲大官耳！學問豈因大官長乎？學問如因大官長，則孔孟不敢開口矣！……

東廓先生專發揮陽明先生良知之旨……其妙處全在不避惡名以救同類之急，公其能此乎？我知公詳矣，公其再勿說謊也！須如東廓先生方可說是眞不容己。近時唯龍溪先生足繼之，近溪先生稍能繼之。公繼東廓先生終不得也。何也？名心太重也，回護太多也。實多惡也，而專談志仁無惡，實偏私所好也，而專談汎愛博愛……舉世道學無有當公心者，雖以心齋先生亦在雜種不入公轂率矣，況其他乎！……公之取善亦太狹矣，何以能明明德於天下也。……

公勿以修身爲易，明明德爲不難，恐人便不肯用功也。……龍溪先生年至九十，自二十歲爲學，又得明師，所探討者盡天下書，所求正者盡四方人，到末年方得實詣，可謂無工夫乎？公但用自己工夫，

勿愁人無工夫用也。有志者自然來共學，無志者雖與之談何益。……公第用起工夫耳，儒家書儘足參詳，不必別觀釋典也。解釋文字終難契入，執定己見終難空空，……願公無以芻蕘陶漁之見而棄忽之也。……

每思公之所以執迷不悟者，其病在多欲。古人無他巧妙，直以寡欲爲養心之功，誠有味也。公今既宗孔子矣，又欲兼通諸聖之長；又欲清、又欲任、又欲和。既于聖人之所以繼往開來者，無日夜而不發揮，又于世人之所以光前裕後者，無時刻而不繫念。又以世人之念爲俗念，又欲時時蓋覆，只單顯出繼往開來不容已本心以示于人。分明貪高位厚祿之足以尊顯也，……又欲蓋覆此欲也……

吳少虞曾對我曰：『楚倥放肆無忌憚，皆爾教之。』我曰：『安得此無天理之談乎？』吳曰：『雖然，非爾亦由爾，故放肆方穩妥也。』吁吁！楚倥曾放肆乎？且彼乃吾師，吾惟知師之而已。渠眼空〈四海〉，而又肯隨人腳跟走乎？……大抵吳之一言一動皆自公來，若出自公意，公亦太乖張矣。縱不具隻眼，獨無眼乎！……」（《李溫陵集》三：一）

案：此文甚長，計三千餘字；《焚書》所收刪約三分之一，需檢《李溫陵集》乃得其全。

耿定向本人倫常道以答卓吾，並書告周柳塘此義。

耿定向〈與李卓吾書〉云：「公謂余之不容已者乃弟子職諸篇入孝出弟等事，公所不容已者乃大人明明德于天下事，此則非余所知也。除卻孝弟等更明何德哉？竊意公所云明德者從寂滅滅已處覷得無生妙理便謂明了，余所謂不容已者即子臣弟友根心處識取有生常道耳。如公所見，二十年前亦曾抹摋過。竊謂闖過此關從平常實地上修證，方知夫子所云未能，方信舜之善與人同也。」（〈與李卓吾之四〉，《耿天台先生文集》卷四）

耿定向〈與周柳塘〉云：「夫孔孟之學學求眞耳，其教教求眞耳。……夫欲生，眞心也。而欲義甚於欲生，豈囿於名教耶？即乎蹴之食，不屑於行道，乞人眞機可識矣。……甘食悅色眞心也，而軮兄踰垣父母國人即賤惡之者，非眞機耶？……聖人識此眞機制爲燕享交際

婚喪之禮，非以爲名也，所以達此眞機也。自今言之，仁義眞心也，入孝出弟非眞機耶？孔孟之明明德於天下者，惟以此達之耳。而卓吾以此只是弟子職事，大人別有明德，豈此外別有眞機耶？吾儒之教以仁爲宗，正以其得不容己之眞機也。彼以寂滅滅已爲眞或以一切任情欲爲眞，可無辨哉！……」（《耿天台先生文集》卷三）

案：耿定向又有論卓吾來書中「麒麟與凡獸並走，鳳凰與凡鳥並飛」一段云：「昔趙大州云：『只要眼明，不貴踐履』余則曰：『眼孔易開，骨根難換。』公所取人者眼孔，余所取人者全在骨根。來書云麒麟與凡獸並走……云云，二物之所以出于禽獸類者，非歆其羽毛鱗甲也。止以其生蟲之不踐，喈喈之和鳴……他雖猱猿之便捷、獅虎之豪猛……終是禽獸之根骨，不能出類也。由是而觀，孔孟高超不及莊列、權謀不及蘇張、武略不及孫吳，所以出類者，第以其一種不容己之仁脉有以貫通於天下萬世耳。……」（〈與李卓吾之六〉，《耿天台先生文集》卷四）

是年，麻城新選縣令到任。持禮帖來拜。卓吾以「流寓客子」書帖還拜。（〈豫約〉、感慨平生）條，《焚書》四：三十）周柳塘等因欲立會，請之爲會主。卓吾不可。

案：〈答耿司寇〉云：「父母愛民，自有本分事。日夜不得閑空，何必另標門戶使合縣分黨也。與會者爲賢，則不與會者爲不肖矣。使人人有不肖之嫌，是我輩起之也。……況爲會何益於父母，徒使小人乘此紛擾縣公。……縣公若果以性命爲重，則能自求師尋友，不必我代之勞苦矣。……」（〈答耿司寇〉，《李溫陵集》三：一）

新到邑鄧鼎石，嘗遊耿定向之門。過卓吾寓所，卓吾書答之。

〈答鄧明府〉曰：「夫舜之好察邇言者，余以爲非。無一邇言而非眞聖人之言，則天下無一人而不是眞聖人之人明矣。非強爲也。彼蓋曾實用知人之功，而眞見本來面目無人故也；實從事爲我之學而親見本來面目無我故也。本來無我故本來無聖；本來無聖，又安得見己之爲聖人，而天下之人之非聖人耶？本來無人則本來無邇；本來無邇，又安見邇言之不可察而更有聖人之言之可以察也耶？故曰：『自耕稼陶漁，無非取諸人者。』……凡世間一切治生產業等事，皆其所共好而共習，共知而共言者，是眞邇言也。於此果能反而求

之，頓得此心，頓見一切賢聖佛祖大機大用，識得本來面目，則無始曠劫未明大事，當下了畢。此余之實證得處也，而皆自於好察邇言得之。故不識忌諱，時時提倡此語。而令師反以我爲害人，誑誘他後生小子，深痛惡我。……但我之所好察者，百姓日用之邇言也。則我亦與百姓同其邇言者，而奈何令師之不好察也？……然此好察邇言原是要緊之事，亦原是最難之事。何者，能好察則得本心，然非實得本心者決必不能好察。……世之學者但知欲做無我無人工夫，而不知原來無我無人，自不容做也。若有做作，即有安排，便不能久，不免流入欺己欺人不能誠意之病。欲其自得，終無日矣。然愚雖以此好察日望於師，豈敢遂以此好察邇言取必於令師也哉！」

（《焚書》一：二四）

是年，周柳塘六十壽誕，其門人楊起元撰文爲賀。卓吾甚稱許之。

〈與焦弱侯〉云：「此間近得柳老高徒楊明生上壽一書，弟甚喜後輩有人，可爲斯文慶，亦可爲朝廷後日慶。謹事稿奉遊覽，俾同喜也。」

（《續焚書》一：六五）

是年，袁宗道（伯修）會試第一，授編修。（《公安縣志》）

【著作】

文：〈與司寇告別〉（《焚書》一：二十二），〈答鄧明府〉（《焚書》一：二十四），〈與焦弱侯太史〉（《續焚書》一：二十），〈與焦弱侯太史〉（《續焚書》一：二十八），〈答駱副使〉（《續焚書》一：三十四），〈與焦弱侯〉（《續焚書》一：六五），〈答耿司寇〉（《李溫陵集》三：一）

萬曆十五年丁亥（1587）六十一歲

去歲迄今，脾病載餘。因偕弟出遊，恣恣所適。

〈答周柳塘〉云：「我于丙戌（即去年）之春，脾病載餘，幾成老廢。百計調理，藥轉無效。及家屬既歸、獨身在楚，時時出遊，恣意所適。然後飽悶自消，不須山查導化之劑；鬱火自降，不用蔘著扶元之藥。未及半載而故吾復矣。乃知眞藥非假金石，疾病多因牽強。則到處從眾攜手聽歌，自是吾自取適，極樂眞機，無一毫虛假掩覆之病，故假病自瘳耳。……既在外，不得不用舍弟輩相隨。弟以我故隨我，我得所托矣。弟輩何故棄妻孥從我于數千里之外乎？心實

憐之，故自體念之耳。……」（《李溫陵集》四：七）〈偶遊〉詩亦曰：「獨往眞何事，尋芳病亦瘳。」（《續焚書》五：六五）

案：卓吾爲求癒疾而遊冶青樓，不無可議。然此不足爲論死之罪狀。後日張問達據此疏劾其：「寄居麻城，肆行不檢，與無良輩遊於庵院，挾妓女、白晝同浴。勾引士人妻女」云云，（詳七十六歲譜文）可謂極盡污蔑之能事矣。

又案：卓吾〈答周二魯〉有云：「僕在黃安時終日杜門，不能與眾同塵。到麻城，然後遊戲三昧，出入于花街柳市之間，始能與眾同塵矣。而又未能和光也。何也，以與中丞猶有辯學諸書也。自今思之，辯有何益。……」（《李溫陵集》四：二）此書後有「自愧勞擾一生，年已六十二」；知爲明年所作。且明春耿天台（定向）返里，卓吾未有往來。文集中所收與耿定向論辯諸篇當今年事。因編繫於此。

是年，與耿定向續有書函論辯。

〈答耿中丞〉云：「昨承教言，深中狂愚之病。夫以率性之眞，推而擴之，與天下爲公，乃謂之道。……『學其可無術歟』，此公至言也，此公所得於孔子而深信之以爲家法者也。僕又何言之哉！……且孔子未嘗教人之學孔子也。使孔子而教人以學孔子，何以顏淵問仁，而曰爲人由己而由人也歟哉！何以曰古之學者爲己，又曰君子求諸己也歟哉！惟其由己，故諸子自不必問仁於孔子；惟其爲己，故孔子自無學術以授人。是無人無己之學也。無己，故學莫先於克己；無人，故教惟在於因人。……夫孔子未嘗教人之學孔子，而學孔子者務舍己而必以孔子爲學，雖公亦必以爲眞可笑矣。夫惟孔子未嘗以孔子教人學，故其得志也，必不以身爲教於天下。是故聖人在上，萬物得所。……然則孔氏之學術妙矣，則雖謂孔子有學有術以教人亦可也。……公旣深信而篤行之，則雖謂公自己之學術亦可也，但不必人人皆如公耳。」（《焚書》一：十二）

耿定向〈與李卓吾書〉云：「余惟反之本心不容己者，雖欲堅忍無爲，若有所使而不能。反之本心不自安者，雖欲任放敢爲，若有所制而不敢。是則淺膚之綱領，惟求不失本心而已矣，豈是束於其教，不

達公上乘之宗耶？」（〈與李卓吾之三〉，《耿天台先生文集》卷四）

案：耿定向與李卓吾書計七件，俱收《耿天台先生文集》卷四。李卓吾
　　與耿定向書除前揭數篇外尚有：〈又答耿中丞〉（《焚書》一：十三），
　　〈答耿中丞論淡〉（《焚書》一：十八），〈寄答耿大中丞〉（《焚書》
　　一：二六），〈復耿侗老書〉（《焚書》二：十九）。論旨同前而多枝蔓，
　　茲不具錄。

是歲，麻城歲荒。邑侯鄧君捧糧來濟，因函謝之。

　　〈復鄧鼎石〉云：「杜甫非耒陽之賢，則不免於大水之厄；相如非臨
　　邛，則程鄭、卓王孫輩當以糞壤視之矣。勢到逼迫時，一粒一金一
　　青目，便高增十倍價，理勢然也。第此時此際大難為區處耳。謹謝、
　　謹謝。」（《焚書》二：四）

卓吾抵麻城二年，或問之曰：「子好友，今兩年所矣，而不見子之友一人
何？」卓吾自以所交最廣，舉世無有相如者。因舉十交，以盡天下之交。

　　〈李生十交文〉曰：「其最切為酒食之交，其次為市井之交。……其
　　三為邀遊之交，其次為坐談之交。……以至文墨之交、骨肉之交、
　　心膽之交、生死之交。所交不一人而足也。……若夫剖心析肝相信，
　　意者其唯古亭周子禮（思敬）乎！肉骨相親，期於無斁，余於死友
　　李維明蓋庶幾焉。」（《焚書》二：三二）

案：李逢揚，字維明；為卓吾任禮部司務時同僚。（參見〈師友攷〉：北
　　京部分）

是年，僧定林化於天中山。（〈定林庵記〉、《焚書》三：十三）

十月十一日，王襞（東崖）卒。年七十七。

案：卓吾嘗師事東崖。〈儲瓘〉云：「心齋子東崖公，贄之師。東崖實出
　　自庭訓。然心齋先生在日，親遣之事龍溪於越東，與龍溪之友月泉
　　老衲矣。所得更深邃也。」（〈儲瓘〉、《續焚書》三：二三）

【著作】

文：〈答耿中丞〉（《焚書》一：十二）、〈又答耿中丞〉（《焚書》一：十三）、
　　〈答耿中丞論淡〉（《焚書》一：十八）、〈寄答耿大中丞〉（《焚書》
　　一：二六）、〈復耿侗老〉（《焚書》二：十九）、〈復鄧鼎石〉（《焚書》
　　二：四）、〈李生十交文〉（《焚書》三：三二）

【附案】

卓吾明夏徙居龍潭，旋即落髮。除經考證的確繫於明年，餘凡來麻後，落髮前之諸事，概錄於此。

一、平居多獨坐自修，偶亦出遊

〈答李見羅先生〉云：「年來衰老非故矣。每念才弱質單，獨力難就，恐遂爲門下鄙棄。故往往極意參尋，多方選勝，冀或有以贊我者，而詎意學者之病又盡與某相類耶！但知爲人，不知爲己；唯務好名，不肯務實……以故閉戶卻掃，怡然獨坐。……及其飽悶已過，情景適可，則仍舊如前鎖門而讀我書也。」（《焚書》一：六）

又，麻城西有萬壽寺，卓吾時遊至此。有寺僧明玉告以僧無用故事曰：「……無用遊方來至其（興福）寺，憫寺僧之衰殘，忿居民之侵害，持竹槍連結果一十七條性命，然後走縣自明，詣獄請死。縣令憐之，欲爲出脫；無用不從，遂即自刎。」卓吾聞而讚歎曰：「爾莫輕易說此僧也。此僧若在家，即眞孝子；若在國則眞忠臣矣；若在朋友則義士矣；能肯學道參禪，則眞出世丈夫，爲天人師佛矣。可輕易也耶！天地間只有此一副眞骨頭耳。不問在世出世，但有此，百事無不成辦也。」（〈周友山爲僧明玉書法語〉、《焚書》四：九）

二、論學主穿衣吃飯即是人倫物理，且甚欲效鄧鶴之向道之誠

〈答鄧石陽〉云：「穿衣吃飯即是人倫物理，除卻穿衣吃飯，無倫物矣。世間種種皆衣與飯類耳。……學者只宜於倫物上識眞空，不當於倫物上辨倫物。……於倫物上加明察，則可達本而識眞源；否則只在倫物上計較忖度，終無自得之日矣。支離、易簡之辨正在於此。明察得眞空，則爲由仁義行。不明察則爲行仁義，入於支離而不自覺矣。……」（《焚書》一：四）

又，丙戌年奉書焦竑時（《續焚書》一：六五）曾附去《南詢錄》一冊。書爲蜀人鄧鶴（豁渠）所撰。（參嘉靖四十三年蜀人鄧氏條）書爲鄧氏生時在黃安所刻；卓吾之熟稔此書此人，當即此時。以爲其「間關萬里，辛苦跋涉，剛介一如三十年，終必得道也。自謂無其志之萬分一。因抄錄其書序以自儆。」（〈南詢錄序〉、《續焚書》二：十二）故友鄧石陽來麻，頗疑卓吾之棄官、棄家大類於豁渠。卓吾

述所取捨云：「一官三十餘年，未嘗分毫爲國出力，徒竊俸餘以自潤。既幸雙親歸土，弟妹七人婚嫁各畢。各幸而不缺衣食，各生兒孫。獨余連生四男三女，惟留一女在耳……蓋所謂欲之而不能，非能之而自不欲也。惟此一件人生大事未能明了……故遂棄官入楚，事善知識以求少得。……絕未曾自棄於人倫之外者。」其下復述所以取豁渠者何，並稍紓眾人是非之說云：「平生師友散在西方，不下十百……弟初不敢以彼等爲徇人，彼等亦不以我爲絕世，各務以自得而已矣……願作聖者師聖，願爲佛者宗佛。不問在家出家，人知與否，隨其資性，一任進道，故得相與共爲學耳。然則所取於渠者，豈取其棄人倫哉，取其志道也。……苟有志於道，則在家可也，孔孟不在家乎？出家可也，釋迦佛不出家乎？今之學佛者，非學其棄淨飯王之位而苦行於雪山之中也，學其能成佛之道而已。今之學孔子，非學其能在家也，學其能成孔子之道而已。……渠既學佛矣，又何說乎？……吾以爲：渠之學若果非，則當以此暴其惡於天下後世，而與天下後世共改之。若果是，則當以此顯其教於天下後世，而與天下後世共爲之。此仁人君子之用心，所以爲不同也。且觀世之人，孰能不避名色而讀異端之書者乎？堂堂天朝行頒四書五經於天下，欲其幼而學、壯而行，以博高爵重祿……然猶有束書而不肯讀者，況佛教乎？佛教且然，況鄧和尚之語乎？況居士數句文字乎？吾恐雖欲拱手以奉之，彼即置而棄之矣，而何必代之毀與棄也！……且國以六經取士而有三藏之收；以六藝教人，而又有戒壇之設；則亦未嘗以出家爲禁矣。……而兄乃以爲棄耶？……然謂弟欲使天下之人皆棄功名妻子而後從事於學……兄亦太早計矣。……夫渠生長於內江矣，今觀內江之人，更有一人效渠之爲者乎？吾謂即使朝廷出令，前鼎鑊而後白刃，驅而之出家；彼寧有守其妻孥以死者，必不願也。而謂一鄧和尚能變異天下之人乎？一無緊要居士能以幾句閒言語使天下人盡棄妻子功名以從事於佛學乎？……然我又嘗推念之矣；夫黃面老瞿曇，少而出家者也。李耳厭薄衰周亦遂西遊不返，老而後出家者也。獨孔子老在家耳。然終身周流，不暇暖席，則在家時亦無幾矣。妻既卒矣，獨一子耳，更不聞其再娶誰女也，又更不聞其復有幾房妾媵也。則於室家之情亦太微矣。當時列國之主，

盡知禮遇孔子，然而夫子不仕也，最久者三月而已。不曰『接淅而行』則曰『明日遂行』。則於功名之念亦太輕矣。居常不知叔梁紇葬處，乃葬其母於文父之衢，然後得合葬於防焉。則於掃墓之禮亦太簡矣！豈三聖人於此，顧爲輕於功名妻子哉！恐亦未免遺棄之病哉！然則渠上人之罪過，亦未能遽定也！……」（《焚書》一：九）

三、除欲效鄧氏之嚮道，心行亦頗以「狂者」、「豪傑」為是

〈與友人書〉云：「古之狂者，孟氏以爲是其爲人志大言大而已。解者以爲志大故動以古人自期，言大故行與言或不相掩。如此則狂者當無比數於天下矣，有何足貴而故思念之甚乎？蓋狂者下視古人，高視一身。以爲古人雖高，其迹往矣，何必踐彼迹爲也。是謂志大。以故放言高論，凡其身之所不能爲與其所不敢爲者，亦率意妄言之。是謂大言。固宜其行之不掩耳。……渠見世之桎梏已甚、卑鄙可厭，益以肆意狂言。觀者見其狂，遂指以爲猛虎毒蛇相率而遠去之……唯聖人視之若無有也。……觀其可子桑、友原壤……絕不以爲異也。是千古能醫狂病者，莫聖人若也……又愛其狂、思其狂，稱之爲善人，望之以中行，則其狂可以成章可以入室。僕之所謂夫子之愛狂者此也。」（《焚書》二：四十）

〈與焦弱侯〉云：「人猶水也，豪傑猶巨魚也。欲求巨魚，必需異水；欲求豪傑，必需異人。……今若索豪士於鄉人皆好之中，是猶釣魚於井也。」（《焚書》一：三）

二篇所論「狂者」「豪傑」，蓋自況也。又，「自贊」亦此時作，旨意亦同。

【著作】

文：〈答周西巖〉（《焚書》一：二），〈答周若莊〉（《焚書》一：二），〈與焦弱侯〉（《焚書》一：三），〈南詢錄序〉（《焚書》二：十二），〈答鄧石陽〉（《焚書》一：四），〈又答石陽太守〉（《焚書》一：五），〈答李見羅先生〉（《焚書》一：六），〈復鄧石陽〉（《焚書》一：九），〈復周南士〉（《焚書》一：十），〈與友人書〉（《焚書》二：四十），〈自贊〉（《焚書》三：三十三），〈贊諧〉（《焚書》三三十四），〈答李如眞〉（《李溫陵集》一：三）

萬曆十六年戊子（1588）六十二歲

耿定向多晉南京都察右侍御使。今春過里門，而聲勢盛壯，卓吾因評及之。

〈寄答留都〉云：「觀兄所示……字字句句皆由切中我之病，……然弟終有不容默者……彼來書時時怨憾鄧和尚，豈以彼所惡者必令人人皆惡之，有一人不惡，便時時讎憾此人乎！不然，何以千書萬書罵和尚無時已也。……有謂鄧和尚未嘗害得縣中一個人，害縣中人者彼也。今彼回矣，試虛心一看，一時前呼後擁、填門塞路，趨走奉承，稱說老師不離口者，果皆鄧和尚所教壞之人乎！若有一個肯依鄧豁渠之教，則門前可張雀羅，誰肯趨炎附熱，假托師弟名色以爭奔競耶！」（《李溫陵集》四：八）

春夏之交，僧無念遊南京。託帶《藏書》抄本一部付焦竑，請題序編次本義，然不願其有所改訂。

〈答焦漪園〉云：「承諭《李氏藏書》，謹抄錄一通，專人呈覽。年來有書三種，惟此一種繫千百年是非，人更八百，簡帙亦繁，計不止二千葉矣。更有一種，專與朋輩往來談佛乘者，名曰《李氏焚書》。大抵多因緣語、忿激語。不比尋常套語。恐覽者或生怪憾，故名曰《焚書》，言當焚而棄之也。……又一種則因學士等不明題中大旨，乘便寫數句貽之，積久成帙，名曰《李氏說書》，中間亦甚可觀。……惟《藏書》宜閉秘之，而喜其論著稍可，亦欲與知音者一談，是以呈去也。……不敢謂此書諸傳皆已妥當，但以其是非堪爲前人出氣而已，斷斷然不宜使俗士見之。望兄細閱一過。如以爲無害則題數句於前，發出編次本意可矣，不願他人作半句文字於其間也。」（《焚書》一：七）

其時，潘雪松（土藻）自溫州推官召爲福建道御史。行前刻《卓吾三經解》於溫州。

〈答焦漪園〉：「潘雪松聞已行取。《三經解》刻在金華（溫州），當必有相遺。遺者多，則幸分我一二部，我於《南華》已無稿矣。……潘新安（雪松）何如人乎？既已行取，便當居言路作諍臣矣！不肖何以受知此老也？其信我如是，豈眞心以我爲可信乎？……若不待取給他人便能自着眼睛，索我於牝牡驪黃之外，……可以稱具眼矣！」（《焚書》一：七）

案：潘於戊子（即今年）奉召爲福省建御史，居言路才三月耳。（焦竑《獻
　　徵錄》卷七七）所刻經解爲：《心經提綱》、《老子解》、《莊子解》。

暑夏未消，無念旋歸。傳謂羅惟德（近溪）先生欲抵南都。因書告焦竑
愼勿錯過。

〈羅近溪先生告文〉云：「戊子之夏，某（無念）復自南都來至，傳
道羅先生有書欲抵南都，云趁此大比之秋，四方士大和會。一入秣
陵城，爲群聚得朋計。公（卓吾）即爲書往焦弱侯所：羅先生今茲
來，愼勿更蹉過；恐此老老矣，後會難可再也。」（《焚書》三：二
十九）

又與焦竑論當代碩儒，並附去〈論何心隱〉之文稿二篇，並囑且莫傳揚。

〈與焦漪園太史〉云：「心齋（王艮）……氣魄力量實勝過人，故他
家兒孫過半如是，亦各其種也。然此老當時亦爲氣魄虧，故不能盡
其說，遂一概以力量担當領會。蓋意見太多，窠臼遂定，雖眞師眞
友將如之何哉！……龍溪先生非從幼多病愛身，見得此身甚重，亦
不便到此。然非多歷年所亦不到此。若近溪先生，則原是生死大事
在念，後來雖好接引儒生，揍着論語中庸，亦謂伴口過日耳。故知
儒者終無透徹之日；況鄙儒無識、俗儒無實，迂儒未死而臭，名儒
死節徇名者乎！最高之儒，循名已矣，心齋老先生是也。一爲名累，
自入名網，決難得脫，以是知學儒之可畏也。……心齋先生之後，
雖得波石，然賴趙貞吉老篤信佛乘，超然不以見聞自累。近老多病
怕死，終身與道人和尚輩爲侶，日精日進、日禪入定，能爲出世英
雄。……趙老（之後）則止有鄧和尚一人，然終不如趙；然亦非趙
之所開悟者也。……何心老英雄莫比。觀其羈絆縲紲之人，所上當
道書，千言萬語，滾滾立就，略無一毫乞憐之態。如訴如戲若等閒
日子。今讀其文，想見其爲人。其文章高妙，略無一字襲前人，亦
未見從前有此文字。但見其一瀉千里，委曲詳盡。……奉去二稿亦
略見追慕之切，未可出以示人，特欲兄知之耳。」（《續焚書》一：
四一）

案：此文有「無念既入京，便當稍留，何爲急遽奔回……，此時多才畢
　　集，近老又到，正好細細理會，……」因知作於此時。所云二稿，
　　應指〈何心隱論〉及〈答鄧鼎石〉。

〈何心隱論〉云：「世人論心隱者，高之者有三。其不滿之者亦有三。
高心隱曰：『凡世之人靡自厚生，公獨不肯治生。公家世饒財者也，
公獨棄置不事，而直欲與一世賢聖共生於天地之間。是公之所以厚
其生者與世異也。人莫不畏死，公獨不畏，而直欲博一死以成名。
以爲人盡死也，百憂憯心、萬事瘁形，以至五內分裂，求死不得者
皆是也。人殺鬼殺，寧差別乎！……』其又高之者曰：『公誦法孔子
者。世之法孔子者，法孔子之易法者耳。孔子之道，其難在以天下
爲家而不有其家，以羣賢爲命而不以田宅爲命。……公既獨爲其難
爲者，則其首出於人者以是，其首見怒於人者亦以是矣，公烏得免
死哉！……死得其死，公又何辭也。然則公非畏死也，任之而已
矣！……』其又高之者曰：『公獨來獨往，自我無前者也。然則仲尼
雖聖，效之則顰、學之則爲步。醜婦之賤態，公不爾爲也。公以爲
世人聞吾之爲則反以爲大怪，無不欲起而殺我者，而知孔子已先爲
之矣。吾故援孔子以爲法，則可免入室而操戈。然而賢者疑之，同
志終鮮，而公亦竟不幸爲道以死也。……道本無名，何以死爲？……
其時武昌上下，人幾數萬，無一人識公者，無不知公之爲冤也。方
其揭榜通衢，列以罪狀，聚而觀者咸指其誣，至有噓呼叱咤不欲觀
焉者……由祁門而江西……而南安而湖廣，沿途三千餘里，其不識
公之面而知公之心者，三千餘里皆然也。……咸謂殺公以媚張相者
之爲非人也。……人心如是則斯道之爲，孰能過之？然公豈誠不畏
死者？時無張子房，誰爲活項伯，時無魯朱家，誰爲脫季布？吾又
因是而益信談道者之假也。由今而觀，彼其含怒稱冤者，皆其未嘗
識面之夫；其坐視公之死，反從而下石者，則盡其聚徒講學之人。
然則匹夫無假，故不能掩其本心；談道無眞，故必欲剗其出類，又
可知矣。夫惟世無眞談道者，故公死而斯文遂喪，公之死顧不重
耶！……』此三者，皆世之賢人君子，猶能與匹夫同其眞者之所以
高心隱也。其病心隱者曰：『人倫有五，公舍其四，而獨置身於師友
賢聖之間，則偏枯不可爲訓。與上闇闇，與下侃侃，委蛇之道也。
公獨危言危行，自貽厥咎，則明哲不可以保身。且夫道本人性，學
貴平易。繩人以太難則畔者必眾，責人於道路則居者不安，聚人以
貨財則貪者競起。亡固其自取矣。』此三者，又世之學者之所以爲

心隱病也。……此不過世之庸夫俗子……妄肆譏詆，……安足置之
齒頰間耶！……余未嘗親覲其儀容，面聽其緒論，而窺所學之詳……
以意論之，……吾謂公以見龍自居者也。終日見而不知潛，則其勢
必至于亢矣，其及也宜也。然亢亦龍也，非他物比也。龍而不亢則
上九爲虛位，位不可虛，則龍不容於不亢。公宜獨當此一爻者則謂
公爲上九之大人可也。」（《焚書》三：三）

〈答鄧明府〉云：「何公死，不關江陵（張居正）事。江陵……向朋
輩道『此人（心隱）有欲飛不得』之云，蓋直不滿之耳。何公聞之，
遂有『此人必當國，當國必殺我』等語。則以何公平生自計太過，
不意精神反爲江陵所攝，於是憮然便有懼色。蓋皆英雄莫肯相下之
實，所謂兩雄不並立於世者。……自後江陵亦不記得何公，而何公
終日有江陵在念。偶攻江陵者，首吉安人。江陵遂怨吉安，日與吉
安縉紳爲仇。然亦未嘗仇何公者，以何公不足仇也，特何公自爲仇。
何也？以何公『必爲宰相，必殺我』之語已傳……四方久矣。……
欲承奉江陵者，憾無有緣。聞是，誰不甘心何公者乎？……則何公
雖欲不死，又安可得耶！……今日俱爲談往事矣！然何公布衣之傑
也，故有殺身之禍；江陵宰相之傑，故有身後之辱。不論其敗而論
其成，不追其跡而原其心，不責其過而賞功，則二老皆吾師也。」
（《焚書》一：十一）

六月三日，卓吾妻黃宜人卒於泉州里中，年五十六。（《清源林李宗譜》）
七月中，家自閩來此報喪。卓吾書「李卓吾妻黃氏之墓」八字以爲碑文。
有詩哭之。

案：〈豫約〉：早晚守塔條（《焚書》四：三十）透露：自泉抵麻旅程約需
「四十餘日」，故據以推知。

又：所書碑文據〈李贄的家世、故居及其妻墓碑〉（《文物》1975：一）
葬事既畢，卓吾有書函與其壻莊純夫懷念妻。

〈與莊純夫〉云：「日在到，知葬事畢。……人生一世，如此而已。
相聚四十餘年，情境甚熟，亦猶作客幷州既多時，自同故鄉，難遽
離割也。夫婦之際，恩情尤甚，非但枕席之私，亦以辛勤拮据，有
內助之益。若平日有如賓之敬，齊眉之誠，孝友忠信，損己利人，

　　勝似今世稱學道者。……情愛之中兼有婦行婦功婦言婦德，更令人
　　思念耳！……獨有講學一事不信人言，稍稍可憾，餘則皆今人所未
　　有也。」（《焚書》二：一）

夏秋之際，徙居龍潭。

案：龍潭又稱龍湖、石潭。在麻城縣東二十五里。有鳳陂河兩水夾流，巨
　　石突起於河中。巨石縱橫各三丈許，周柳塘建寒碧樓於台上，暇則垂
　　釣其中，故名釣台。遶台水深不可測即龍湖。龍湖北岸爲芝佛寺，因
　　掘地得三芝類佛像，因以名之。（據《麻城縣志》卷二、卷四）無念僧
　　即爲周柳塘所禮請居芝佛寺中。〈石湖卷〉云：「此石湖鏡也。有石在
　　兩水之間，石殊不巨。……湖之西（案：《麻志》作「北」）架木爲閣，
　　直侵湖上，其名曰芝佛院，有上人來居之，其名曰無念。」（《李溫陵
　　集》十二：一）〈釋子須知序〉亦曰：「……楚倥先生沒，友山亦宦遊
　　中外去。余悵然無以爲計，乃……隻身走麻城芝佛院與周柳塘先生爲
　　侶。柳塘……居縣城，去芝佛院三十里，不得頻頻接膝。然守院僧無
　　念者以好學故，先期爲柳塘禮在焉，故余遂依無念僧以居。」（《續焚
　　書》二：四）

旋即落髮。

案：落髮月日未確。惟《初潭集》卷首兩篇序文云：「萬曆戊子（十六年）……
　　余……以是秋隱於龍潭之上。」又云：「……初落髮龍潭時即纂
　　此……」。據此，則落髮在今秋。惟汪靜峯〈墓碑記〉云：「余以歲
　　己丑（十七年）初見老子于龍湖。……老子曰：『……去（十六年）
　　夏頭熱，吾手搔白髮，中蒸蒸出死人氣，穢不可當。偶見侍者剃落，
　　使試除之。除而快焉，遂以爲常。』復手撚鬚曰：『此物不礙，故得
　　存耳。』」據此，則又當爲夏。

又案：卓吾出家不爲黃氏，然黃氏之死有影響焉。夏初才書〈答焦漪園〉
　　（《焚書》一：七）謂欲走西湖；聞訃前又有〈與焦漪園太史〉云：
　　「弟以賤眷尚在，欲得早晚知吾動定，故直往西湖下居與方外有
　　深意者爲友，杜門深處以盡餘年，且令家中時時得吾信也。不然，
　　非五臺則伏牛之山矣。（《續焚書》一：四一）「西湖」，而非「龍
　　湖」；「方外有深意者」，而非「深有僧無念」。之所以不走西湖而
　　走龍湖依無念僧者，黃氏之死使然也。

落髮後，邑侯鄧鼎石涕泣哀勸。惟卓吾未爲之動。

〈豫約・感慨平生〉云：「鄧鼎石見我落髮，泣涕甚哀。又述其母之言曰：『爾若說我乍聞之整一日不吃飯，飯來亦不下咽，李老伯決定留髮也。且汝若能勸得李老伯蓄髮，我便說爾是個眞孝子，是個第一好官。』」（〈豫約〉，《焚書》四：三十）

周柳塘以卓吾落髮事告耿定向，並囑莫射。定向頗不爲然。

耿定向〈與周柳塘〉云：「吁！是何言歟……夫彈射之與切劘，迹同而實異也。……切劘云者，有至於此，相愛重而期成爲圭璋也。……此中士紳聞卓吾薙髮，或束名教駴而異之者，或欽佛教喜而樂聞之者……未得卓吾心髓也。……此老心雄，其薙髮也，原是發憤求精進耳。……此吾儕悠悠度日，自謂學已有見有得，視之可深省矣。……雖然，平常中原自玄妙，粗淺中更是精微。聖學如是、佛學亦如是。佛降而禪，聖降而儒，道斯跂矣。卓吾發憤如此，計當必透此一關。透此一關便是天人師矣。若由是益騖玄奇，只在一家見趣上盤桓，吾恐不免墮入十二天魔中去也。」（《耿天台先生文集》卷三頁三六一）

焦竑擬預明會試，卓吾邀其赴京前訪。然竑未至。

〈又與從吾〉云：「無念來歸，今三閱月矣，絕無音使，豈科場事忙不暇作字乎？……此中如坐井，舍無念無可談者……兄何故靳不與耶？念弟實當會兄。古人言語多有來歷，或可通于古未必可通今者；時時對書則時時想兄，願得侍兄之側也。此弟之不可少兄者一也。學問一事，至今未了。此弟之不可少兄者二也。老雖無用，而時時疑着三聖人經綸大用判若黑白，不啻千里萬里。但均爲至聖，未可輕議。此又弟之不可少兄者三也。若夫目擊在道，晤言消憂，則半刻離兄不得。……（盼）順道至此，慰我渴懷，然後赴京，不亦可歟？」（《李溫陵集》二：五）

九月二日，羅汝芳（近溪）先生卒。年七十四。

十一月二十四日，卓吾始聞羅先生訃。然哀痛之深不能作告文以奠祭。

〈羅近溪先生告文〉：「戊子冬月二十四日，南城羅先生之訃至矣。而先生之沒實九月二日也。夫南城，一水間耳……而先生之訃，直至八十餘日後得聞，何其緩也。豈龍湖處僻，往來者寡耶？而往來

者非寡，眞知先生者寡也。」（《焚書》三：二十九）

是年，仿《世說》、《類林》，纂《初潭集》。初落髮龍潭即纂此，故名。

〈初潭集序〉云：「初潭者何？言初落髮龍潭時即纂此，故曰初潭也。
夫卓吾子之落髮也有故，故雖落髮爲僧而實儒也。是以首儒書焉。
首纂儒書而復以德行冠其首，然則善讀儒書而善言德行者，實莫過
於卓吾子也。序曰：有德行而後有言語，非德行則言語不成矣。有
德行而後有政事、文學；非德行則政事文學亦不成矣。是德行者，
虛位也；言語、政事、文學者，實施也。施内則有夫婦、有夫子，
有昆弟；施外則有朋友，有君臣。孰能闕一而可乎！……孔門列四
科而首德行，言其該括於此也。故言德行則三者在其中，非三者則
德行將何所見乎！言夫婦則五常可知，豈有舍五常而別有言語、政
事、文學乎！此非臆説也，孔氏之説也。……余旣自幼習孔氏之學
矣，是故亦以其學纂書焉。」（《初潭集》）

〈初潭集又序〉云：「臨川撰《世說》，自漢末以至魏晉二百年間物
耳，上下古今固末備也。焦氏（竑）《類林》起自羲軒，迄於勝國，
備矣！而復遺《世說》不載，豈以《世說》乃不刊之書耶！……《類
林》者，廣《世說》也，亦世說也。皆所謂《世說》也，而《類林》
備矣。夫旣謂之廣《世說》矣，設若以《世說》合於《類林》，以少
從多，以多現少，合而爲連璧，又奚爲不可。此老人開卷之一便，
非自附於昔賢而曰『吾老矣，猶能述而不作也。』」

案：其書以五倫爲經，以四科爲緯。五倫首夫婦，次父子、師友、兄弟，
　　而以君臣爲殿。四科先德行。

【著作】

書：《初潭集》

文：〈方竹圖卷文〉（《焚書》三：三五），〈寄答留都〉（《李溫陵集》四：
　　八），〈答周柳塘〉（《李溫陵集》四：七），〈答焦漪園〉（《焚書》一：
　　七），〈答周友山〉（《焚書》一：二十），〈與焦漪園太史〉（《續焚書》
　　一：四一），〈何心隱論〉（《焚書》三：三），〈答鄧明府〉（《焚書》
　　一：十一），〈又與從吾孝廉〉（《李溫陵集》二：六），〈又與從吾〉（《李
　　溫陵集》二：五），〈答周二魯〉（《李溫陵集》四：二），〈答劉方伯

書〉（《焚書》二：八），〈與莊純夫〉（《焚書》二：一）。

詩：〈哭黃宜人〉（《焚書》六：十六），〈憶黃宜人〉（《續焚書》五：十六），
〈初居湖上〉（《續焚書》五：十七），〈薙髮〉（《焚書》六：十四），〈讀
書燈〉（《續焚書》五：三四）。

萬曆十七年己丑（1589）六十三歲

二月（春分），始作〈羅近溪先生告文〉。

〈羅近溪先生告文〉云：「戊子冬月二十四日，南城羅先生之訃至
矣。……無念僧深有，從旁贊曰：『宜即為位以告先生之靈。』余時
蓋嘿不應云。既而臘至矣，歲又暮矣。既而改歲、復為萬曆己丑，
又元月、又二月，春又且分也。……嗟乎！余嘿不應，不知所以應
也。蓋余自聞先生訃來，似在夢寐中過日耳。乃知真哀不哀，真哭
無涕，非虛言也。……謂余不思先生耶？而能言先生者實莫如余。
乃竟口不言，心不思，筆不能下，雖余亦自不知其何說矣。豈所謂
天喪予，予喪天；無父何怙，無父而望孤者耶？今予亦既老矣，雖
不曾親受業于先生之門，而願買田築室厝骸于先生之旁者，念無時
而置也，而奈何遂聞先生死也。……言念先生束髮從師，舍身為道；
一上春官，蜚聲鎖院。而出世夙念，真結肺腸……即仕而學，不以
仕廢……在朝如此，居方可知。……若夫大江之南、長河之北，招
提梵剎，巨浸名區，攜手同遊，在在成聚……是以車轍所至，奔走
逢迎。先生抵掌其間，坐而談笑。人望丰采，士樂簡易；解帶披襟，
八風時至。有柳士師之寬和而不見其不恭，有大雄氏之慈悲而不聞
其無當。同流合污，狂簡斐然；良賈深藏，難識易見。……七十餘
年間，東西南北無虛地、雲夜花朝無虛日，賢愚老幼貧病富貴無虛
人；矧伊及門若此其專且久，有不能得先生之傳者乎？……先生幸
自慰意焉。余雖老，尚能驅馳，當不辭跋涉為先生訪求門下士誰是
真實造詣得者，得即焚香以告安先生之靈……而予痛恨先生之死之
心可以釋矣。」（《焚書》三：二九）。

及春榜揭曉，至友焦竑狀元及第，授翰林修撰。陶石簣（周望）亦以廷
對第三選入詞林。自爾與同官袁宗道伯修、黃平倩輝四人共究內學，時論乘
義。值無念僧杖錫遊京師，更得共暢厥旨。（詳〈師友攷〉各條）已而，無念
歸自京師，因悉焦竑及滇中故友顧養謙近況。焦竑並代袁宗道期約明夏來訪。

〈復焦秣陵〉云:「……兄官身,日夜無閒空……我決不可往也無疑也。至於沖菴(顧養謙)方履南京任,當用才之時,值大用之人……而約我於焦山,尤爲大謬。……計且住此,與無念、鳳里、近城數公朝夕龍湖之上。……嘗謂世間有三等作怪人,致使世間不得太平,皆由於兩頭照管。第一等,怕居官束縛,而心中又捨不得官。既苦其外,又苦其內。此其人頗高而其心最苦,直至捨了官方得自在。弟等是也。又有一等,本爲富貴,而外矯詞以爲不願;實欲托此以爲榮身之梯,又兼採道德仁義之事以自蓋。此……無足言者。獨有一等,怕作官便捨官,喜作官便作官;喜講學便講學,不喜講學便不肯講學。此一等人心身俱泰……既無兩頭照顧之患,又無掩蓋表揚之醜,故可稱也。……有〈出門如見大賓篇說書〉,附往請教。尚有〈精一〉題、〈聖賢所以盡其性〉題未寫出,……大抵聖言最切實最有用,不是空頭語。若如說者註解,則安用聖言爲邪!世間講學諸書,明快透髓,自古至今未有如龍溪先生者。……諸朋友中讀經既難,讀《大慧法語》及《中峰廣錄》又難,惟讀龍溪先生書無不喜者。以此知先生之功在天下後世不淺矣。……袁公(宗道)果能枉駕過龍湖,明年夏初當掃館烹茶以候之,幸勿爽約也。楊復所(起元)……是大作家……日以深造,近溪先生之望不孤。……我已主意在湖上,只欠五十金脩理一小塔,冬盡即搬其中。……蘇長公何如人,故其文章自然驚天動地。世人不知,祇以文章稱之,不知文章直彼餘事耳,世未有其人不能卓立而能文章垂不朽者。弟于全刻抄出作四冊,俱世人所未嘗取者……俱繫彼精神髓骨所在。弟今盡數錄出,間時一披閱,平生心事宛然如見,如對長公披襟面語,朝夕共遊也。」(《李溫陵集》四:三)。

案:所稱抄錄蘇長公(軾)文四冊,即後日所刻之《坡仙集》。

是年,黃梅汪可受來訪龍湖。

案:汪可受,字靜峰。後官至遼東總督。卓吾歿後,撰有墓碑記述此年來訪事云:「余以歲己丑(即今年)初見老子于龍湖,時麻城二三友人俱在。老子突頭帶鬚而出,一舉手便就席。余曰:『今仕習多任放,先生將廣教化於此,何不以戒律倡之?』老子曰:『何譽諸君子之過也。放之一字恐諸君子承擔不得。』復以手作箍形曰:『總跳不出。』

余曰：『如先生者，髮在鬚在，猶是剃落不盡。』老子曰：『吾寧有
意剃落耶？去夏頭熱，吾手搔白髮，中蒸蒸出死人氣，穢不可當。
偶見侍者方剃落，使試除之，除而快焉，遂以為常。』復以手撚鬚
曰：『此物不礙，故得存耳。』眾皆大笑而別。」（據容肇祖《李卓
吾年譜》引）。

又案：此段文字，容《譜》謂據《李溫陵外紀》。惟今所見偉文書局影（中
　　　圖藏明刊）本，並無茲文。經檢《順天府志》地理志冢墓之屬，
　　　李贄條下收有〈汪可受卓吾老子墓碑〉（卷二六）特亦無此段文字。
　　　姑錄以待攷。

是年，耿定向九疏乞休。十二月，奉旨回籍調養。

袁宗道（伯修）以使事返里。焦竑告之曰：「亭州有卓吾先生在焉，試一
往訊之，其有以開予也夫！」（〈書袁太史卷〉、《李溫陵外紀》卷二）。

案：袁氏兄弟之結識龍湖，啓鍵於此。袁宗道啓於詞垣同官焦竑，袁宏
　　道又啓於伯兄宗道。《公安縣志・袁中郎傳》云：「明年（己丑，即
　　今年）上春官時，伯修方為太史，初與聞性命之學以啓先生（中郎）。
　　先生深信之。下第歸，伯修亦以使事返里，相與朝夕商榷，索之華
　　梵諸典。」（《公安縣志》卷六）。

【著作】

書：《坡仙集》，《說書》（撰述中、未成書）

文：〈羅近谿先生告文〉（《焚書》三：二九），〈復焦秣稜〉（《李溫陵集》
　　四：三；案：此文《焚書》二：二所收者刪汰過多），〈書常順手卷
　　呈顧沖菴〉（《李溫陵集》四：十一），〈又與周友山書〉（《焚書》二：
　　十一）。

詩：〈石潭即事四絕〉（《續焚書》五：四一）。

萬曆十八年庚寅（1590）六十四歲

三月，耿定向抵里。

夏，卓吾刻《說書》、《焚書》於麻城。

〈李溫陵自序〉云：「自有書四種：一曰《藏書》，上下數千年是非，
未易肉眼視之，故欲藏之。言當藏於山中以待後世子雲也。一曰《焚
書》，則答知己書問，所言頗切近世學者膏肓。既中其痼疾，則必欲

殺我矣。故欲焚之，言當焚而棄之，不可留也。焚書者之後又有〈別錄〉，名爲〈老苦〉。雖同是《焚書》而另爲卷目。則欲焚者此矣。獨《說書》四十四篇眞爲可喜。發聖言之精蘊，闡日用之平常，可使讀者一過目便知入聖之無難，出世之非假也。信如傳註，則是欲入而閉之門，非以誘人，實以絕人矣，烏乎可！……今既刻《說書》，故再《焚書》亦刻，再《藏書》中一二論著亦刻。《焚書》不復焚、藏者不復藏矣。（或謂名不符實，因曰：）……夫欲焚者，謂其逆人之耳也；欲刻者，謂其入人心也。……余年六十四矣，倘一入人之心，則知我者或庶幾乎！余幸其庶幾也，故刻也。」（《李溫陵集》卷首）

〈自刻說書序〉云：「余雖自是，而惡自表暴……，既惡表暴則宜惡刻書，而卒自犯者何？則以此書有關於聖學，有關於治平之大道，不敢以惡表暴而遂已也。……倘有大賢君子欲講修、齊、治、平之學者，則余《說書》，其可一日不呈於目乎？」（《續焚書》二：九）

六月，《焚書》刻成。因書中所輯多有與耿定向論辯事，於是激怒定向，定向作〈求儆書〉。

〈耿定向觀生紀〉云：「三月初抵里。六月聞謗，作〈求儆書〉。蔡弘甫序梓之以告同志。」（《耿天台全書》卷八，引據容《譜》）

耿定向〈求儆書〉云：「惟衛武年九十猶求儆於國人，余犬馬齒幾古稀矣，相知者忍蔑予，棄不爲儆耶？……余初省致詬之由，茫然不得其端。檢笥牘稿，始解所自云。惟伊學術已大發洩於此。顧念予年七十尚不免集詬，恥矣！諸所誣詆，羞置一喙。謹以牘稿數草錄寄相知者一覽。」（《耿天台先生文集》卷六）

案：《焚書》既出，果如始料。錢謙益述其「攻擊道學，扶摘情僞，與耿天台往復書累累萬言。胥天下之爲僞學者，莫不膽張心動、惡害己。於是咸以爲妖爲幻，噪而逐之。」（《列朝詩集小傳》閏卷三）或有以此乃託名以攻之者；引〈求儆書〉「刻謗書之梓人謂里中少年有間于余者，託名爲之。」惟二人學術不同，不發於此必發於彼。耿於〈求儆書〉說之詳矣：「頃光山蔡弘甫著《焚書辨》並書來。過我依違隱忍不能爲斯道主張。……顧其中情難言矣。念客之間關萬里來也，原爲余仲。仲逝矣，無能長其善而救其缺。即今惡聲盈耳，寧

忍聞哉！且令後學承風步影、毒流百世之下，誰執之咎。……夫揭
訐乃近俗薄惡之極，市井無賴者所爲然。或以名位相軋，或以貲產
相搆、或以睚眦叢怨。……余伊凫無此三者。言論雖有牴牾，爲天
下人爭所以異於禽獸者幾希界限耳。……此甚微妙，關涉至大，是
不容辨者。……惟恐諸英俊於此幾希界限，爲彼溷淆……又慮諸英
俊或懲彼所爲如是，並吾人所生生者此心此理，一切視爲謾幻語，
終不循省……爲是不能忘言耳。非爲己辨謗自明也。」（《耿天台先
生文集》卷六）

耿定向既刊行〈求儆書〉；卓吾欲周柳塘代爲傳語奉達，周柳塘不從，因
而生隙。卓吾因興出遊匡廬之念。

〈復周柳塘〉云：「弟早知兄不敢以此忠告進耿老也。弟向自通箚，
此直試兄爾。乃知平生聚友講學之舉、遷善去惡之訓，亦太欺人矣。
欺人即自欺，又何說乎？夫彼專談無善無惡之學，我則以無善無惡
待之……彼專談遷善去惡，我則以遷善去惡望之……（否）則我亦
爲無眼人矣。……如弟豈特於世上爲無要緊人……直與草木同腐，
故自視其身亦遂爲朽敗不堪復用之器；任狂恣意，誠不足責也。若
如二老，自負如何，而可輕耶！弟是以效孔門之忠告、竊前賢之善
道、卑善柔之賤態、附直諒之後列；直欲以完名全節付二老，故遂
不知其犯於不可則止之科耳。……偶有匡廬之興，且小樓不堪熱毒，
亦可因以避暑。」（《焚書》一：二五）

耿定向收信後，第云「謗者自悔愧、書來」。（〈觀生紀〉）而門人蔡弘甫
汲汲於《焚書辨》之刊刻。

卓吾之遷麻城，徙龍湖，皆依周柳塘而居。數年交往，一旦怨隙，其鬱
悶可知。幸柳塘壻曾中野調節其間。

〈與曾中野〉云：「昨見公，令我兩箇月心事頓然冰消凍解也。……
夫世間是與不是，亦何常之有。乃群公勸我者不曾於是非之外有所
發明，而欲我藏其宿怒，以外爲好合，是以險側小人事我也。……
以故所是愈堅而愈不可解耳。善乎朱仲晦之言曰：『隱者多是帶性負
氣之人。』僕隱者也，負氣人也。路見不平尚欲拔刀相助，況親當
其事哉！然其實乃癡人也，……苟不遇良朋勝友，其迷何時返乎？
以此思勝己之友一日不可離也。嗟乎！楚倥既逝而切骨之談罔聞；

友山日疏而苦口之言不至。僕之迷久矣，何特今日也。自今已矣，
不復與柳老爲怨矣！且兩人皆六十四矣，……死期日逼而豪氣尚
在，可笑也已！」（《焚書》二：六）

耿之門下蔡弘甫刊《焚書辨》。楊定見（鳳里）欲往爭議，卓吾止之。

〈與楊定見〉云：「此事大不可。世間是非紛然，人在是非場中，安
能免也。於是非上加起買好遠怨等事，此亦細人常態，不足怪也。
古人以眞情與人卒至自陷者，不知多少。祇有一笑爲無事耳。今彼
講是非，而我又與之講是非。講之不已，至於爭辯。人之聽者，反
不以其初之講是非者爲可厭，而反厭彼爭辯是非者矣。」（《焚書》
一：十四）

冬，袁宏道（中郎）來訪龍湖。卓吾與談，大相契符，留宿三月。（《公
安縣志》卷六）

案：《公安縣志》載此事爲壬辰（1592）之前。今所以訂爲壬辰之「前二
年」者，據「中夫……明秋得一名目入京，便得相見也。」（〈與焦
弱侯〉，詳下文）宏道於壬辰成進士，「明秋」云者，蓋指壬辰之前
一年秋天赴京。（會試、廷試皆於春季舉行，謂之「春闈」。鄉試於
前一年秋舉行，爲「秋闈」。大抵鄉試既舉，便赴京準備明春之會試。）

又，袁宏道來訪中作有〈阻雨〉詩，有「天下文章憐爾老，瀟湘風雨動
人愁」、「敢向乾坤尋勝覽，祇因李耳在西周」句。（《李溫陵外紀》卷三）

其時，周友山赴京。卓吾託帶所刊刻及批點書交焦竑閱覽，並述與袁宏
道談契事。

〈與焦弱侯〉云：「《焚書》五冊，《說書》二冊，共七冊，附友山奉
覽。乃弟所自覽者，故有批判。亦願兄之同覽之也。……《坡仙集》
四冊，《批點孟子》一冊，並往請教。幸細披閱，仍附友山還我。……
《坡仙集》差訛甚多……俱望爲我添入。《坡仙集》雖若太多，然不
如是無以盡見此公生平；心實愛之，是以開卷便如與之而敘也。古
今至人遺書抄寫批點得甚多，惜不能盡寄去請教兄。不知兄何日可
來此一披閱之。……《水滸傳》批點得甚快活人，西廂琵琶塗抹改
竄得更妙。念世間無有讀得李氏所觀看的書者，況此間乎！惟有袁
中夫可以讀我書，……中夫聰明異甚，眞是我輩中人；凡百可談，
不但佛法一事而已。老來尚未肯死，或以此子故。骨頭又勝似資質，

是以益可喜。明秋得一名目入京，便相見也。……《李氏藏書》……
弟又批點兩次矣，但待兄正之乃佳。弟眞不可一日無兄，亦無一刻
不念兄，無一時不若兄相見者。……」（《續焚書》一：五一）

【著作】

書：《焚書》，《說書》，《評點水滸、西廂、琵琶》。（未刻）

文：〈李溫陵自序〉（《李溫陵集》卷首），〈自刻說書序〉（《續焚書》二：
　　九），〈答友人書〉（《焚書》二：十七），〈復周柳塘〉（《焚書》一：
　　二五），〈與曾中野〉（《焚書》二：六），〈與楊定見〉（《焚書》一：
　　十四），〈與焦弱侯〉（《續焚書》一：五一）

【附案】

明年卓吾走武昌，龍湖隱居暫告一段落。此期間生活大抵仍爲閉門讀書。
而訪客常至。

〈李溫陵傳〉云：「……至麻城龍潭湖上，與僧無念、周友山、丘坦
之、楊定見聚。閉門下鍵，日以讀書爲事。」「性愛掃地，數人縛帚
不給，衿裙浣洗，極其鮮潔。拭面推身，有同水淫。不喜俗客，客
不獲辭而至，但一交手即令之遠坐，嫌其臭穢。其忻賞者，鎭日言
笑；意所不契，寂無一語。滑稽排調、衝口而發；既能解頤，亦可
刺骨。」（《續焚書》卷首）。

【著作】

文：〈答何克齋尙書〉（《李溫陵集》一：九），〈與夏道甫〉（《續焚書》一：
　　六七）。

詩：〈秋前約近城鳳里到周子竹圍〉（《焚書》六：五八），〈中秋劉近城攜
　　酒湖上〉（《焚書》六：五七），〈盆荷〉（《續焚書》五：八）。

萬曆十九年辛卯（1951）六十五歲

春，袁宏道欲返里。卓偕之同遊武昌，復送之過江。

〈自武昌渡江宿大別〉云：「疎鐘夜半落雲房，今夕何由見武昌。……
大別原非分別者，登臨不用更悲傷。」（《焚書》六：七五）

案：中郎之與卓吾相會，乃晚明文學史上一件大事。袁中道（小修）述
　　之日：「先生（中郎）既見龍湖，始知一向拾掇陳言，株守俗見，死

于古人語下，一段精光不得披露。至是浩浩焉如鴻毛之遇順風，巨魚之縱大壑；……發爲語言，一一從胸襟流出。蓋天蓋地，如象截急流、雷開蟄尸，浸浸乎其未有涯也。」(〈中郎先生行狀〉，〈《珂雪齋前集》〉卷十七)

既而，蒙武昌鄉紳之驅逐，因思復返儒服。

〈與周友山〉云：「不肖株守黃麻一十二年矣，近日方得一覽黃鶴之勝，尚未眺晴川、遊九峰也；即蒙憂世者有左道惑眾之逐。弟反覆思之，平生實未會得一人，不知所惑何人也。然左道之稱，弟實不能逃焉。何也？孤居日久，善言罔聞，兼以衰朽，怖死念深，或恐犯此耳。不意憂世者乃肯垂大慈悲教我如何也！即日加冠畜髮，復完本來面目；二三侍者，人與僧帽一頂，全不見有僧相矣。如此服善從教，不知可逭左道之誅否？想仲尼不爲已甚，諸公遵守孔門家法，決知從寬發落，許其改過自新無疑。……弟之改過實出本心，蓋一向以貪佛之故，不自知其陷於左道，非明知故犯者比也。既係誤犯，則情理可恕；既肯速改，則更宜加獎……倘肯如此，弟當託兄先容，納拜大宗師門下，從頭指示孔門『親民』學術，庶幾行年六十五，猶知六十四歲之非乎！」(《焚書》二：十)

案：卓吾於戊子(1588)落髮，今復蓄髮。其事非虛。方思善〈懷李姚安〉云：「聖人不克見，聖學日荊榛……彼岸久未登，姚安識其津。一振士風變，再振民風醇。……聞君返初服，吾亦遊無垠。微言共探討，乃在江之濱。嗟嗟行負俗，去去勿復陳。」(《李溫陵外紀》卷三)

彭際清《居士傳》亦述此曰：「既而黃麻間士大夫皆大噪，斥爲左道惑眾，欲逐去之。卓吾笑曰：『吾誠左道耶！即加冠可也！』遂服其舊服。」(卷四十三)卓吾之遭逐於黃麻乃辛丑(1601)事，居士傳誤二事爲一。惟所引卓吾語確實有之。

或疑卓吾遭逐係出耿定向主使，卓吾力辨其事非干耿老。

〈與楊定見〉云：「世人之我愛者，非愛我爲官也，非愛我爲和尚也，愛我也。世人之欲殺我者，非敢殺官也，非敢殺和尚也，殺我也。……然則我之加冠，非慮人之殺和尚而冠之也。侗老原是長者，但未免偏聽。故一切飲食耿氏之門者，不欲侗老與我如初，猶朝夕在武昌

倡爲無根言語……恐此老不知，終始爲此輩敗壞，須速達此意於古愚兄弟（耿定向子）。不然或生他變，而令侗老坐受主使之名，爲耿氏累甚不少也。小人之流不可密爾，自古若是，特恨此老不覺……。」
（《焚書》二：二五）

焦竑聞此事，勸返麻城，而卓吾不願。

〈與焦弱侯〉云：「兄所見者向年之卓吾耳，……不知向日之卓吾甚是卑弱，……今日之卓吾又何以辛能如此也。……人但知古亭之人時時憎我，而不知實時時成我。古人比之美疢藥石，弟今實親領之矣。聞有欲殺我者，得兄分剖乃止。此自感德，然弟則以爲生在中國而不得中國半個知我之人，反不如出塞行行，死爲胡地之白骨也。兄胡必勸我復返龍湖乎？龍湖未是我死所，有勝我之友，又眞能知我者，乃我死所也。嗟嗟！以谿渠八十之老，尚忍死於保定懦夫之手而不肯一食趙大洲之禾，況卓吾子哉！與其不得朋友而死，則牢獄之死、戰場之死，固甘如飴也。兄何必救我也！……可以使人心悅誠服之師……若果有之，我願爲之死，莫勸我回龍湖也！」（《焚書》二：二二）

是夏，湖廣布政使劉東星（晉川）慕卓吾名，自武昌會城來訪。迎居縣城之中。

劉東星（晉川）〈書道古錄首〉云：「予西鄙之人也，拘守章句不知性命爲何物。入楚期年而暑患作，思親之念轉亟，……眞令人徬徨無飯依處。聞有李卓吾先生者，棄官與家隱於龍湖。龍湖在麻城東去會城稍遠，予雖欲與之會而不得。又聞有譏之者，予亦且信且疑之。然私心終以去官爲難、去家尤難，必自有道存焉。欲會之心，未始置也。會公安袁生（中郎）……與之偕遊黃鵠磯而棲托於（武昌縣東）二十里外之洪山寺，予就而往見焉。然後知其果有道者；雖棄髮，蓋有爲也。嗟夫！此身若棄，又何有於家何有於官乎？乃區區以形迹議之、以皮毛相之者，失之遠矣！嗣後或迎養別院，或偃息宦邸，朝夕談吐，始恨相識之晚云。……一時吾鄉趙新盤、王正吾參政楚藩……皆信之以爲眞人。……」（《李溫陵集》卷十）（另參〈師友攷〉）

自夏歷秋，與劉東星對坐商證，甚得共學之樂。

〈與焦弱侯〉云：「日來與劉晉老對坐商證，方知此事無窮無盡，日
新又新，非虛言也。……弟此伏中甚有得朋之益，快活不可當，故
雖熱不覺熱矣！」（《續焚書》一：三六）

是冬有吳中丞者，託劉東星代為敬意，頗欲迎養北上。卓吾却之。

〈答劉晉川書〉云：「弟年近古稀矣，單身行遊，只為死期日逼，閻
君鐵棒難支，且生世之苦目擊又已如此，使我學道之念轉轉急迫也。
既學道不得不資先覺，資先覺不得不遊四方，遊四方不得不獨自而
受孤苦。……為道日急，雖孤苦亦自甘之，蓋孤苦日短而極樂世界
日長矣。久已欲往南北二都為有道之就……承示吳中丞札，知其愛
我甚。然……此間又有友山，又有公家父子，則舍此何之乎？今須
友山北上，公別轉，乃往南都一遊。七十之年，有友我者，便當安
心度日以與之友，似又不必奔馳而自投苦海矣。……」（《焚書》二：
十五）

是年，楊定見（鳳里）鄉試下第。卓吾書復慰勉。

〈復楊定見〉曰：「文章若未到家，須到家乃已。既到家，又須看命
安命。命苟未通，雖楊雄東方生且無之奈何，況吾儕乎！平生未嘗
有十年二十年工夫，縱得之亦當以僥倖論；不得則其常，不可遽以
怨天尤人也。在今日只宜自信自修，益堅益勵，務求到家而後已，
必得前進而後快，斯為男兒志氣耳。」（《續焚書》一：四三）

【著作】

書：《批點孟子》。

文：〈與周友山〉（《焚書》二：十），〈與楊定見〉（《焚書》二：二五），〈與
焦弱侯〉（《焚書》二：二二），〈與焦漪園〉（《焚書》二：十二），〈與
焦弱侯〉（《續焚書》一：三六），〈復楊定見〉（《續焚書》一：四三）
〈答劉晉川書〉（《焚書》二：十五）

詩：〈登樓篇〉（《續焚書》五：六），〈自武昌渡大江宿大別〉（《焚書》六：
七五），〈戲袁中夫〉（《續焚書》五：二十）

萬曆二十年壬辰（1952）六十六歲

是春，仍居武昌，時與劉東星相往還。

〈與劉晉川書〉：「昨約其人來接，其人竟不來，是以不敢獨自闖入

衙門。恐人疑我無因而至，必有所干與也。今日暇否？暇則當堂遣
人迎我，使衙門中人盡知彼我相求，只有性命一事可矣。緣我平生
素履未能取信於人，不得不謹防其謗我者，非尊貴相也。」（《焚書》
二：十三）

三月，偶逢何心隱高弟胡時中，有詩贈之。

〈贈何心隱高第弟子胡時中〉：「三日三渡江，胡生何忙忙？師弟
恩情重，不忍見武昌。」（《焚書》六：二五）（案：武昌為心隱被
杖殺處）

夏，命侍者常志抄膽所批點之《水滸傳》。袁中道（小修）適來訪。

袁中道《《遊居柿錄》》云：「記萬曆壬辰夏中，李龍湖方居武昌朱邸，
予往訪之。正命僧常志抄寫此書（《評點水滸傳》）。」（九七九條）

其時，聞寧夏兵變。值麻城舊友書來，論道是非利害之內之外。卓吾頗
不爲然，復書責之。

〈復麻城人書〉云：「謂身在是之外則可，謂身在非之外即不可。蓋
皆是見得恐有非於我，而後不敢爲耳。謂身在害之外則可，謂身在
利之外即不可，蓋皆是見得無所利於我，而後不肯爲耳。……今之
好飲者，動以高陽酒徒自擬，公知高陽之所以爲高陽乎？若是眞正
高陽，能使西夏叛卒不敢逞，能使叛卒一起即撲滅，……此爲眞正
高陽酒徒矣。方亞夫之擊吳楚……得劇孟，大喜……，漢淮陰費千
金覓生左車，得即東嚮坐，西嚮待，師事之，……眞正高陽酒徒可
敬也。……」（《焚書》二：二九）

卓吾有感於此君，於是作二十分識以論才、膽、識。

〈二十分識〉云：「有二十分見識，便能成就得十分才。蓋有此見識，
則雖只有五六分才料，便成十分矣。有二十分見識，便能使發得十
分膽；蓋識見既大，雖只有四五分膽，亦成十分去矣。是才與膽因
識見而後充者也……故天下唯識爲難。有其識，則雖四五分才與膽，
皆可建立而成也。然天下又有因才而生膽者，因膽而發識者，又未
可以一概也。然則識也、才也、膽也，非但學道爲然，舉凡出世處
世，治國治家，以至於平治天下，總不能舍此矣。故曰『智者不惑、
仁者不憂、勇者不懼。』智即識，仁即才，勇即膽。蜀之譙周，以
識勝者也；姜伯約，以膽勝而無識，故事不成而身死；費禕以才勝

而識次之，故事亦未成而身死。此可以觀英傑作用之大略矣！三者俱全，學道則有三教大聖人在，經世則有呂尚、管夷吾、張子房在。……懷林……問曰：『和尚於此三者何缺？』余謂：我有五分膽，三分才，二十分識，故處世僅僅得免於禍。若在參禪學道之輩，我有二十分膽，十分才，五分識；不敢比於釋迦老子明矣。若出詞爲經，落筆驚人，我有二十分識、二十分才、二十分膽。」（《焚書》四：二一）

由論及才、膽、識，復憶及當年橫行閩廣之大盜林道乾，因續論及，以彼爲才識過人。

〈因記往事〉云：「夫道乾橫行海上，三十餘年矣。自浙江、南直隸以及廣東福建……連年遭其荼毒。……乾廷爲之旰食……而林道乾固橫行自若也。今幸聖明在上，刑罰得中，倭夷遠遁……然林道乾猶然無恙如故矣。稱王稱霸，眾願歸之，不肯背離。其才識過人，膽氣壓乎群類，不言可知也。……嗟乎！平居無事，只解打恭作揖，終日匡坐、同於泥塑；以爲雜念不起，便是真實大聖大賢人矣。其稍學姦詐者，又攪入良知講席，以陰博高官。一旦有警，則面面相覷，絕無人色，甚至互相推諉，以爲能明哲。蓋因國家專用此等輩，故臨時無人可用。又棄置此等輩有才有膽有識之者而不錄，又從而彌縫禁錮之，以爲必亂天下，則雖欲不作賊，其勢自不可爾！設國能用之爲郡守令尹……用之爲虎臣武將……朝廷自然無四顧之憂矣。唯舉世顛倒，故使豪傑抱不平之恨，英雄懷囷措之戚，直驅之使爲盜也。」（《焚書》四：二二）

四月。浙江道御史梅國楨（字衡湘號克生，麻城人。詳〈師友攷〉）疏薦李成梁父子總寧夏兵；朝臣多以爲非當。梅國楨力保，且願負監軍之責。

錢謙益〈梅公神道碑銘〉云：「（梅公）上疏曰：『賊勢已成，畜謀已久，遷延一日則禍深一日。外勾大虜，內引叛人，聲勢愈大，風聞愈遠……人心愈疑。爲今之計，非力剿無以定禍亂，……非特遣無以重事權，非破格無以庸豪傑。……李成梁父子成名素著，諸子家丁驍勇慣戰……請以西事委成梁……。』又曰：『願與成梁，馳赴寧夏，同心討賊。……事平之日，臣與成梁即日還期；止求自明；不敢言功。若其不捷，軍法具在，不敢以臣之罪貽累他人。……』上

如所請。」(《牧齋初學集》卷六四)

先是，邸報來，知東西二邊並告警。卓吾因與劉東星論議；卓吾所見皆暗符梅國楨。及梅任監軍，卓吾便走告四方，謂西方必無事，後果然。

〈西征奏議後語〉云：「余謂子明（劉東星）：『二俱報警，孰爲稍急？』子明曰：『東事似急。』蓋習聞向者倭奴海上橫行之毒也。余謂『東事尚緩，西正急耳。朝廷設以公任西事，當若何？』子明徐徐言曰：『招而撫之是已。』余時嘿然。子明曰：『於子若何？』余即曰：『剿除之，無俾遺種也。』……蓋天下之平久矣，今者非但所用非所養，所養非所用已也。自嘉隆以來，余目擊留都之變矣；繼又聞有閩海之變，繼又聞有錢塘兵民之變，以及鄖陽之變矣。當局者草草了事，招而撫之……彼桀驁者遂欲以招撫狙我，謂我於招撫之外，的無別智略可爲彼制，……今者若循故習大不誅殺，竊恐效尤者眾……。朝廷……似若無足以當其選者。於時梅侍御客生（國楨）獨薦李成梁，又不合當事者意……事在燃眉……不得已乃復疏……請監其軍以往。……余時聞此，……走告子明曰：『西方無事矣！客生以侍御監軍往矣！』子明時又嘿然。蓋子明雖知余言之可信，實未審客生之爲何如也。……時有如子明輩者……亦皆以西事爲憂。余皆告之，……諸公亦又嘿然。……嗚呼！……監事之命初下，西征之檄始飛，而我乃呶呶然斷成事於數千里之外，而欲其必信我，不亦惑歟！」(《續焚書》二：十九)

時，有書與友山，壯梅公此舉。並提及想念耿定向事。

〈與友山〉云：「今惟無江陵（張居正）其人，故西夏叛卒至今負固。壯哉梅公之疏請也，莫謂秦遂無人也。令師（耿定向）想必因其弟高遷抵家，又因克念自省回去，大有醒悟，不復與我計較矣！我於初八夜，夢見與侗老（耿定向）聚，顏甚歡悅。我亦全然忘記近事，只覺如初時一般，談說終日。……我想日月定有復圓之日，圓日即不見有蝕時迹矣。果如此，即老漢有福，大是幸事，自當復回龍湖，約兄同至天台無疑也。若此老始終執拗，未能脫然，我亦不管；我只有盡我道理而已。……」(《焚書》二：三三)

寄書焦竑，亦頗有懷念耿老之意。

〈寄焦弱侯書〉：「夫耿老何如人哉！身繫天下萬世之重，雖萬世後

之人有未得所者心且憐之，況如弟者……乃眼前一失物耳，安得不惻然相攻擊以務反於經之路乎？……夫道本中庸，苟毫釐未妥便是作怪，作怪即謂之妖。如何心隱本是一個英雄漢子，慧業文人；然所言者皆世俗之所驚，所行者皆愚懵之所怕，一言行即爲人驚怕；則其謂之妖，奚曰不宜。……至如弟則任性自是，遺棄事物，好靜惡囂，尤眞妖怪之物，只宜居山，不當入城近市者。……獨一念好賢又根諸性，非近大城郭則不可以得勝己之友……人或未然，是以指目爲妖，非但耿老有是言也。弟實感此老之鉗錘，而可以爲不悅我乎！早晚當過黃安，與共居數時，庶幾盡此老之益也！」（《續焚書》一：五三）

會稽陶望齡（周望，詳〈師友攷〉）有書寄劉東星，抒表嚮慕卓吾並感念劉公之能迎養意。

〈寄劉晉川書〉：「望齡在京師時從焦弱侯遊，得聞卓吾先生之風；繼得其書，畢習之，未嘗不心開目明，常恨不能操巾拂其側。繼聞其住武昌，有顯明其道而尊事之者，問之，則老師也。此事非鐵心石肝不足擔荷，老師非其人耶？……近以病歸……恐遂淪落；伏惟老師曲垂慈憫，少惠藥言；李先生或有新著，併希錄示一二，開我迷悶。……」（《歇菴集》卷十五）

孟夏，劉東星晉都察院右僉都御史，巡撫保定。卓吾書勉其子肖川。

〈別劉肖川書〉云：「『大』字，公要藥也。不大則自身不能庇，而能庇人乎？且未有丈夫漢不能庇人而終身受庇於人者也。大人者，庇人者也；小人者，庇於人者也。凡大人見識力量與眾不同者，皆從庇人而生，日充日長，日長日昌。若徒蔭於人，則終其身無有見識力量之日矣。……豪傑凡民之分，只從庇人與庇於人處識取。」（《焚書》二：十六。案：肖川爲晉川子，見〈師友攷〉）

〈與劉肖川〉云：「人生離別最苦，雖大慈氏亦以爲八苦之一，況同志乎！……尊翁茲轉甚當，但檀越遠去，外護無依，不肖當爲武昌魚任人膾炙矣。……《龍溪先生全刻》，雖背誦之可，學問在此，文章在此，取科第在此，就功名在此，爲經綸參贊之業亦在此。只熟讀此，無用他求。他求反不精不得力矣。」（《續焚書》一：四四）

案：卓吾〈寓武昌郡寄眞定劉晉川先生〉，第二首有「芒種在今朝」。壬

辰（1592）芒種，經推爲該年四月二十五（誤差一日），故知其離武
昌當早於此。

劉公赴任時，託附《焚書》予河南吳中丞，以酬其邀約雅意。

〈與河南吳中丞書〉云：「僕自祿仕以來，未嘗一日獲罪於法禁，……
未嘗一日獲罪於上官。雖到處時與上官忤，然上官終不以我爲忤己
者，念我職雖卑而能自立也。自知參禪以來，不敢一日觸犯於師
長……不敢一日觸犯於友朋。雖時時與師友有諍有講，然師友總不
以我爲嫌者，知我無諍心也，彼此各求以自得也。……昨冬獲讀與
晉老書，欲僕速離武昌，甚感遠地惓惓至意。茲因晉老經過之便，
謹付《焚書》四冊，……稍能發人道心，故附請教。」（《焚書》二：
三十）

劉東星既離武昌，卓吾聊落之情頓生。有詩懷之，且與友朋書答中時發
此意。

〈寓武昌郡寄真定劉晉川先生〉，其一云：「密密梧桐樹，亭亭相與
許。中夜聞人聲，疑是見君子。」其二云：「芒種在今朝，君行豈不
遙！農夫歡倒極，雨立迎星軺。」其四云：「青翠滿池台，徒增靜者
哀；一步一回遠，君今去不來。」其七云：「黃昏入夏口，無計問劉
琦；假若不逢君，流落安所之！」其八云：「南國留棠陰，江城遺白
叟；君思用趙人，猶憶江南否！」（《焚書》六：二二）

〈與焦漪園書〉云：「弟今又居武昌矣！江漢之上，獨自遨遊，道難
行，已可知也；歸歟之歎，豈得已耶！然老人無歸，以朋友爲歸，
不知今者當歸何所歟！……寫至此，一字一淚，不知當向何人道、
當與何人讀；想當照舊薙髮歸山去矣！」（《焚書》二：十二）

〈答陸思山〉云：「承教方知西事，然倭奴水寇不足爲慮，蓋此輩舍
舟無能爲也。特中原有奸者，多引結之以肆其狼貪之欲，實非真奸
雄也。……晉老此時想當抵任。此老胸中甚有奇抱，然亦不見有半
個奇偉卓絕之士在其肺腑之間，則亦比今之食祿者聰明忠信，可敬
而已。舍公練熟素養，置之家食，吾不知天下事誠付何人料理也！
些小變態便倉惶失措，大抵今古一局耳，今日真令人益思張江陵
也！」（《焚書》二：三一）

是秋，遣常志僧回龍湖。

案：此事約在秋後。是夏袁中道來武昌相訪時，卓吾正命常志抄寫《水
　　滸傳》；故知遣之回湖上至少在入秋。常志事頗有趣，《遊居柿錄》
　　述之曰：「常志者乃……一書吏。後出家禮無念爲師。龍湖悅其善書，
　　以爲侍者……使抄《水滸傳》。每見龍湖稱說水滸諸人爲豪傑，且以
　　魯智深爲眞修行而笑不喫狗肉諸長老爲迂腐；一一作法寶會。初尙
　　恂恂不覺。久之，與其儕伍有小怨，遂欲放火燒屋。龍湖聞之，大
　　駭。微數之，即歎曰：『李老子不如五台山智證長老遠矣！智證長老
　　能容魯智深，老子獨不能容我乎！』時時欲學智深行徑。龍湖性偏
　　多嗔，見其如此，恨甚。乃令人往麻城招楊鳳里（定見）……押送
　　之歸湖上。道中見郵卒牽馬稍遲，怒目大罵曰：『汝有幾個頭！』其
　　可笑如此。……眞痴人面前說不得夢！」（九七九條）

是年，袁宏道（中郎）中進士，不仕而歸。伯兄宗道（伯修）亦告歸。（《公
安縣志》卷六）

【著作】

書：《批點水滸傳》（未刻）

文：〈復麻城人書〉（《焚書》二：二九），〈二十分識〉（《焚書》四：二一）
　　〈因記往事〉（《焚書》四：二二），〈與友山〉（《焚書》二：三二），
　　〈寄焦弱侯〉（《續焚書》一：五三），〈別劉肖川書〉（《焚書》二：
　　十六），〈與劉肖川〉（《續焚書》一：四四），〈與河南吳中丞書〉（《焚
　　書》二：三十），〈答劉憲長〉（《焚書》一：十九），〈答陸思山〉（《焚
　　書》二：三一），〈與周友山〉（《焚書》二：三二）

詩：〈贈何心隱高第弟子胡時中〉（《焚書》六：二五），〈寓武昌郡寄眞定
　　劉晉川先生〉（《焚書》六：二二）

【附案】

明夏以前，卓吾復返龍湖。此居武昌期間所作諸文，總彙於此。

此期間曾批點《水滸傳》已可知（見前所引《遊居柿錄》）；又據庚寅（1590）
年〈與焦弱侯書〉（《續焚書》一：五一），知其除批點《水滸傳》外，亦正批
點各家劇曲。職是，本集中述小說、敘劇曲各篇當皆此間之作。茲摘其要義
於後云。

　　一、〈忠義水滸傳序〉：「太史公曰：『說難、孤憤，賢聖發憤之所作

也。』……古之賢聖，不憤則不作矣。……《水滸傳》者，發憤之所作也。……施、羅二公身在元，心在宋；雖生元日，實憤宋事。是故憤二帝之北狩，則稱大破遼以洩其憤；憤南渡之苟安，則稱滅方臘以洩其憤，……欲不謂之忠義不可也。夫忠義何以歸於水滸也？……夫水滸之眾何以一一皆忠義也？……今夫小德役大德，小賢役大賢，理也。若以小賢役人而以大賢役於人，其肯甘心服役而不恥乎？是猶以小力縛人，而使大力者縛於人；其肯束手就縛而不辭乎？其勢必至驅天下大力大賢而盡納之水滸矣。則謂水滸之眾，皆大力大賢有忠有義之人可也。……故有國者不可以不讀；賢宰相不可以不讀……兵部掌軍國之樞，督府專閫外之寄，是又不可以不讀也。苟一日而讀此傳，則忠義不在水滸，而皆爲干城心腹之選矣。否則不在朝廷、不在君側、不在干城腹心，烏乎在？在水滸。……」（《焚書》三：十七）

一、〈崑崙奴〉：「許中丞片時計取柳姬，使玉合重圓；崑崙奴當時力取紅綃，使重關不阻；是皆天下間緩急有用人也，是以謂之俠耳。忠臣俠忠則扶顛持危，九死不悔；志士俠義，則臨難自奮之死靡他。古今天下，苟不遇俠而妄委之，終不可用也。或不知其爲俠而輕置之，則亦不肯爲我死，爲我用也。俠士之所以貴者，才智兼資；不難於死事而在於成事也。使死而可以成事，則死眞無難矣；使死而不足以成事，則亦肯以輕死哉！……」（《焚書》四：三四）。

一、〈玉合〉（《焚書》四：三二）、〈紅拂〉（《焚書》四：三五）、〈拜月〉（《焚書》四：三四）（略）。

一、〈雜說〉：「拜月、西廂，化工也；琵琶，畫工也。夫所謂畫工者，以其能奪天地之化工，而其孰知天地之無工乎？……要知造化無工；雖有神聖亦不能識知化工之所在，而其誰能得之？由此觀之，畫工雖巧，已落二義矣。……且吾聞之：追風逐電之足，決不在於牝牡驪黃之間；聲應氣求之夫，決不在於尋行數墨之士；風行水上之文，決不在於一字一句之奇。若夫結構之密，偶對之切；依於道理、合於法度，首尾相應、虛實相生……種種禪病，皆所以語文，而皆不可以語於天下之至文也。……彼高生者……極巧極工、不遺餘力，是故語盡而意亦盡，詞竭而味索然亦隨以竭，……蓋雖工巧

之極，其氣力限量只可達于皮膚骨血之間。……且夫世之眞能文者，比其初皆非有意於爲文也。其胸中有如許無狀可怪之事，其喉間有如許欲吐而不敢吐之物，其口頭又時時有許多欲語而莫可所以告語之處；蓄極積久，勢不能遏。……旣已噴玉唾珠，昭回雲漢……不能自止；寧使見者聞者切齒咬牙、欲殺欲割，而終不忍藏于名山投之水火。余覽斯記，想見其爲人；當其時必有大不得意於君臣朋友之間者，故借夫婦離合因緣以發其端。……嗚呼！今古豪傑，大抵皆然……若彼作者，吾安能見之歟！」(《焚書》三：八)

一、〈童心說〉：「童心者，眞心也，……絕假純眞，最初一念之本心也。……童子者，人之初也；童心者，心之初也。夫心之初曷可失也，然童心胡然而遽失也？蓋方其始也，有聞見從耳目而入，而以爲主于其內而童心失。……夫道理聞見皆自多讀書識義理而來也；古之聖人曷嘗不讀書哉？……縱多讀書，亦以護此童心而使之勿失焉耳，非若學者反以多讀書識義理而反障之也。……童心既障，而以從外入者聞見道理爲之心也。……其人既假，則無所不假矣……苟童心常存，則道理不行、聞見不立，無時不文、無人不文，無一樣創制體格文字而非文者。詩何必古選，文何必先秦。降而爲六朝、變而爲近體……爲傳奇……院本……，皆古今至文，不可得而時勢先後論也。……更說甚麼六經，更說甚麼語孟乎？夫六經語孟非其史官過爲褒崇之辭，則其臣子極爲贊美之語。又不然，則其迂闊門徒，懵懂弟子，記憶師說，有頭無尾，得後遺前，隨其所見、筆之於書。後學不察，便謂出自聖人之口也……孰知其大半非聖人之言乎。縱出自聖人，要亦有爲而發，不過因病發藥，隨時處方，……豈可遽以爲萬世之至論乎？……安得眞正大聖人童心未曾失者而與之一言哉！」(《焚書》三：九)

【著作】

文：〈忠義水滸傳序〉(《焚書》三：十七)，〈崑崙奴〉(《焚書》四：三三)玉合 (《焚書》四：三二)，〈紅拂〉(《焚書》四：三五)，〈拜月〉(《焚書》四：三四)，〈雜說〉(《焚書》三：八)，〈童心說〉(《焚書》三：九)，〈與楊鳳里〉，(《焚書》二：二六)，〈寄京友書〉(《焚書》二：三四)

詩：〈江上望黃鶴樓〉（《續焚書》五：三四）

萬曆二十一年癸巳（1593）六十七歲

是春，自武復返龍湖。時湖上正大興土木，構建塔殿。

〈又與楊鳳里〉云：「行李已至湖上，一途無雨，可謂順利矣。我湖
上屋低處就低處作，高處就高處作，可省十分力氣，……低處作佛
殿等屋以塑佛聚僧；我塔屋獨獨一座，高出雲表，又像西方妙喜世
界矣。我回，只主張眾人念佛，專修西方，不許一個閒說嘴。……」
（《焚書》二：二七）

案：自武昌返龍湖之時可二，今春以外，去年秋後亦可能。去年〈與楊
鳳里〉云：「醫生不必來，爾亦不必來；我已分付取行李先歸矣。我
痢尚未止，其勢必至十月初間方敢出門。……」（《焚書》二：二六）
惟去年有遣常志事；夏間仍命抄寫《水滸傳》，以至於放火燒屋、遣
送回湖，當已秋冬之間。且〈又與楊鳳里〉書有「一途無雨」云，
當是開春以後而非入冬景緻。因繫於此。

返湖上後，作有〈三蠹記〉；三蠹者：楊定見（鳳里）、深有僧、以及卓
吾是也。

〈三蠹記〉云：「余性亦好罵人，人亦未嘗恨我，……以我口惡而心
善、言惡而意善也。心善者欲人急於長進，意善者又恐其人之不肯
急於長進也，是以知我而不恨我也。然世人雖不我恨，亦終不與我
親。若能不恨我，又能親我者，獨有楊定見一人耳。……方我之困
於鄂城也，定見冒犯暑雪，一年而三四至，則其氣骨果有過人者。……
然其……不讀書、不勤學，不求生世之產、不事出世之謀，蓋有氣
骨而無遠志，則亦愚人焉耳。……深有雖稍有向道之意，然亦不是
直向上去之人；往往認定死語，以辛勤日用為枷鎖、以富貴受用為
極安樂自在法門，……稍靈利而無氣骨，同是山中一蠹物而已。……」
（《焚書》三：十五）

仲夏，三袁兄弟來訪龍湖。

袁宏道〈將發黃時同舟為王以明先生龔散木家伯修小修俱同訪龍湖
者〉：「江草青青江水流，荊州何日到黃州，鄭莊有客堪馳驛，郭泰
如仙好附舟。此去山川俱作態，一時象緯合生愁。龜峰數點蒼煙裡，
料得伊人已白頭。」（《李溫陵外紀》卷六）

又，〈余凡兩度阻雨沖霄觀俱爲訪龍湖師，戲題壁上〉，其二云：「我從觀裡拜青牛，忽憶龍湖老比丘。李贄便爲今李耳，西陵還似古西周。」（同前）

三袁宿湖上十日，相談甚歡。卓吾於三袁期許頗高。

卓吾云：「伯也穩實，仲也英特，皆天下名士也。然至於入微一路則諄諄望之公（中郎）！」（《公安縣志》卷六）

卓吾〈題伯修（宗道）海蠡篇〉一紙云：「予讀袁石浦（伯修）海蠡篇已奇矣，茲復會石浦於龍湖之上，所見又別，更當奇也。夫學道之人不患不放手，患放手太早耳。聰銳者易放，魯鈍者難入。豈誠有聰銳魯鈍之人哉，無眞志耳，不怕死耳。好學而能入，既入而不放，則其放也孰能禦之，因爲書其後，候再晤焉。」（《遊居柿錄》卷一）

袁宗道、袁宏道兄弟於龍湖時各有詩文誌此遊。

袁宗道〈龍湖〉：「龍湖一云龍潭，去麻城三十里，萬山奔流、雷奔而下，與溪中石骨相觸。水力不勝石、激而爲潭。潭深十餘丈，望之深青、如有龍眠。而土之附石者，因而夤緣得存。突兀一拳，中央峙立，青樹紅閣、隱見其上，亦奇觀也。潭右爲李宏甫精舍，佛殿始落成。倚山臨水，每一縱目，則光黃諸山森然屏列不知幾萬重。余本問法而來，初非有意山水，且謂麻城僻邑，當與屬陵石首伯仲；不意其泉石幽奇至此也。癸巳五月五日記。」（《李溫陵外紀》卷三）

袁宏道〈龍潭〉：「孤舟千里訪瞿曇，蹤迹深淺古石潭。天下豈容知己二，百年眞上洞山三。雲埋龜嶺平如障，水落龍宮湛似藍。愛得其佛好眉宇，六時僧眾禮和南。」（《李溫陵外紀》卷三）

臨行，袁宗道、袁中道各有詩作告別卓吾，卓吾有詩答之。

袁中道（小修）〈別李龍潭〉：「湖上暫徘徊，明從此地別。今年君不死，十月我還來。娛老書成蠹，絕交徑有苔。忘機君已久，鷗鳥莫相猜。」（《珂雪齋前集》卷一）

袁宗道（伯修）〈別龍湖師八首〉，其一云：「十日輕爲別，重來未有期；出門餘淚眼，終不是男兒。」其二：「惜別在今朝，車馬去遙遙；一行一回首，踟躕過板橋。」其四：「浪迹滯黃州，壯心成白首；君逢袁老尼，肯語廣陵否？」其七：「死去君何恨，藏書不得名；紛紛

薄俗子，相激轉相成。」（《李溫陵外紀》卷三）

卓吾〈答袁石公（伯修）八首〉其一曰：「入門爲兄弟，出門若比鄰，猶然下幽谷，來問幾死人。」其二：「無會不成別，若來還有期，我有解脫法，灑淚讀君詩。」其四：「江陵至亭州，一千三百許，尚有廣陵散，未及共君語。」其七：「平生懶著書，書成亦快余，驚風日夜吼，隨處足安居。」（《焚書》五：二二）（又收《李溫陵外紀》卷三）

三袁既行，舟抵漢陽，袁宏道、袁中道俱有詩懷卓吾。

袁宏道（中郎）〈懷龍湖〉：「漢陽江雨昔曾過，歲月驚心感逝波；老子本將龍作性，楚人元以鳳爲歌。朱絃獨操誰能識，白頸成群爾奈何，矯首雲霄時一望，別山長是鬱嵯峨！」（《李溫陵外紀》卷三）

袁中道（小修）：〈大別山懷李龍湖兼呈王子〉云：「漢陽江頭一帶青，武昌燈火亂繁星，此時對酒懷知己，高山流水孰堪聽。去年六月訪李生，抱病僵臥武昌城……今年三月復東遊，訪李再過古亭州。龍潭十日同笑傲，虎溪千古失風流。老去英雄轉惆悵，握手相別淚相向；匹馬黃泥道上歸，青山滿目淚沾衣……我登大別山，還望西陵道；落日烟霞迴不分，江水東流何浩浩。」（《珂雪齋全集》卷一）

案：以上三袁詩文，可見袁、李交誼。而卓吾於三袁之啓發尤有可稱。

錢謙益〈陶仲璞遯園集序〉：「萬曆之季，海內皆詆訾王李，以樂天、子瞻爲宗。其說倡於公安袁氏，而袁氏中郎、小修皆卓吾之徒，其旨實自卓吾發。」（《初學集》卷三十一）

及三袁歸里，袁中道錄此行與卓吾之對話成〈柞林紀譚〉，稱卓吾爲柞林叟而隱其姓名。

袁中道〈柞林紀譚〉卷首云：「柞林叟不知何許人，遍遊天下至於郢中。常提一籃醉遊市上，語多顚犯。庚寅春，止於村落野廟。伯修時以予告寓家，入村共訪之。扣之，大奇。再訪之，遂不知所在。」（《李溫陵外紀》卷三）

案：袁中道志此會庚寅（1590）事。然《公安縣志》〈袁宗道傳〉述其與卓吾僅今年癸巳（1593）一會；〈袁宗道傳〉所述則癸巳三袁同往龍湖外，壬辰（1592）以前，宏道曾單獨造訪。且俱爲訪龍湖者。三袁之訪卓吾於郢中（武昌）者，僅袁中道耳。〈柞林紀譚〉中與卓吾

對談人物有五，與袁宏道詩「將發黃時」同舟者正同，故〈柞林紀譚〉為麻城龍湖事，而非武昌。三袁之偕來亦癸巳，而非庚寅。袁中道於〈紀譚〉卷首所述年日應存疑。

是夏，深有僧因事離龍湖潭，獨往北縣黃蘗山另闢道場以居。卓吾寄書勸其來歸；不效。（〈窮途說〉、《續焚書》二：二十一）

仲夏，殿塔落成，因移居之。唯尚末塑佛，故未敢謝土。

　　〈移住上院邊廈告文〉云：「龍湖芝佛院佛殿之後，因山蓋屋，以為卓吾藏骨之室。蓋是屋時，卓吾和尚往湖廣會城，……逮和尚歸，又告神添蓋兩邊兩廈。……中塑西方接引佛一尊……以為院僧三時念佛，瞻像皈依之地。南向廂房三間，塑起普陀懸崖，坐觀世音菩薩於一崖石波濤之上，……前廊五間，中塑韋馱尊者……。殿之東西供養達摩、伽藍二像。門樓北上，其神在上，南向則為執金剛神……，有此種種慈悲威嚴佛菩薩真容，則和尚借佛背後半間丈室以藏骨，心亦安矣。……今尚末塑佛，未敢入居正室，且亦未敢謝土，……但欲擇日入居邊廈，不得不告。」（《焚書》四：十五）

塑普陀懸崖時，除原擬觀世音像，加塑普賢、文殊二菩薩像。俱坐崖上。安佛、安各尊護法，行禮如儀。惟不安五臟、不開光。

　　〈三大士像議〉：「佛之心肝五臟，非佛罔知，豈是爾等做得出也。……安五臟、穿七孔……此世人塑神事神之本意也，若我與諸佛菩薩則不然。若我以諸佛菩薩為心，則吾心靈。……我這裡佛，自解放光。……雖未開光而佛光重重照耀。」（《焚書》四：十一）

已而，復塑孔子聖像於芝佛院。

　　〈題孔子像於芝佛院〉：「人皆以孔子為大聖，吾亦以為大聖；皆以老佛為異端，吾亦以為異端。人人非真知大聖與異端也，以所聞於父師之教者熟也；父師非真知大聖與異端也，以所聞於儒先之教者熟也；儒先亦非真知大聖與異端也，以孔子有是言也。……余何人也，敢謂有目？亦從眾耳。既從眾而聖之，亦從眾而事之；是故吾從眾事孔子於芝佛上院。」（《續焚書》四：九）

諸事安竟，謝告土地。從此，整頓芝佛道場，嚴課早晚作息。〈列眾僧職事〉，用以分定職守；又作〈告佛約束偈〉，督導道場行儀。

　　〈告佛約束偈〉云：「龍湖芝佛上院，從新創立道場。上殿阿彌陀佛，

下殿韋馱尊者；特地接引眾生，不是等閒作伴。為此與眾約束，不緊不嚴不慢。四時不須起早，黎明報鐘方好；清早金剛一卷，春夏秋冬一樣；二鼓念佛一千，冬春二時為然；休夏依時自恣，不是做古模樣。……早晨報鐘甫畢，便入諸殿上香；上香必須鳴磬，磬動知是行香。……大眾聞鐘齊起，急忙整頓衣裳。漱洗諸事各訖，沙彌如前撞鐘。首眾即便領眾，以次合掌致恭。……拜禮韋馱……觀音……，高聲跪誦金剛。誦畢齊罷何為，依舊諷讀法華。每歲三冬無事，日日華嚴一卷。不許安期抄化，擾害菩薩善良，……如果粥飲不繼，沿門持鉢可也。……為僧不須富貴，富貴不須為僧；為僧為己生死，人死於己何與？……不許赴請誦經……不許諷誦玉經……不許放債生利，不許買賤賣貴。一切富貴心腸，盡付龍湖流水。須知回頭無多，縱使忍饑不久。……快急念佛修福，但移此心念佛，便是清涼極樂。」（《焚書》四：二十）

冬十月，禮誦藥師佛經懺，結期過冬。

〈禮誦藥師告文〉：「余兩季來，病苦甚多。……聞東方有藥師琉璃光王佛，發大弘願，救拔病苦眾生……，卓吾和尚於是普告大眾，趁此一百二十日期會，諷經拜懺道場，就從十月十五日起，先諷《藥師經》一部……為我祈求免病。……」（《焚書》四：十四）

〈又告〉：「切以誦經者所以明心見性，禮懺者所以革舊鼎新；此僧家遵行久矣。皆以歲之冬十月十五日始，以次年春正月十五日終。……今卓吾和尚為塔屋於茲院之山……又欲安期動眾，禮懺誦經。以為非痛加懺悔則誦念為虛文，非專精念誦則禮懺為徒說。故此兩事僧所兼修，則此會期僧家常事也。」（《焚書》四：十三）

焦竑出使大梁。便道還里，然後抵京。會議開史局，大學士陳于陛欲竑專領其事，竑遜謝。上〈修史條陳四事議〉。

是年，耿定向七十壽。

【著作】

文：〈又與鳳里〉（《焚書》二：二七），〈三蠢記〉（《焚書》三：十五），〈窮途說〉（《續焚書》二：二一），〈三叛記〉（《焚書》三：十六），〈移往上院邊廈告文〉（《焚書》四：十五），〈三大士像議〉（《焚書》四：

十一），〈題孔子像於芝佛院〉（《續焚書》四：九），〈題關公小像〉（《焚書》四：十），〈告土地文〉（《焚書》四：十九），〈列眾僧職事〉（《續焚書》四：六），〈告佛約束偈〉（《焚書》四：二十），〈代深有告文〉（《焚書》四：十二），〈又告〉（《焚書》四：十三），〈禮誦藥師告文〉（《焚書》四：十四），〈安期告眾文〉（《焚書》四：十八）

詩：〈答袁石公〉（《續焚書》五：二二）

萬曆二十二年甲午（1594）六十八歲

正月十五，結期誦經屆滿，喘病得痊，因禮謝禱告藥師佛。

〈禮誦師經畢告文〉：「和尚爲幸免病喘，結經謝佛事。……九部經於今日是爲已足。誦經方至兩部，我喘病即減九分；再誦未及四部，我忍口便能齋素。齋素既久，喘病愈痊；喘病既痊，齋素益喜。此非佛力，我安能然。雖諷經眾僧虔恪無比，實藥王菩薩憐憫重深，和尚不勝禮謝禱告之至。」（《焚書》四：十六）

誦經得力，因書告周友山，與論解脫輪迴事，並求助建築讀書室。

〈與周友山〉云：「最恨戒禪師復來作蘇子瞻。戒禪師……載之傳燈爲雙泉寬第一子；寬受雲門大師印可，方再傳便爾舛錯，復受後有，則傳燈諸有名籍者豈能一一出世了生死乎？……且戒禪師縱不濟事，定勝子瞻幾倍：一來蘇家投胎，便不復記憶前身前事。賴參寂諸禪激發，始能説得幾句義理禪耳，其不及戒禪師不言又可知也。……愈來愈迷，求復爲東坡身，我知其不可得也。蓋學道之人本以了生死爲學，學而不了，是自誑也。老子云：『吾有大患，爲吾有身；及吾無身，吾有何患。』古人以爲有患，故欲出離以求解脫。……彼不學道早求解脫不必言矣，不知戒禪師……於何蹉過，幸一教我。業緣易染，生死難當，僕非病這一場，未必如此著忙。」（《續焚書》一：四八）

〈又與周友山〉：「今年不死，明年不死，年年等死，反等出禍。……等死之人身心俱滅，筋骨已冷，雖未死，即同死人矣。若等禍者，志慮益精，德行亦峻，磨之愈加而愈不可淄，是吾福也。……今貝經已印有幾大部矣，佛菩薩、羅漢、伽藍、韋馱等又已儼然各有尊事香火之區矣，獨老子未有讀書室耳。欲于佛殿之後草創一閣，閣

下藏書並安置所刻書板，而敝其上以備行吟諷誦，兄能捐俸助我乎？……」（《續焚書》一：十三）

卓吾既重新建立芝佛道場，結期誦經外，亦多講會。有〈六度解〉示眾僧修行法門。

〈六度解〉：「道從六度入。六度之中，持戒、禪定其一也。戒如田地；有田地，方有根基可以爲屋種田。然須忍辱；謙下以自持，虛心以受善，不敢以貢高爲也。如有田地，須時時澆糞灌水，方有得秋之穫。……精進則進此持戒忍辱兩者而已。……日進不已則自然得入禪定眞法門矣。既禪定，不愁不生智慧而得解脫也。故知布施、持戒、忍辱，眞禪定之本，而禪定又爲智慧解脫之本。六者始終不舍如濟渡然，故曰六度。……總以解脫爲究竟，然必須持戒忍辱以入禪定而後解脫可得。……今世遠教衰，後生小子拾得一言半句，便自猖狂，不敬十方、不禮晚末，說道何佛可成，此與無爲教何異乎？非吾類也。」（《焚書》四：二十八）

六度之中，尤重持戒。

〈戒眾僧〉曰：「戒之一字，誠未易言。戒生定，定生慧；慧復生戒，慧出於戒，非慧滅戒。然則定慧者，成佛之因；戒者又定慧之因。我釋迦老子未成佛之先，前後苦行一十二年，其戒如此，……既成佛之後，前後說法四十九年，其戒也如此；……若謂佛是戒空，戒是佛縛，既已得道成佛，不妨毀律破戒……有何不可？而仍衣破衲，重持鉢，何爲者哉？……戒之一字，眾妙之門；破戒一言，眾禍之本。……如臨三軍……如履深谷，須臾不戒，失足而殞。故知三千威儀重如山岳，八萬細行密如牛毛，非是多事強爲，於法不得不爾故也。……嚴而又嚴，戒之又戒。自今以往，作如是觀；坐受齋供，如吞熱鐵之丸；若不膽顫心寒，與犬豕何異？行覓戒珠，如入清涼之閣；若復魂飛魄散，等乞丐以何殊。如此用心，始稱衲子。……」（《焚書》四：二七）

此外，又有〈五宗說〉、〈金剛經說〉、〈法華方便品談〉……等講解（見後「著作」欄）

梅國楨書來，論及袁宏道第進士不仕而歸事，意頗欣羨。卓吾以各行其志勉之。

〈復梅客生〉云：「袁二若能終身此道，笑傲湖山，如今之爲，則後
來未必無扣門日子；若以次入京，旋來補缺，終不免作〈進學解〉
以曉諸生，則此刻恐成大言矣。願公勿羨之。得行志時，且行若志；
士民仰蓋公之臥治，戎夷賴李牧之在邊，積公累勤，亦佛菩薩所願
爲者。……」（《續焚書》一：五八）

日居湖上，讀書、寫書、評點諸書，頗得書中味。作四言長篇〈讀書樂〉
述其中樂。並寄袁宗道共賞。

〈讀書樂、序〉：「……天幸生我目，雖古希猶能視細書；天幸生我
手，雖古希猶能書細字。……天幸生我性，平生不喜見俗人，……
天幸生我情，平生不愛近家人，……得以一意讀書。……天幸生我
心眼，開卷便見人，便見其人始終之概。……此余之自謂得天幸者
一也。天幸生我大膽，凡昔人之所忻豔以爲賢者，余多以爲……迂
腐不才而不切於用；其所鄙者棄者，唾且罵者，余皆的以爲可託國
託家而託身也。其是非大戾昔人如此，非大膽而何？此又余之自謂
得天之幸者二也。有此二幸，是以老而樂學；故作讀書樂以自樂云。」
（《焚書》六：一）

袁宗道（石浦）〈書讀書樂後〉：「龍湖老子手如鐵，信手評駁寫不輟。
縱橫圓轉輕古人，遷也無筆儀無舌。……我自別公苦寂寞，況聞病
肺那忘卻？忽有兩僧致公書，乃是手書讀書樂。……詩既奇崛字道
絕，石走巖皴格力蒼，老骨稜稜精炯炯，對此恍如坐公旁。龍湖老
子果稀有，此詩此字應不朽。莫道世無賞音人，袁也寶之勝瓊珍。」
（《李溫陵外記》卷三）

九月，顧養謙辭薊遼總督、朝鮮經略職務歸。卓吾讀其辭疏後，有詩寫
之：

〈讀沖菴辭疏〉：「文經武略一時雄，萬里封侯運未通；肉食從來多
肉眼，任君擊碎唾壺銅。」（《續焚書》五：三九）

案：先是，倭於前（萬曆二十）年進犯朝鮮。朝鮮王倉促棄京師。倭寇
剝刮府庫，盡沒八道，旦暮且渡鴨綠矣。廷議以朝鮮屬國爲我藩籬，
必爭之地也，發兵出援。歷兩年所，或獲或敗，時有反覆。顧既總
督，力主撤兵。疏請封貢併開市寧波。朝議大嘩。顧因薦孫鑛自代
去。（《明史紀事本末》卷六十二）

　　臘月，走黃安，與耿定向復和於天台山中。作〈耿楚倥先生傳〉述與耿氏兄弟相交歷程，焚於先生墓前告之。

〈耿楚倥先生傳〉：「先生諱定理，字子庸，別號楚倥，諸學士所稱八先生是也。……夫傳者，所以傳也。先生初不待傳，而此復爲傳以傳之何也？……先生有德不耀，是不欲耀其德也；有才無官，是不欲官其才也。不耀德，斯成大德矣；不用才，始稱眞才矣。……先生始終以學道爲事者也；雖學道，人亦不見其有學道之處，故終日口不論道，然目擊而道斯存也。所謂雖不濕衣，時時有潤者也。莊純夫曾告我曰：『八先生云：「吾始事方湛一。湛一本不知學，而好虛名，故去之。最後得一切平實之旨於太湖（鄧豁渠），復能收視返聽，得黑漆無入無門之旨於心隱，乃始充然自足，深信而不復疑也。唯世人莫可告語者，故遂終身不談，唯與吾兄天台先生（耿定向）講論于家庭之間而已。」』故遂以天臺爲師。天臺亦自謂：『吾之學問雖有所契，然賴吾八弟之力爲多。』子庸曾問天臺云：『學、庸、語、孟，雖同是論學之書，未審何語最切？』天臺云：『聖人人倫之至一語最切。』子庸謂：『終不若未發之中之一言也。』……丁丑入滇，道經團風……直抵黃安見楚倥，並覘天臺，便有棄官留住之意。楚倥見余蕭然，勸余復入。余乃留吾女幷吾婿莊純夫于黃安，而因與之約曰：『待吾三年滿，收拾得正四品祿俸歸來爲居食計，即與先生同登斯岸矣。』楚倥牢記吾言，教戒純夫學道甚緊；吾女吾婿，天臺先生亦一以己女己婿視之矣。……既三年，余果來歸。奈之何聚首未數載，天臺即有內召，楚倥亦遂終天也！既已感感無懌，而天臺先生亦終守定『人倫之至』一語在心，時時恐余有遺棄之病；余亦守定『未發之中』一言，恐天臺或未窺物始、未察倫物之原。故往來論辯、未有休時，遂成扞格，直至今日耳。今幸天誘我衷，使余舍去『未發之中』，而天臺亦遂頓忘『人倫之至』。乃知學問之道，兩相舍則兩相從，兩相守則兩相病，勢固然矣。兩舍則兩忘，兩忘則渾然一體，無復事矣。余是以不避老、不畏寒，直走黃安會天臺於山中。天臺聞余至，亦遂喜之若狂。志同道合，豈偶然耶！然使楚倥先生而在，則片言可以折獄，一言可以回天，又何至苦余十有餘年，彼此不化而後乃覺耶！……故至次日，遂……往拜先生

之墓，而先生之墓拱矣。余既痛九原之不可作，故特爲此傳，……
志余喜……志余恨……志余喜而且恨、恨而且喜也。……」（《焚書》
四：九）

案：〈耿楚倥先生傳〉關係卓吾、天台復合年日。茲詳考：

（一）據傳後所附周思敬〈跋語〉「十二月二十九」，知其復合月日。

（二）比勘卓吾、耿老歷年十二月事迹，僅甲午（1594）、乙未（1595）
爲可能。耿老歿於丙申（1596）六月，該年及以後勿論矣。故下限
爲乙未。卓吾於壬辰（1592）有書〈與友山〉云「夢見與侗老聚……
想日月定有復圓之日」（《焚書》二：三三），可見未復。故上限爲
壬辰。壬辰（1592）至乙未（1595）各年之十二月：壬辰尚居武昌，
明年癸巳則時值結期誦經，無外出可能（參該年各項）。故僅甲午、
乙未二年爲可能。

（三）甲午（1594）、乙未（1595）二年，又以甲午爲可能。卓吾有〈與
城老書〉：「自天台與我合併以來，一年矣」；又云「黃安訂約日久」；
乙未十二月至丙申六月耿老下世，才半年耳，似不當言「一年」、「日
久」。

（四）黃安二上人事，亦可輔證。二上人乃耿氏趣令來從龍湖。耿定向
〈顏子爲舜解〉有「子茲往也，矢志歸依卓吾先生……」，跋謂「右
顏子爲舜解，趣若無王僧歸依卓吾卓吾李上人也」。此必李耿復合
以後事。設乙未冬復合，耿便趣令二人來歸；至丙申夏卓吾出遊西
北，其間才數月耳，而卓吾有……〈書黃安二上人手冊〉（《焚書》
三：三六）、〈高潔說〉（三：十四）、〈爲黃安二上人三首〉等五篇
文字，無乃過促？

綜上所述，故繫此事於今年。

是時，同至天窩者當有舊友方沆、婿莊純夫。方、莊二人於臘月盡時結
伴歸里，卓吾書〈征途與共後語〉送之。

〈征途與共後語〉：「與共者，與共學也。子及（方沆）以純父爲可
與，故征途日與之共學。」（《焚書》四：五）

莊純夫既歸，卓吾有詩憶念並告勉。

〈莊純夫還閩有憶四首〉。其一云：「乘龍人歸去，誰復到吾門？薄
暮多風雨，知子宿前村。」其三：「三子皆聰明，必然早著聲。若能

舉孝廉,取道過西陵。」其四:「七十古來稀,知余能幾時;君宜善自計,莫念出家兒。」(《焚書》六:十八)

卓吾自丙戌徙麻後,久未來訪天窩故居,今茲復來,感而有賦。

〈重來山房贈馬伯〉時:「一別山房便十年,親栽竹籐已參天。舊時年少唯君在,何處看山不可憐。」(《焚書》六:四四)

是年冬,袁宏道赴京謁選,得吳令。

【著作】

文:〈禮誦藥師經畢告文〉(《焚書》四:十六),〈代常通病僧告文〉(《焚書》四:十七),〈與周友山〉(《續焚書》一:四八),〈與周友山〉(《續焚書》一:十三),〈六度解〉(《焚書》四:二八),〈法華方便說〉(《續焚書》二:二二),〈復梅客生〉(《續焚書》一:五八),〈與梅衡湘〉(《焚書》二:二八),〈復京中友朋〉(《焚書》一:十五),〈耿楚倥先生傳〉(《焚書》四:九)

詩:〈夜半聞雁〉(《焚書》六:十七),〈讀顧沖菴辭疏〉(《續焚書》五:三九),〈偈二首答梅中丞〉(《焚書》六:二八),〈莊純夫還閩有憶〉(《焚書》六:十八),〈重來山房贈馬伯詩〉(《焚書》六:四四)

萬曆二十三年乙未(1595)六十九歲

二月,返龍湖芝佛院。

〈與方訒菴〉:「弟自二月初,回湖上之廬,即欲附一書奉慰……。」(《續焚書》一:八)

行前,書留匾額二幅以爲天窩樓牌。

〈與伯時馬侍御〉:「奉上樓中匾額一,軒匾額一。又以『衡門』爲藥徑,『虛白』爲松門各一,幷樓中聯句一對。俱勿刻,但粘帖匾上,使字畫精彩不失;異日當與佳樓並稱天中之絕矣!……臨行草此,幸無以俗人不悅故棄!……」(《續焚書》一:五五)

案:此文題目有誤,當是後來編者誤製。馬伯時以諸生終,未曾任侍御職。詳〈師友考〉:馬逢暘。

返龍湖後,纂〈讀孫武子十三篇〉。

〈與方訒菴〉:「今春湖上纂〈讀孫武子十三篇〉;以六書參考,附著於每篇之後,繼之論著。果係不刊書矣。」(《續焚書》一:八)

〈孫子參同序〉：「蒙谿張鰲先生序武經七書，其略曰：『文事武備，士君子份內事也。……天不生仲尼則斯文之統以墜，天不生尚父則戡亂之武曷張。七書六經，固仁義一原之理、陰陽貞勝之符也。……』李卓吾曰：此言固知武事之為重矣，然猶不免與文士為兩也；猶以治世尚文而亂世用武分治亂時世為二也；猶以太公似未可繼斯文之統而孔子似未可謀軍旅之事也。……然其曰仁義一原、陰陽貞勝則確矣。夫天下未有有仁而無義，亦豈有有陽而無陰。獨陽不生，獨陰不成；謂文專指陽而武專指陰則不但不成武而亦不成文矣。故予嘗譬之人身然。夫人身有手有足；……平居無事則手持而足行，有所緩急則手抵而足踢；……伸之則為掌，可以恭敬而奉將；捏之則成拳，可以敵愾而禦侮。雖手亦不自知其孰為文用而孰為武用者，蓋衛生之物，天實畀之。……唯是痿痹不仁之者，則文武皆廢，不可齒于人數明矣。此皆待人而後得以苟延其生者，文用且無，況武用耶！然則儒者自謂能文而不能武，有是理耶？……亦不過取給於聞見，借功於昔賢而已。是自痿痹而自不知也。……吾獨恨其不以七書六經合而為一以教天下萬世也，故因讀孫武子而以魏武之注為精當，又參攷六書以盡其變，而復論著於各篇之後焉，感歎深矣。」

（《李溫陵集》十：十一）

案：此即後（丁酉）年刊於雲中之《孫子參同》。

入夏，讀《楊升菴集》。有〈讀升菴〉五百葉。

〈與方訒菴〉：「夏來讀《楊升菴集》，有〈讀升菴〉五百葉。升菴先生固是才學卓越，人品俊偉；然得弟讀之，益光彩煥發、流光於百世也。」（《續焚書》一：八）

《楊升菴集》：「余讀先生文集，有感焉。夫古之聖賢，其生也不易，其死也不易。生不易，故生而人皆仰；死不易，故死而人爾思。……聖賢之生死固大矣。余讀先生文集，欲求其生卒之年月而不得也。遍閱諸序文，而序文又不載。……吁！先生人品如此，道德如此，才望如此，而終身不得一試，故發之於文，無一體不備，亦無備不造，……余是以竊附景仰之私，欲攷其生卒死末，履歷之詳，如昔人所謂年譜者，時時置几案間，儼然如遊其門，躡而從之。」（《焚書》五：十八）

案：楊慎，字用修，別號升菴。蜀之新都人。因議大禮，跪門哭諫，謫
戍雲南。居邊地三十餘年始得歸休。生平著述百餘種：《丹鉛餘錄》、
《楊子巵言》、《升菴經說》、《升菴文集》……等是。《續藏書》卷二
六有傳。（又，詳見〈著述攷〉）

又案：今《焚書》卷五讀史之屬多有引「升菴先生曰」，「楊升菴曰」之
著，如〈陳恒弒君〉、〈鍾馗即終葵〉……等，當即此時作。

因《讀升菴集》之啓發，作〈四海〉、〈八物〉二文。〈四海〉論地理，〈八
物〉論人文；而以友朋爲譬。

〈八物〉：「夫人實難知，故吾不敢以其疑似而遂忽之，……又不敢
以其疑似而遂信之。……若其入眼即得，無復疑似，則終身不惑，
如丘長孺、周友山、梅衡湘者，固一見而遂定終身之交，不得再試
也。如楊定見、如劉近城，非至今相隨不捨，吾猶未敢信也。直至
今日患難如一、利害如一、毀謗如一，然後知其終不肯畔我以去。……
友山、……衡湘，麻城人，而麻城人不之知也。若丘長孺……則麻
城諸俗惡輩直視之爲敗家之子矣。吾謂周友山則世之所稱布帛菽粟
是也，其不知也宜也。梅衡湘則古今所稱伯樂之千里馬、王武子之
八百駿是也，其不知也亦宜也。若丘長孺，雖無益於世，然不可不
謂之麒麟鳳凰，瑞蘭芝草也。……若楊定見二子者，譬則樓臺殿閣，
未易動搖，有足貴者。……余既與諸侍者夜談至此，次日偶讀升菴
鳳賦，遂感而……推廣之，列爲八物。……吁！八物具而古今人物
盡於是矣。八物伊何？曰鳥獸草木，曰樓臺殿閣，曰芝草瑞蘭，曰
杉松梧柏，曰布帛菽粟，曰千里八百，曰江淮河海，曰日月星辰。
夫鳥獸草木之類夥矣，然無有一羽毛一草木而不堪人世之用者，……
隨所取擇，總無棄物也。是一物也。夫宮寺樓閣，山舍茅廬；基址
一也，而高低異；本植一也，而大小異；居處一也，而廣狹異。……
是一物也。夫芝草非常，瑞蘭馨香；小人所棄、君子所喜。設於世
無君子亦已。……雖無取於溫飽，而不可不謂之希奇也。是一物也。
夫青松翠柏，在在常有，經歷歲時，棟梁遂就。……與果木鬥春則
花不如，與果木鬥秋則實不如。吁！安可以其不如而易之！世有清
節之士，可以傲霜雪而不可以任棟梁者，如世之萬年青草，……此
海剛峰之徒也。是亦一物也。夫智者好奇，以布帛菽粟爲不足珍；

賢者好異，以布帛菽粟爲無異於人。唯大智大賢反是。……所謂易
簡而得理，無爲而成化，非若人之徒歟！……是又一物也。夫馬牛
麟鳳，俗眼視之，相去固甚遠也。然……世無伯樂，祇謂之馬牛而
不知其能千里也，眞可慨也！是又一物也。夫能生人又能殺人，能
貧人又能富人；江淮河海是也。利者十五，而害者亦十五；……今
世用人者知其害而不察其利，是欲堙塞天下之江河而不用之也。……
是亦一物也。……夫智如日月，皎若辰星，照見大地，物物賦成。……
器使之下，可使無不獲之夫。……此一物者，實用八物，要當以此
物爲最也。……鳴呼！此八物湯也，以爲藥則氣血兼補，皆有益於
身；以救世則百工効用，皆有益於治。用人者，其尚知此八物
哉！……」（《焚書》四：二四）

黃安有王生世本，出家依李壽菴學超生死法。至是，耿定向趣之來龍湖
依卓吾學。

耿定向〈顏子爲舜解〉：「子（僧若無，即王世本）茲往也，矢志歸
依卓吾先生。其尚眞無眞虛，恂恂然入塵垂手接引里中眾生，俾令
共明本心，同歸大道。」（《耿天台先生文集》卷七）

世本法名若無，偕其師弟來往龍湖。卓吾以出家大義告勉之。

〈書黃安二上人手冊〉：「出家者終不顧家，若出家而復顧家，則不
必出家矣。出家……爲求出世也。出世則與世隔，故能成出世事，……
出世方能度世。……非但釋迦，即孔子亦然。孔子之於鯉，死也久
矣，是孔子未嘗爲子牽也。鯉未死而鯉之母已卒，是孔子亦未嘗爲
妻繫也。三桓薦之而孔子不仕，……視富貴如浮雲，唯與三千七十
遊行四方，……是雖名爲在家，實終身出家者矣。……今我自視聰
明力量既遠不逮二老矣，而欲以悠悠之念證佛祖大事，多見其不自
量也，上人又何爲遠來乎？二上人來此，欲以求出世大事，余何以
告之？第爲書釋迦事，又因其從幼業儒，書孔子事以爲譬。欲其知
往古，勉將來，以不負此初志而已也。」（《焚書》三：三十六）

已而，見其念佛精勤，於是又書〈高潔說〉以示之。

〈高潔說〉：「余性好高，好高則倨傲而不能下。然所不能下者，不
能下彼一等倚勢仗富之人耳；否則稍有片長寸善，雖隸卒人奴，無
不拜也。余性好潔，好潔則狷隘而不能容。然所不能容者，不能容

彼一等趨勢諂富之人耳；否則果有片善寸長，縱身為大人王公，無不賓也。……今世齟齬者，皆以余狷隘而不能容，倨傲而不能下。……今黃安二上人到此，人又必且以我為偏愛矣。……然二上人實知余之苦心也。實知余……非以二上人之才，實以二上人之德也。非以其聰明，實以其篤實也。故有德者必篤實，篤實者必有德，二上人何患乎？二上人師事李壽菴，壽菴師事鄧豁渠。鄧豁渠志如金剛，胆如天大，學從心悟，智過於師；故所取之徒如其師，其徒孫如其徒。吾以是卜之，而知二上人之必能為我出氣無疑也。故作好高好潔之說以貽之。」（《焚書》三：十四）

汪本鈳初來湖上，拜見卓吾，卓吾留之讀書三月。

汪本鈳〈卓吾先師告文〉：「乙未年，始見師於龍湖。鈳少慕仙術，意師為神仙中人。及見師，乃知師非養生者。厥後師語鈳曰：『丈夫生於天地間，太上出世為真佛，其次不失為功名之士。若令當世無功，萬世無名，養此狗命，在世何益。不如死矣。』留鈳讀書龍湖三月，夜談易一卦。」（《李卓吾遺書、附錄》）

案：汪本鈳，字鼎甫，新安人。卓吾晚年常伴之侍者。（詳見〈師友攷〉）

汪歸後，卓吾寄書與其鄉先達潘士藻，託其栽培。

〈與潘雪松〉：「汪鼎甫讀書人也，會讀書，又肯讀書，政好在此讀書，而家人來催回赴試矣。試中當自識拔，不勞公彙薦，但勞公先容也。鼎甫沈潛樸實似一塊玉，最好彫琢；願公加意礱礪之，勿以酸道學灌其耳，假道學群侶汩其未彫未琢之天也。」（《續焚書》一：三八）

麻城有梅澹然等，捨宅為精舍，出家為尼。或有以其為女子，不堪學道者；卓吾論答，以為不可輕女子。

〈答以女人學道為見短書〉：「謂人有男女則可，謂見有男女豈可乎？謂見有長短則可，謂男子之見盡長，女人之見盡短，又豈可乎？……自今觀之……邑姜以一婦人而足九人之數，不妨其與周、召、太公之流並列為十亂；文母以一聖女而正二南之風，不嫌其與散宜生、太顛之輩並稱為四友。彼區區者特世間法，……而況學出世道，欲為釋迦老佛、孔聖人朝聞夕死之人乎？……此等遠見女子，正人家吉祥善瑞，非數百年積德未易生也。……龐公，爾楚產之衡陽人也，

與其婦龐婆、女靈照同師馬祖，求出世道，卒致先後化去，作出世
人，爲今古快事。願公師其遠見可也。……」（《焚書》二：十八）

案：梅澹然，中丞梅國楨之女。出家後與其師友善因、自信等，時來請
問法義。後輯刻，即爲〈觀音問〉（《焚書》卷四）。

是年，卓吾年近七旬，自以旦暮且死矣，因先豫爲之約。其時，龍湖上
院、下院二寺常住，約莫有三、四十人之譜。人多事雜，因詳列細述。

一、早晚功課。具上院約束冊中，不復再列。

一、早晚山門：山門照舊關鎖。非水火緊急，不得擅開；非熟客與
檀樾爲燒香禮拜來者，不得擅開。若爲看境而來，境在湖上之
山、潭下之水，盡在上院山門之外，任意請看，不勞敲門與開
門也。……何也？山僧不知敬客禮數，恐致得罪耳。

一、早晚禮儀：除挑水舂米作務照常外，其餘非禮佛即靜坐也，非
看經即經行念佛也，……豈可效鄉間老以爲無事，便縱意自在
乎？……有飯吃飯，無飯吃粥；……化不出粥則化出菜，化不
出菜則端坐而餓死。……此時不肯餓死，後日又不飽死不病死
乎？總有一日死，不必怕餓死也。即不怕餓死，又胡爲乎終日
馳逐乎？……是故不許輕易出門。……不但身心安閒，志意專
一，久則自覺便宜，亦不耐煩見世上人矣。……閉門靜坐，寂
然無聲。終年如是，神猶欽仰，何況於人。太上出世爲眞佛，
其次亦不爲世人輕賤，我願足矣。……

一、早晚佛燈：夫燈者，所以繼明於晝夜，而並明於日月者也。……
故今只令然燈於夜，晝則不敢然，以佛常如日也。只令然燈於
晦，望之前後十餘夜即不敢然，以佛之常如月也。唯鄰晦朔前
後半餘月，然燈徹旦，以佛之常如燈也。……足稱日月燈明佛
矣。

一、早晚鐘鼓：夫山中之鐘鼓，即軍中之號令、天中之雷霆也。電
雷一奮則百穀草木皆甲坼；號令一宣則百萬齊聲、山川震
沸。……縱有雜念，一擊遂忘；縱有愁思，一撾便廢，……所
係非鮮淺也。可聽小沙彌輩亂敲乎？……聲音之道原與心通，
未有平素律行僧寶而鐘鼓之音不清越而和平也。既以律行起人
畏敬於先，又聽鐘鼓和鳴於清晨良宵之下，……時時薰心，……

朝朝暮暮感悦。故有不待入門禮佛見僧而潛修頓改者，此鐘鼓之音爲之也，所系誠非細也。

一、早晚守塔：封塔後即祀木主，以百日爲度，早晚俱燒香，……我生平不愛人哭哀哀……作婦人女子賤態。丈夫漢喜則清風朗月，……怒則迅雷呼風，……安得有此俗氣，況出家人哉。……我愛書，四時祭祀必陳我所親校正批點與纂集鈔錄之書……。……我有〈西方訣〉，最說得親切，念佛求生西方者，須知此趣向，……方爲眞修西方之人。

一、感慨平生：我……出家，……蓋大有不得已焉耳，非以出家爲好而後出家也，亦非以必出家乃可修道然後出家也，……緣我平生不愛屬人管，……既棄官，又不肯回家，乃其本心實意。……余唯以不肯受人管束之故，然後落髮……，爾等切勿以落髮爲好事，而輕易受人布施也。……余唯以不受管束之故，受盡磨難，一生坎坷，將大地爲墨，難盡寫也。爲縣博士，即與縣令、提學觸；爲太學博士，即與祭酒、司業觸，……最後爲郡守，即與巡撫王觸、與守道駱觸。……此余平生之大略也。上之不能如東方生之……含詬忍恥、遊戲仕路；最上又不能如胡廣之中庸，……馮道之五代。貪祿而不能忍詬，其得免於虎口，亦天之幸耳。既老而思勝算，就此一著，已非上策。……故余嘗謂世間有三種人決宜出家。……如梅福之徒，以生爲我酷、形爲我辱，……的然見身世之爲贅疣，不得不棄官而隱……者，一也。又有一種，如嚴光、阮籍、陳搏、邵雍輩，苟不得比于呂尚之遇文王，管仲之遇齊桓、孔明之遇先主，……則寧隱不出。……是以孔子終身不仕而隱也。……又有一種，則陶淵明輩是也。亦貪富貴，亦苦貧窮。苦貧窮故以乞食爲恥，……愛富貴故求爲彭澤令，……然無奈其不肯折腰何！……懷林……問曰：「……和尚於此三種何居？」余曰：「卓哉！梅福莊周之見，我無是也！……必有蓋世眞才，我無是才也，故亦無是見也。其唯陶公乎？」夫陶公清風千古，余又何人，敢稱庶幾？然其一念眞實，受不得世間管束，則偶與同耳！（《焚書》四：三十）

案：〈豫約小引〉稱「余年已七十」，而今繫〈豫約〉於今（六十九歲）
　　年者，據其〈與方訒菴〉（《續焚書》一：八）書。該書作於今年秋
　　後，書中已提及〈豫約〉，故知小引所稱「七十」，蓋舉成數為說。

是年，皇長子出閣。詔簡焦竑任東宮講讀官。

袁宗道集友呈一帛來，以為明年七十壽賀。（〈與卓老之四〉、《李溫陵外紀》
卷四）

袁宏道於是年抵吳任縣令。

馬經綸（誠所）於是年，因神宗尋端罪言官，抗疏言之，被斥為民。（詳
〈師友攷〉）

【著作】

書：《孫子參同》，《讀升菴集》，《觀音問》。

文：〈孫子參同序〉（《李溫陵集》十：十一），〈楊升菴集〉（《焚書》五：
　　十八），〈蜻蛉謠〉（《焚書》五：十九），〈唐貴梅傳〉（《焚書》五：
　　二十），〈伯夷傳〉（《焚書》五：二三），〈封使者〉（《焚書》五：二
　　七），〈宋統似晉〉（《焚書》五：二八），〈逸少經濟〉（《焚書》五：
　　二九），〈孔北海〉（《焚書》五：三十），〈鍾馗即終葵〉（《焚書》五：
　　三二），〈黨籍碑〉（《焚書》五：三六），〈荀卿李斯吳公〉（《焚書》
　　五：三八），〈陳恒弒君〉（《焚書》五：四一），〈文公著書〉（《焚書》
　　五：四四），〈四海〉（《焚書》四：二三）〈八物〉（《焚書》四：二四），
　　〈書黃安上二人手冊〉（《焚書》三：三六），〈高潔說〉（《焚書》三：
　　十四），〈與潘雪松〉（《續焚書》一：三八），〈與方伯雨柬〉（《焚書》
　　二：二四），〈答以女人學道為見短書〉（《焚書》二：十八），〈豫約〉
　　（《焚書》四：三十），〈與方訒菴〉（《續焚書》一：八），〈為黃安二
　　上人三首〉（《焚書》二：四五）

【附案】

明年秋後，卓吾復離龍湖出遊西北。茲總彙此期間所作詩文之無月日可
繫者於左：

文：〈寒燈小話〉（《焚書》四：三一），〈與曾繼泉〉（《焚書》二：七），〈復
　　丘若泰〉（《焚書》一：八），〈夫婦論〉（《焚書》三：四），〈鬼神論〉
　　（《焚書》三：五），〈戰國論〉（《焚書》三：六），〈兵食論〉（《焚書》

三：七），〈四勿說〉（《焚書》三：十一），〈虛實說〉（《焚書》三：
十二），〈五死篇〉（《焚書》四：二五），〈傷逝〉（《焚書》四：二六），
〈與周貴卿〉（《續焚書》一：四六），〈與夏道甫〉（《續焚書》一：
四九），〈復夏道甫〉（《續焚書》二：十九）

詩：〈富莫富於常知足〉（《焚書》六：二），〈題繡佛精舍〉（《焚書》六：
六）

萬曆二十四年丙申（1596）七十歲

僧若無原有慈母孀居在堂。出家後，於去年奉耿定向命來依龍湖。今，
其侶趣之遠遊。其母張氏泣為書以示。

〈為黃安二上人〉：「黃安上人，為有慈母孀居在堂，念無以報母，
乃割肉出血寫願文對佛自誓，欲以此生成道，報答母慈。以謂溫清
雖孝，終是小孝，……即勉強勤學，成就功名，以致褒崇，亦是榮
耀他人耳目，未可以拔吾母慈於苦海。」（《焚書》二：四五）

耿定向〈書孝節傳〉：「……既而，其侶趣之遠遊，其母泣為書以示
之。」（《耿天台文集》卷十六）

卓吾讀其書而大感動，以為學道成佛必先行孝。

〈讀若無母寄書〉云：「若無母書云：『我一年老一年，八歲守你，
你既捨我出家也罷，而今又要遠去。你師父當日出家，亦待終了父
母，纔出家去。……安處就是靜處，如何只要遠去以求靜耶？……
你想道情，我想世情；世情過得，便是道情。……你試密查你心……
安得他好，就是常住，就是金剛。……被境轉了，就是你不會安心
處。你倒不去住心地，只要去住境地。吾恐龍潭不靜，要住金剛；
金剛不靜，更住何處耶？……如果在境，當住金剛；如果在心，當
不必遠去矣。你心不靜，莫說到金剛，縱到海外，亦不靜也！』卓
吾子讀而感曰：恭喜家有聖母，膝下有真佛，夙夜有心師，所矢皆
海潮音……顛撲不可破。……反思向者與公數紙，皆是虛張聲勢，
恐嚇愚人，與真情實意何關乎！乞速投之水火。……又願若無張掛
爾聖母所書一紙，時時令念佛學道人觀看，則人人皆曉然去念真佛，
不肯念假佛矣。……念佛者必修行，孝則百行之先。若念佛名而孝
行先缺，豈阿彌陀亦少孝行之佛乎？決無是理也。……言出至情，

自然刺心、……自然令人痛哭，想若無必然與我同也。……」（《焚
書》四：八）

　　或有疑卓吾混世情、道情者，問於耿定向。耿以本心之然，聖凡所同，
贊卓吾之說。

　　　耿定向言：「或問：『張媼止子遠遊，亦世凡夫情耳！何當卓吾讚歎
　　如是？』曰：「母之念子，子之依母，直此本心、聖凡同也。試問天
　　下善知識，除卻此類慈孝心，別有本心否？除卻本心，更有別股聖
　　學佛法否？……嘻！本心之難言矣！《金剛經》，眾生持誦者夥矣，
　　惟惠能一聆人誦而悟……，孟子四端之說，學者咸誦習之矣，惟慈
　　湖一聆象山指而悟……，比吾黨見張媼書，大都漠然無味矣；乃李
　　卓吾聞之便讚歎如是。惟卓吾生平割恩愛、棄世紛，今年至七旬矣，
　　乃能返本如是；若予今乃彌留待盡之日，所謂人窮反本者，以此聞
　　卓吾讚歎張媼言，亦大生歡喜如是也。」（《耿天台文集》卷十九）

　　春夏之交，巡道史氏臨麻城。方抵縣便謂卓吾大壞風化，欲逐之去。

　　　〈答來書〉：「來書云：『昨巡道史臨縣，即對士大夫說：「李卓吾去
　　否？此人大壞風化，若不去，當以法治之。」』」（《續焚書》一：二
　　二）

　　　〈與周友山〉：「住居隔縣三十餘里，終歲經年未嘗接見一人，……
　　不知孤遠老叟化飯而食，安坐待斃，於風化何損也！……出家之人
　　所如之地，盡興則去，豈待不合？……然我若去，何須遞解；我若
　　不去，亦無人解得我去也。……老矣，可以死矣，不須去也。……
　　又我性本柔順，學貴忍辱，故欲殺則走就刀，欲打則走就拳，欲罵
　　則走而就嘴；是知進就，不知退去，孰待其遞解以去也！……〈觀
　　音問〉中有二條佛所未言，倘刻出，亦於後生有益。此間澹然固奇，
　　善因、明因等又奇，真出世大丈夫也。男女混雜之揭，將誰欺，欺
　　天乎？」（《續焚書》一：十九）

　　先是，劉東星（晉川）公於去年丁父憂，讀禮山中。因遣人欲迎養卓吾。
至是，不克前往矣。只欲走黃安赴耿定向前多之約。以免逃避之嫌。

　　　〈與城老〉：「本選初十日吉，欲赴沁水（劉晉川）之約，聞分巡之
　　道欲以法治我，此則治命，決不可違也；若他往，是違治命矣，豈
　　出家守法戒者之所宜乎！……大抵七十之人，平生所經風浪多矣；

　　平生所貴無事，而所不避者多事。……自天台與我再合幷以來，一
　　年矣。今又幸有此好司道知我，是又不知何處好風吹得我聲名入於
　　分巡之耳。爲之忻幸者數日，更敢往山西去耶！只有黃安訂約日
　　久，……原約住至臘盡，……黃安此去不遠，有治命總不曾避。……」
　　（《續焚書》一：二五）

而因避嫌故，黃安終亦未行。

　　〈與耿克念〉：「我欲來已決，然反而思之，未免有瓜田之嫌，恐或
　　以我爲專往黃安求解免也，是以復報不行。」（《續焚書》一：二六）

　　〈與耿克念〉：「前書悉達矣，嫌疑之際，是以不敢往。雖逆尊命，
　　不敢辭。……竊謂史道欲以法治我則可，欲以此嚇我他去則不可。
　　夫有罪之人……案法而究，誅之可也，……若嚇之去，是以壞法之
　　人而移之使毒害於他方也，則其不仁甚矣。……我可殺不可去，我
　　頭可斷而我身不可辱，是爲的論。……」（《續焚書》一：三三）

六月二十一，耿定向卒。年七十三。

案：巡道欲治卓吾，本無確據。多是菲薄其群聚女子說法、有傷風化云
　　云之空話耳。史道於定向執門生禮，或因定向喪事，遂擱置前事矣。

是秋，卓吾應劉東星邀，偕劉氏子肖川同赴沁水。八月抵坪上；從此夜
夜相對，討論學庸大義。

　　劉晉川〈書道古錄首〉：「比者讀禮山中……特遣兒相就龍湖問業，
　　先生欣然不遠千餘里，與兒偕來。從此山中，歷秋至春，夜夜相對……
　　問學庸大義。」（《李溫陵集》十：九附）

　　汪靜峰〈卓吾老子墓碑記〉云：「丙申歲，老子以劉司空之約至上黨，
　　余亦以校士至，約相見於上黨之精舍。」（引據容肇祖《李贄年譜》）

案：前引汪靜峰〈墓碑記〉，容氏謂據《李溫陵外紀》，然檢偉文公司影
　　明刻版《李溫陵外紀》，無此文。應係版本有別。

除夕，於坪上某道場結期念佛。

　　〈除夕道場即事三首〉。其一曰：「眾僧齊唱阿彌陀，人在天涯歲又
　　過，但道明朝七十一，誰知七十已蹉跎。」其二：「坪上相逢意氣多，
　　至人爲我飯樓那，燒燈熾炭紅如日，旅夕何愁不易過。」（《焚書》
　　六：三四）

【著作】

文：〈讀若無母寄書〉（《焚書》四：八），〈答來書〉（《續焚書》一：二二），
〈與周友山〉（《續焚書》一：十九），〈與馬伯時〉（《續焚書》一：
三七），〈答梅瓊宇〉（《續焚書》一：三一），〈與城老〉（《續焚書》
一：二五），〈答周友山〉（《續焚書》一：三五），〈與耿克念〉（《續
焚書》一：二六），〈與耿克念〉（《續焚書》一：三三），〈答高平馬
大尹〉（《續焚書》一：六一），〈與汪鼎甫〉（《續焚書》一：七二），
〈答馬侍御〉（《續焚書》一：二三），〈答友人書〉（《續焚書》一：
十一）

詩：〈讀書樂〉（《焚書》六：一），〈觀音問〉（《續焚書》五：十一），〈郭
有道與黃叔度會遇處〉（《續焚書》五：十二），〈渡黃河〉（《續焚書》
五：二四），〈中州第一程〉（《焚書》六：四六），〈詠史〉（《焚書》
六：四七），〈觀漲〉（《續焚書》五：五一），〈雨甚〉（《續焚書》五：
六九），〈贈兩禪客〉（《焚書》六：四二），〈中秋對月寫懷〉（《續焚
書》五：六二），〈八月雨雪似晉老和之〉（《續焚書》五：八十），〈初
雪〉（《續焚書》五：七十），〈秋懷〈《焚書》六：六五），〈九日坪上〉
（《焚書》六：三三），〈至日自訟謝主翁〉（《焚書》六：四），〈閑步〉
（《焚書》六：六六），〈雪後〉（《續焚書》五：五九），〈除夕道場即
事〉（《焚書》六：三四）

萬曆二十五年丁酉（1597）七十一歲

春節，原擬閉關，然塵心未了，仍出戶拜年。

〈閉關〉：「閉關正爾為參禪，一任主人到客邊，無奈塵心猶不了，
依然出戶拜新年。」（《焚書》六：三五）

正日，劉東星六十壽誕。作序壽之。

〈壽劉晉川六十序〉：「歲丁酉春正月，劉晉川之壽六十。其弟若任
先二日為壽於堂，呼余。余不知其為壽筵也，蒙袂踏雪而至。」（《續
焚書》二：五）

開春後，輯是多所講錄者成書，曰：《明燈道古錄》。

〈道古錄引〉：「……坪上去沁百里……頗岑寂。……天寒夜永，語
話遂長。或時予問而晉川答，或時晉川答而予應。……晉川之子用
相用健者二人，有時在坐，與聞之而心喜，……退而咸錄其所聞之

最親切者。……時日既多，積久亦成帙，予取而覆視之，……歎曰：
是錄也，乃吾二人明燈道古之實錄也。……遠之不足以繼周邵，近
之不足以繼陳王，然此四先生者精爽可畏，亦必喜而讀之曰……是
猶在門庭之內也，真不謬爲吾家的統子孫也。……吾二人幷其二子
不虛度時光也與哉！……」（《李溫陵集》十：九）

案：《道古錄》所論皆六籍性命大義。上下二卷合共四十四章。或釋人心
　　道心，或釋行道明道，或釋格物、或釋正心，或釋尊德性，或釋中
　　庸、中和……大抵恪守孔門義旨，以學庸一貫爲說。今收《李溫陵
　　集》中，中研院亦藏別行本。

清明，坪上起壇度脫鬼倫，卓吾代作〈祭無祀文〉。（《焚書》三：三十）

是春，袁宏道令吳滿只百日，去官。與密友陶石簣作東南遊。

是春夏，梅國楨自大同派人來接，因赴雲中。

〈客吟四首〉。其一：「昨朝坪上客，今宵雲中旅，旅懷日不同，客
夢翻相似。」其二：「少小離鄉井，欲歸無與同，正是狎鷗老，又作
塞上翁。」（《續焚書》五：九）

中元節，抵大同。

〈乾樓晚眺三首〉。其一：「呼朋萬里外，拍手層雲間，塞晚浮煙重，
天空歲月閒。斷雲迷古戍，落日照西山。幸有聲歌在，更殘且未還。」
其二：「憑高一灑衣，望遠此何時。正是中元節，兼聽遊女悲。杯乾
旋可酌，曲罷更題詩。願將北流水，彈與鍾子期。」其三：「中丞綏
定後，攜我共登臨；所喜聞謠俗，非干懷壯心。山雲低薄暮，樓日
壓重陰，欲歸猶未可，此地有知音。」（《焚書》六：六八）

梅國楨乃萬曆二十年平定靈夏兵變之功臣，固知兵事也。於是卓吾出前
半年湖上所纂《讀孫武子》（即《孫子參同》）示之。梅讀而喜，於是梓行之。

梅客生〈孫子參同序〉：「兵猶禪也，極其用，海墨書而不盡；究其
精，即一言不可得。古今兵法無慮數十百家，世所尊爲經者七而首
孫子。……余友禿翁先生，深於禪者也，于兵法獨取孫子，於註孫
子獨取魏武，而以餘六經附於各篇之後。註所未盡，悉以其意明之；
可謂集兵家之大成，得孫子之神解。余在雲中，始得讀之。雲中於
兵猶齊魯之於文學，其天性也。故爲廣其傳，使人知古兵法盡於七
經，而七經盡於孫子。若善讀之則十三篇皆糟粕也，況其他乎！……」

（《李溫陵外紀》卷二）

梅國楨除刊行《孫子參同》，另著人為卓吾抄謄《藏書》文稿。值劉肖川自坪上攜印就之《道古錄》來，因寄北京與耿定力覽教。

〈與耿子健（定力）〉：「劉肖川到，得《道古錄》二冊，謹附去覽教。尚有二冊欲奉弱侯，恐其不欲，故未附去，試為我問之何如？并為道《藏書》收整已訖，只待梅客生令人錄出，八月間即可寄弱侯再訂，一任代梓矣。縱不梓，千萬世亦自有梓之者，蓋我此書乃萬世治平之書，經筵當以進讀，科場當以選士，非漫然也。」（《續焚書》一：七十）

麻城書來，知龍湖少僧懷林病逝。有詩哭之。

〈哭懷林〉：「南來消息不堪聞，腸斷龍堆日暮雲！當日雖然扶病去，來書已是細成文。」其二：「年少才情亦可誇，暫時不見即天涯，何當棄我先歸去，化作楚雲散作霞。」其四：「年在桑榆身大同，吾今哭子非龍鍾，交情生死天來大，絲竹安能寫此中。」（《焚書》六：三七）

劉肖川既自坪上尋卓吾於雲中，卓吾於是書答劉東星以謝之，並告以南下行程。

〈答劉晉川〉：「令郎不痴，令郎外似痴而胸中實秀穎，包含大志，特一向未遇明師友耳。自到此，笑語異常，心廣體胖矣。……僕已決意從潞河買舟南適，令郎想必送我到彼，安穩停當，然後回還是的也。」（《續焚書》一：六三）

八月，偕劉肖川自大同走居庸關。

〈晚過居庸〉：「重門天險設居庸，百二山河勢轉雄。……燕市即今休感慨，漢家封事已從容。」（《焚書》六：七七）

九月，抵通州。原擬直接南下，後因事遂往京城一會舊友。

〈與潘雪松〉：「本欲往南，又欲往豫章會未會諸友矣。傍徨未定，復同肖川至潞河登舟，獲遂見老丈於城下。雖非僕之得已，然亦可遂謂僕之無可奈何哉！士為知己者死，即一見知己而死，死不恨矣。所欲暫傍西山僧舍，已託叔臺丈遣使尋討矣。至日倘遣一使迎我二人，亦大幸也。」（《續焚書》一：五九）

〈與耿叔臺（定力）〉：「弟因肖川促歸，遂亦悽然。重念老丈向者之

恩未報，今咫尺而不一見，非情也。約以是月同發，一面容顏乃別……
先此奉聞。倘得近西山靜僻小小僧舍一寄信宿，……是所望於執事
者；想念故人必無爽也。」（《續焚書》一：六六）

九月九日，抵西山極樂寺。既至，聞袁宏道將北來，喜而賦詩。

〈九日至極樂原聞袁中郎且至因喜而賦〉：「世道由來未可孤，百年
端的是吾徒。時逢重九花應醉，人至諭心病亦蘇。……黃金臺上思
千里，爲報中郎速進途。」（《焚書》六：七八）

極樂寺主爲卓吾舊友，二十餘年闊別，感而有作。

〈捲蓬根〉：「我來極樂國，便閱主人公，極樂主人常在舍，暫時不
在與誰同？塵世無根若捲蓬，主人莫訝我孤踪，南來北去稱貧乞，
四海爲家一老翁。憶昔長安看花柳，如花人面今烏有，豈無易酒發
朱顏，轉眼相看盡白首。……風蕭蕭兮冢纍纍，二十七年今來歸，……
不道老翁竟爲誰，但問主人是耶非！」（《續焚書》五：一）

案：卓吾自辛未（1571）徙官南都，離北京；至今丁酉（1597）抵京，
　　恰二十七年。

居京寓極樂寺，良朋益友群集，相得甚歡。

〈復陶石簣〉：「通州馬侍御，經世才也，正理會出世事業而乏朋侶，
然異日者斷斷是國家獲濟緩急人士。吉州太和王大行，非佛不行，
非問佛不語，心無二念，動無雜思，他年一尊釋迦是的，……今世
參禪學道，未見有勇猛精進過此者。承天之陳，……用世精謹不可
當，功業日見煊赫，出世事亦留心，倘得勝友時時夾持，進未可
量。……其餘尚多，未易筆談。」（《續焚書》一：七）

是年秋，焦竑充順天鄉試副主攷。有忌者取士子牘中二三奇險語以爲壞
文體，劾之。焦竑上疏，謂分經校閱，其所指摘非所取拔；力辨其無。事不
得白，謫福寧州同知。

是年，顧養謙再起、再辭。卓吾頗惜之，舉與梅國楨相較而贊評之。

〈與友人〉：「顧沖菴竟又不用矣，不用當益老。……沖菴具大有爲
之才，負大有爲之氣，而時時見大有爲之相；所謂才足以有爲，而
志亦欲以有爲者也。梅衡湘亦具大有爲之才，而平時全不見有作爲
之意，所謂無爲而自能有爲者也。……顧沖菴氣欲蓋人，而心實能
下人；梅衡湘時時降下於人，而心實看不見人。此又二公之別也，

然亦當今之傑也，未易多見也。……顧沖菴……今年六十一矣，再過五六年，恐死矣。……今日邊方漸以多事，眞才日以廢黜，不免令人扼腕而太息耳！」(《續焚書》一：五六)

汪本鈳尋師北來。

汪本鈳〈卓吾先師告文〉：「丁酉，又尋師於北京極樂寺。師問鈳曰：『子今不遠數千里而來，欲求何事？若只教爾舉子業，則我非舉業師也。』鈳茫然無以應，然出世之志，默自凜凜振起一番。」(《李卓吾遺書》附錄)

【著作】

書：《道古錄》，《孫子參同》(初刊)

文：〈壽劉晉川六十序〉(《續焚書》二：五)，〈復夏道甫〉(《續焚書》一：四七)，〈祭無祀文〉(《焚書》三：三十)，〈壽王母田淑人九十序〉(《續焚書》二：八)，〈答劉敬臺〉(《續焚書》一：十八)，〈答友人〉(《續焚書》一：二七)，〈答代州劉戶曹敬台〉(《續焚書》一：六二)，〈與李惟清〉(《續焚書》一：三九)，〈答李惟清〉(《續焚書》一：三十)，〈與耿子健〉(《續焚書》一：七十)，〈答劉晉川〉(《續焚書》一：六三)，〈與李惟清〉(《焚書》二：二十)，〈與耿叔台〉(《續焚書》一：六六)，〈與潘雪松〉(《續焚書》一：五九)，〈復陶石簣〉(《續焚書》一：七)，〈與弱侯〉(《焚書》二：二三)，〈與友人〉(《續焚書》一：五六)

詩：〈閉關〉(《焚書》六：三五)，〈元宵〉(《焚書》六：三六)，〈贈段善甫〉(《續焚書》五：七)，〈得上院信〉(《焚書》六：四三)，〈客吟四首〉(《續焚書》五：九)，〈古道通三晉〉(《焚書》六：四五)，〈晉陽懷古〉(《焚書》六：三八)，〈渡桑間〉(《焚書》六：四十)，〈過雁門〉(《焚書》六：三九)，〈初至雲中〉(《焚書》六：四一)，〈乾樓晚眺〉(《焚書》六：六八)，〈大同城〉(《續焚書》五：二九)，〈雲中僧舍芍藥〉(《焚書》六：二七)，〈哭懷林〉(《焚書》六：三七)，〈塞上吟〉(《焚書》六：二三)，〈曉行逢征東將士卻寄梅中丞〉(《焚書》六：七六)，〈晚過居庸〉(《焚書》六：七七)，〈望京懷雲中諸君子〉(《續焚書》五：七七)，〈觀兵城東門〉(《續焚書》五：一)，

　　〈至後大雪呼鄰人縫衣帶因感而賦之〉（《續焚書》五：七一），〈薊
　　北遊寄雲中歐江詞伯〉（《續焚書》五：七八）

萬曆二十六年戊戌（1598）七十二歲

　　元日，北京大雪，感而賦詩。

　　〈元日極樂寺大雨雪〉：「萬國衣冠共一新，婆娑獨占上方春，誰知
　　向關山呼日，正是飛花極樂辰。寂寂僧歸雲際寺，溶溶月照隴頭人。
　　年來鬢髮隨刀落，欲脫塵勞卻惹塵。」（《焚書》六：七九）

　　寓極樂寺日，纂有《淨土訣》三卷，蓋輯前修所誨，勸修西方法門警語
者。

　　〈老人行敘〉：「至西山極樂僧舍，則有《淨土訣》三卷書。」（《續
　　焚書》二：六）

　　〈淨土訣前引〉：「維摩大士云：『隨其心淨則佛土淨。』阿彌陀佛極
　　樂國土者，土之淨也。念阿彌陀佛極樂國土者，心之淨也。念阿彌
　　陀佛極樂隨一便生阿彌陀佛極樂國土者，隨其心淨則佛土淨也。……
　　念佛、……參禪……何以別乎？念佛者必定往生淨土矣，參禪者亦
　　豈能舍此淨土而別有所在耶？……參禪者固不待往生矣，念佛者豈
　　待有所往而後生耶？若必待有所往而後生，則是……一來一往，亦
　　是二土也，非淨也。……故知阿彌陀佛淨土即自心淨土；念佛參禪，
　　即所以自淨其心。奉勸諸學者無高視禪客而輕目淨土也。故集諸上
　　聖勸人修淨土之語而合之以淨土決。」（《李溫陵集》十：十五）

　　是春，焦竑赴福寧州抵任，卓吾因相偕放舟南邁。

　　舟過滄州，遇何泰寧。何熟讀龍溪王畿先生書已久，意欲復梓，因索全
集於竑。且請卓吾圈點其尤精要者，相約是秋專人至白下取書稿。（見後九月
事）

　　舟過聊城、武城，皆有詩詠。而舟中閑適，復選錄郭伯象之《睽車志》，
敘《說弧集》。

　　〈過聊城〉：「誰道百夫長，勝作一書生。渤海新開府，中原盡點兵。
　　倭夷兩步卒，廊廟幾公卿。不見魯連子，射書救聊城。」（《焚書》
　　六：七三）

　　〈過武城〉：「先師無戲論，一笑定千秋。白雪難同調，青雲誰見收。
　　春風吹細草，明月照行舟。魯國多男子，幾人居上頭。」（《焚書》

六：七四）

〈選錄《睽車志》序〉：「余自在秣陵時與焦弱侯同梓《感應篇》，後隱於龍湖精舍，復輯《因果錄》。今……舟中閒適，弱侯示郭伯象《睽車志》。余取其最警切者，日間細書數紙，以與眾僧觀省；夜則令眾僧誦《法華經》、念〈往生神咒〉，幷度脫水神水鬼，則晝夜皆明鬼事矣。……《睽車志》多，余所手錄者，不過十之一；不知者以爲好怪，其知者則以爲可與《因果錄》、《感應篇》同觀。若能與《感應篇》同觀，則此《睽車志》豈曰『載鬼一車』也乎哉！固太上之旨矣。」（《續焚書》二：十）

〈《說弧集》序〉：「《睽車志》，志鬼也。疑其爲鬼，則人與鬼異，遂張弧而欲射之。《說弧集》，集鬼也。集諸鬼說，直以人與鬼同，遂說弧而不之射焉。夫人直至於明不見人、幽不見鬼，則幽、明、人、鬼一以貫之矣，何生死之可了，又何涅槃之可期？彼爲無鬼之說者，又安知其非通於性命之奧者乎？」（《續焚書》二：十一）

舟過泗水，有歌風臺在焉，詩詠之。（《續焚書》五：五）

初夏，舟抵南京。抵京前彙出遊迄今所得文稿成《老人行》，並爲之序。

〈老人行序〉：「老人之……捨（龍湖）而北遊，……何其愈老而愈不憚勞也？……大較余之初心，不是欲人成佛便是欲人念佛耳，而人多不信，可如何？……而謗佛沸騰，憂患叢生，……雖不欲卒老於行，又可得耶！余是以足跡所至，仍復閉戶獨坐，不敢與世交接。既不與世接則但有讀書耳。故或諷誦以適意，而意有所拂則書之；或俯仰以至慨，而所慨勃勃則書之。故至坪上，則有《道古錄》四十二章書；至雲中，則有《孫子參同》十三篇書；至西山極樂僧舍，則有《淨土訣》三卷書。隨手輒書，隨書輒梓，不能禁也。又有《坡公年譜及後錄》三卷，陳正甫約以七八月余到金陵來索。……今幸偕弱侯聯舟南邁，舟中無事，又喜朋蓋，不復爲閉戶計矣。括囊底，復得遺草彙二冊而題曰《老人行》，不亦宜歟！夫老人初心，蓋欲與一世之人同成佛道，同見佛國而已，著書立言非老人事也。而書日益多，言日益富，何哉？然而老人之初心至是亦徒然耳。則雖曰老人行，而實則窮途哭也，雖欲不謂之徒然不可矣。雖然，百世之下，倘有見是書而出涕者，……則所著之書猶能感通於百世之下，……

則此老人行也，亦豈可遂謂之徒然也乎哉！」（《續焚書》二：六）

案：《老人行》未刊傳。意其應即《續焚書》之初編本。

抵南都，暫寓焦竑府。聞顧養謙夫人訃。焦竑與卓吾遣使弔慰。

> 焦竑〈答顧中丞〉：「夏初……抵家，始聞尊夫人之變。與卓吾議遣
> 一人奉慰。趦趄未行，乃爲門下所先，益愧慊不自安也。……緬維
> 戎馬郊生，運籌無主；如門下者，尚使之高臥東山，時事可知矣。」
> （《澹園續集》卷五）

> 〈書使通州詩後〉云：「某奉別公近二十年矣，別後不復一致書問，
> 而公念某猶昔也。推食解衣，至今猶然。然則某爲小人，公爲君子，
> 已可知矣。方某之居哀牢也，盡棄交遊，獨身萬里，戚戚無歡，誰
> 是諒我者？其並時諸上官，又誰是不惡我者？非公則某爲滇中人，
> 終不復出矣。夫公提我於萬里之外，而自忘其身之爲上，故某亦因
> 以……自忘其身之爲下也。則豈偶然之故哉！嗟嗟！公天人也，而
> 世莫知；公大人也，而世亦莫知。……目今倭奴屯結釜山，自謂十
> 年生聚、十年訓練，可以安坐而制朝鮮矣。今者援之，中邊皆空，
> 海陸並運，八年未已；公獨鼇釣通海，視等鄉鄰，不一引手投足，
> 又何其忍耶！非公能忍，世人固已忍舍公也。……」（《焚書》二：
> 四三）

> 〈使往通州問顧沖菴〉：「滇南萬里憶磋磨，別後相思聽楚歌。樓拱
> 西山庭履滿，尊空北海酒人多。一江之水石城渡，八月隨潮揚子過。
> 今日中原思將相，謝公無奈蒼生何。」其二：「一擲曾經百萬呼，良
> 宵與誰共驦娛？人來但囑加餐飯，書到亦應問老夫。已約青春爲伴
> 侶，定教白髮慰窮途。請公更把上蒼禱，不信倭夷更有無。」（《續
> 焚書》五：八二）

案：顧爲南通州人。通州有二，近京城東者爲通州，俗稱潞河，卓吾後
　　即被執於此。此通州則在今江蘇泰興縣東，故又稱南通州以別於順
　　天府之通州。顧爲滇時故識。（詳〈師友攷〉）。

既而，移宿永慶寺。寺旁有定林庵，創庵者僧定林，爲卓吾舊識，今庵
存人去，感而有記。

> 〈定林庵記〉：「余不出山久矣，萬曆戊戌，從焦弱侯至白下，詣定
> 林庵，而庵猶然無恙者。……定林創庵甫成即舍去……之楚，訪余

於天中山；而遂化於天中山。……夫定林，白下人也。自幼不茹葷
血，又不娶，……當時所謂周安其人也。……後二年，余來金陵，
獲接周安。

……弱侯……約余及管東溟諸送周安於雲松禪師披剃爲弟子，改法
名曰定林。……夫從古以來，僧之有志行者亦多，……余獨怪其不
辭卑賤而有志於聖賢大道也。故曰：『賤莫賤於不聞道。』定林自視
其身爲何如者，故眾人卑之以爲賤，而定林不知也。今天下冠冕之
士，儼然而登講帷，口談仁義、手揮塵尾，可謂尊且貴矣，而能自
貴者誰歟！況其隨從於講次之末……，又況於僕廝之賤，必欲爲聖
人然後已者耶！古無有矣。……遂爲之記。」（《焚書》三：十三）

案：永慶爲棲霞寺所屬中刹，在金陵東北棲霞山麓。定林庵爲棲霞所屬
　　小刹。（《金陵梵刹志》）

金陵名勝如謝公墩、清涼寺，皆訪遊，有詩詠之。

〈初往招隱堂堂在謝公墩下三首〉：「到來招隱處，暑病日相尋。地
故稱江左，人猶似越吟。輕風生細竹，初月掛禪林。謝公墩尚在，
一眺便沾襟。」其二：「盡日阿蘭若，吾生事若何！白雲留客易，黃
髮閱人多。鳥爲高飛倦，墩因向晚過。無邊苦作海，曷不念彌陀。」
（《續焚書》五：七三）

〈和壁間韻四首〉，其三「一句阿彌陀，令人出愛河。謝公墩上草，
王子竹前坡。不用登山屐，寧容掩鼻歌。人生何太苦，三伏幾時過？」
其四：「如何初夏日，毒暑便侵淫。地接清涼寺，人懷渴仰心。風高
翻恨扇，樹密只藏禽，豈是群仙降，相將欲鍊金。」（《續焚書》五：
五七）

清涼寺位清涼山上。山上有鄭一拂先生祠，乃焦竑昔日讀書寺所整建者。
卓吾瞻拜既歸，有書與焦竑論鄭先生，因及爲政之道。

〈與焦弱侯書〉：「昨閑步清涼，瞻拜一拂鄭先生祠。……夫先生王
半山（安石）門下高士也，受知最深，其平日敬信半山亦實切至；
蓋其心俱以民瘼爲急、國儲爲念。但半山過於自信，反以憂民愛國
之實心，翻成毒民誤國之大害。先生切於目擊，乃不顧死亡誅滅之
大禍，必欲成吾吳、越同舟之本心；卒以流離竄逐，年至八十，然
後老此山寺。故余以爲一拂先生可敬也。……今天下之平久矣，中

下之士肥甘是急，全不知一拂爲何物，無可言者；其中上士砥礪名
行，一毫不敢自離於繩墨，而遂忘卻鹽梅相濟之大義；則其視先生
爲何如哉！余以爲一拂先生眞可敬也，余之景行先哲，其以是
哉！……」（《焚書》二：三五）

端午佳節，李士龍偕焦竑攜粽過訪。（《焚書》六：二八）

仲夏，楊起元（復所）趣高足余永寧、吳世徵來寺問學。一季話語，編
錄而成〈永慶答問〉。

余永寧、吳世徵，〈永慶答問〉：「萬曆戊戌仲夏，古歙余永寧、吳世
徵同遊白下，問學於楊復所先生。先生謂曰：『溫陵李卓老，今之善
知識也，現寓永慶寺中，……何不亟請見？』……寧、徵涓日偕洪
石夫、汪震甫謁卓老。」（《李溫陵外紀》卷一）

焦竑〈永慶答問序〉：「此編皆禿翁尋常情狀，被余常吉、吳得常兩
人等閒拈出，便如傳燈數則公案。蓋非禿翁不能道，非兩人亦不能
述也。」（《李溫陵外紀》卷一）

案：是編與袁中道所錄《柞林紀譚》相類，同爲問答語錄，記其言談情
狀眞切。言談多論修行、發智慧事。如論好名：「卓老曰：好名何害。
好名乃世間一件好事。……從古大聖人俱以名教率天下。曰名法曰
名義曰名節……，無非所以引誘世人。若沒有名就難處了，何以教
化得天下萬世。如老曰：太上無名。卓老曰：無名又自更好，無名
乃天地之始，誰敢。良久，回視諸友曰：我纔說的是狂話，大家莫
聽我，只重在名教上好。」又，「一友見卓老，問：你要做聖人麼？
其友方辭遜。卓老曰：聖人也沒有異樣；常人多是說空頭話的人，
聖人只是個不說空頭話的人。」（〈永慶答問〉，《李溫陵外紀》卷一）

余、吳來訪後，卓吾有書勉勵，告以尋師訪友之重要。

〈與吳得常〉：「學道人腳跟未穩當，離不得朋友；腳跟既穩當，尤
離不得朋友。……友者有也，故曰道德由師友有之。……然世間眞
實友難得，而同志眞實友尤其難得。古人得一同志，勝於同胞，良
以同胞者形，而同志者可與踐其形也。孔孟走遍天下……無非爲尋
同志耳。昨見余常吉，誠是足下同志？……時不待人，願與常吉勉
之。」（《續焚書》一：二一）

顧養謙邀訪通州，卓吾以年老不便婉拒之。

〈復顧沖菴翁書〉:「某非負心人也。公蓋世人豪,四海之內⋯⋯無
不願奔走追陪,藉一顧爲重、歸依以終老也,況於不肖某哉。⋯⋯
自隱天中山以來⋯⋯求師訪友,未嘗置懷,而第一念實在通海。但
老人出門大難。詎謂公猶惓惓念之邪?」(《焚書》二:四一)

八日,陳正甫索所編《坡公年譜幷後錄》付刻。

〈老人行敘〉:「有《坡公年譜幷後錄》三卷,陳正甫約以七八月余
到金陵來索。」(《續焚書》二:六)

案:《坡仙集》係成編於萬曆十七年(1589),《坡公年譜、後錄》則著年
不詳。細玩〈老人行敘〉,似是萬曆二十四年(1596)北遊以後,二
十六年(1598)抵南都前所作。

九月,何泰寧如約著人來金陵取《龍溪文錄抄》。卓吾圈點其精要者,並
序付之。

〈龍溪先生文錄抄序〉:「龍溪王先生集共二十卷,無一卷不是談學
之書;卷凡數十篇,無一篇不是論學之言。夫學問之道,一言可蔽,
卷若積至二十,篇或累至數十,能無贅乎?然讀之忘倦,卷卷若不
相襲,覽者易盡,何也?蓋先生學問融貫,溫故知新,若滄洲瀛海,
根于心、發于言,自時出而不可窮,自然不厭而文且理也。而其誰
能贅之歟!故余嘗謂先生此書,前無往古、今無將來,後有學者可
以無復著書矣,蓋逆料其絕不能修達明顯一過於斯也。⋯⋯今春余
偕焦弱侯放舟南邁,過滄洲,見何泰寧。泰寧⋯⋯命余圈點其尤精
要者,曰:『吾先刻其精者以誘之令讀,然後梓其全以付天下後世。
夫先生之書,一字不可輕擲,不刻其全則有滄海遺珠之恨;然簡帙
浩繁,將學者未覽先厭,又不免有束書不觀之歎。必先後兩梓,不
惜所費,然後先生之教大行。蓋先生之學具在此書,若苟得其意則
一言可畢,何用二十卷;苟不肯讀,則終篇亦難,又何必二十卷也。
但在我後人,不得不冀其如此而讀,如此而終篇,又如此而得意于
一言之下也。』⋯⋯遂付書。⋯⋯」(《焚書》三:二五)

是秋,陶石簣有書寄焦竑,提及留卓吾長住金陵之方,恐卓吾招忌於地
方學紳也。

陶石簣〈與焦漪園〉:「世上眼珠小不能容人,況南京尤聲利之場,
中間大儒老學崇正闢異以世教自任者尤多,恐安放卓老不下,丈須

善爲之計。弟意牛頭攝山諸處，去城稍遠，每處住幾時；意厭倦時
輒易一處，無令山神野鬼得知蹤迹，則卓老自然得安，或不遂興歸
思也。」（《李溫陵外紀》卷四）

是年，聚群友讀易，汪本鈳錄記之。（此即後日刊刻之《易因》）

　　汪本鈳〈卓吾先師告文〉：「丁酉（1597），……尋師於北京極樂寺。……
　　明年（1598）春，師同弱侯焦先生抵白下。……時方伯雨（時化）
　　師，挈家往就學焉。師因與方師日夜讀易不倦。白下馬伯時（逢暘）
　　先生，日往請正，聽至夜分始散。鈳……從旁作記載人。……」（《李
　　卓吾遺書》附錄）

楊鳳里（定見）自龍湖來，喜而賦詩。

　　〈喜楊鳳里到攝山〉：「十年相守似兄弟，一別三年如隔世。今日還
　　從江上來，孤雲野鶴在山寺。」其二：「隱別龍湖才幾時，天涯霜雪
　　淨鬚眉。君今復自龍湖至，鬢裡有絲君自知。」（《焚書》六：四九）

【著作】

書：《淨土訣》，《選錄睽車志》，《老人行》，《永慶答問》（余永寧等編錄），
　　《坡公年譜幷後錄》，《龍溪先生文錄抄》。

文：〈答潘王〉（《續焚書》一：六四），〈選錄睽中志敘〉（《續焚書》二：
　　十），〈說弧集序〉（《續焚書》二：十一），〈老人行敘〉（《續焚書》
　　二：六），〈書使通州詩後〉（《焚書》二：四三），〈定林庵記〉（《焚
　　書》三：十三），〈與焦弱侯〉（《焚書》二：三五），〈與吳常得〉（《續
　　焚書》一：二一），〈復顧沖菴翁書〉（《焚書》二：四一），〈龍溪先
　　生文錄抄序〉（《焚書》三：二五）

詩：〈元日極樂寺大雨雪〉（《焚書》六：七九），〈朔風謠〉（《焚書》六：
　　五），〈清池白月詠似潘國王〉（《續焚書》五：六三），〈直沽送馬誠
　　所兼呈若翁歷山並高張二居士〉（《續焚書》五：七五），〈過聊城〉（《焚
　　書》六：七三），〈過武城〉（《焚書》六：七四），〈歌風臺〉（《續焚
　　書》五：五），〈使往通州問顧沖菴〉（《續焚書》五：八二），〈和壁
　　間韵〉（《續焚書》五：五七），〈初往招隱堂堂在謝公墩下〉（《續焚
　　書》五：七三），〈士龍攜二孫同弱侯過余解粽〉（《焚書》六：二八），
　　〈六月訪袁中夫攝山〉（《焚書》六：七十），〈恨菊〉（《焚書》六：

三一），〈哭陸仲鶴〉（《焚書》六：三二），〈喜楊鳳里到攝山〉（《焚書》六：四九）

萬曆二十七年己亥（1599）七十三歲

正月（立春），龍湖二僧來白下。

〈立春喜常融二僧至〉：「客久歲云暮，吾衰道自尊。時辰催短速，晷刻變寒溫。人賤時爭席，神傷早閉門。新春看爾到，應念我猶存。」其二：「正爾逢春日，到來兩足尊。偷生長作客，僧臘始開門。淡淡梅初放，如如雪可吞。千三四百里，又是一乾坤。」（《焚書》六：六七）

劉東星（晉川）於去年秋服闋，起爲工部尚書總河政抵淮上。至是，書來邀訪。卓吾以年老、課忙卻之，反邀其令郎用相（肖川）南來。

〈復劉肖川〉：「此時尚大寒，老人安敢出門。又我自十月至今，與弱侯夜讀易，每夜一卦。蓋夜靜無雜事，亦無雜客，只相信五六輩辯質到二鼓耳。此書須四月半可完，又其中一二最相信者，俱千里外客子，入留都攜家眷賃屋而住，近我永慶，恐亦難遽舍撇之。……我謂公當來此，輕舟順水最便，……且可以聽易開闢胸中鬱結。又弱侯是天上人，家事蕭條如洗，全不掛意，只知讀書云耳。……公亦宜來會之。……千萬一來，……不可不來，不好不來。……若來，不可帶別人，只公自來，他人我不喜也。如前年往湖上相伴令舅之輩……使我至今病悸也。……讀易皆精切漢子，甚用心，甚有趣，眞極樂道場也。……」（《續焚書》一：四二）

麻城繡佛精舍澹然尼來書，賦答之。

〈卻寄〉：「一廻飛錫下江南，咫尺無由接笑談，卻羨婆須蜜氏女，發心猶願見瞿曇。」其四：「聲聲喚出自家身，生死如山不動塵，欲見觀音今汝是，蓮花原屬似花人。」（《焚書》六：四八）

顧養謙再度邀訪，復書期約。然卒未成行。

〈又復顧沖菴翁書〉：「……向在龍湖，尚有長江一帶爲我限隔；今居白下，只隔江耳。往來十餘月矣，而竟不能至。或一日而三四度發心，或一月而六七度欲發。可知發心容易，親到實難。……計不出春三月矣。先此報言，決不敢食。」（《焚書》二：四二）

七月，《藏書》刊行於金陵。《藏書》述戰國以迄元朝間史事。前九卷爲

世紀，依年代敘歷朝君主；後五十九卷列傳以類述相臣。

祝世祿〈藏書序〉：「……時萬曆己亥秋七月朔。」（《藏書》卷首）

〈紀傳總目後論〉：「聖主不世出，賢主不恒有。若皆如漢祖孝文孝武之神聖……賢明，則又何患乎其無臣也。唯聖主難逢而賢主亦難遇，然後大臣之道斯為美矣；故傳大臣。大臣之道非一，……隨其資之所及，極其力之所造。……倘得名臣以輔之，亦可以輔幼弱而致富強。然名臣未必知學而實自有學。自儒者出，而求志達道之學興矣。故傳儒臣。儒臣雖名為學而實不知學，往往學步思故，踐跡而不能造其域，卒為名臣所嗤笑。……自儒者以文學名為儒，故用武者遂以不文名為武，而文武從此分矣。故傳武臣。……武臣之興，起於危亂；危亂之來，由於嬖寵；故傳親臣、傳近臣、傳外臣。外臣者，隱處之臣也；天下亂則人隱，故以外臣終焉。……」（《藏書》卷首）

案：卓吾自居龍湖，即銳意茲編。迄今十餘年，不知凡幾修而幾訂矣。亦多次送焦竑審定。（詳〈著述攷〉）所以題名「藏書」者，蓋欲藏於山中待後世子雲，以免於當世肉眼者之是非也。書既刻行，袁宗道卜之曰：「禍在是矣！」（《公安縣志》卷六本傳）

八月十九，楊起元（復所）卒，年五十三。

案：楊復所早年從遊於麻城周柳塘門下，卓吾極稱之，譽為近世難得之「大作家」。（詳〈師友攷〉）兩年來，與卓吾相呼應講學於留都。焦竑〈題楊復所先生語錄〉云：「嶺南復所楊先生倡道金陵，問學者屢常滿戶外。……當是時，溫陵李長者與先生狎主道盟。然先生和風甘雨無人不親，長者如絕壁巉巖，無罅可入。二老同得法於盱江（羅汝芳），而其風尚懸絕如此。余以為：未知學者不可不見先生，不如此則信向靡從；既知學者不可不見長者，不如此則情塵不盡。天生此兩人激揚一大事於留都，非偶然也。」（《澹園集》卷二二）

是年，劉東星以治河事上疏爭之。卓吾引易蠱卦「幹父用譽」勉勿忤上。

〈復晉川翁書〉：「臣子之於君親，一理也。天下之財皆其財，多用此亦不妨；天下民皆其民，虐用此亦只得忍受。但有大賢在其間必有調停之術，不至已甚足矣。只可調停於下，斷不可拂逆於上。……一誦疏稿，大快人！……只此足矣，再不可多事也。……」（《焚書》二：

三七）

是年，焦竑辭福寧州同知職任歸。

　　《明史》本傳云：「戊戌（1598）……，歲餘大計，復鐫秩，竑遂不

　　出。」（卷二八八）

袁宏道漸與卓吾學思趨異徑。

　　袁中道〈中郎先生行狀〉：「戊戌（1598）……，踰年，先生之學復

　　稍偶變，覺龍湖等所見尚欠穩實。以爲修、悟猶兩轂也。向者所見

　　偏重悟而盡廢修持。遺棄倫物，畔背繩墨，縱放習氣，亦是膏肓之

　　病。……」（《珂雪齋前集》卷十七）

是年，與義大利傳教士利瑪竇（西泰）結識於白下。有詩贈之。

　　〈贈利西泰〉：「逍遙下北溟，迤邐向南征。刹利標名姓，仙山紀水

　　程。回頭十萬里，舉目九重城。觀國之光未，中天日正明。」（《焚

　　書》六：六九）

是年，湯顯祖在金陵，亦常與卓吾講席。盛贊之。

　　湯顯祖〈答管東溟〉：「……得奉陵祠，多暇豫。……見以可（紫柏

　　達觀）上人之雄，聽李百泉（卓吾）之傑，尋其吐屬，如獲美劍。」

　　（《詩文集》卷四四）

【著作】

書：《藏書》（初刊）

文：〈復劉肖川〉（《續焚書》一：四二），〈復顧沖菴〉（《焚書》二：四二），

　　〈書晉川翁壽卷後〉（《焚書》二：三八），〈復晉川翁書〉（《焚書》

　　二：三七），〈復李士龍〉（《續焚書》一：十七），〈棲霞寺重新佛殿

　　勸化文〉（《續焚書》四：五），〈書方伯雨冊葉〉（《焚書》四：七）

詩：〈立春喜常融二僧至〉（《焚書》六：六七），〈觀梅〉（《焚書》六：十

　　二），〈卻寄〉（《焚書》六：四八），〈贈利西泰〉（《焚書》六：六九）

【附案】

　　卓吾明春旅濟寧，旋歸龍湖。南都三年間尚有編著，列於次。又一種《闇

然堂類纂鈔》著年不詳，惟知作於潘士藻生前。潘明年下世，因亦附繫於此。

　　一、《選批大慧集》。大慧，名宗杲，南宋初禪宗巨匠。嗣法於圜悟

　　　　禪師。悟嘗著《碧巖集》，大慧燒之。所遺書牘集成《大慧集》

二卷。另有《語錄》三十卷。焦竑〈書李長者批選大慧集〉云：「李長者性嗜書，丹鉛殆不去手。……余齋有《大慧全集》，乃其南來時所批選也。」（《李溫陵外紀》卷二）

大慧又有《宗門武庫》附於語錄書後，卓吾嘗評點之（《福建通志》卷七二），當亦同時所作。今俱未見。

二、《闇然堂類纂鈔》。是編蓋撮取潘去華（士藻）該著以成者。序曰：「闇然堂類纂者何？潘氏所纂以自爲鑒戒之書也。余讀而善之，而目力竭于既老，故復錄其最者以自鑒戒焉。……夫鑒戒之書，自古有之，何獨去華？蓋去華此纂皆耳目近事，時日尚新，聞見罕接，非今世人士之所常談。譬之時文，當時則趨，過時則頑。又譬之於曲則新腔，於詞則別調，於律則切響，夫誰不側耳而傾聽乎？是故喜也。喜則必讀，讀則必鑒必戒。」（《焚書》五：四五）

【著作】

書：《批選大慧集》（或名：《大慧集鈔評》），《宗門武庫評》，《闇然類鈔》。

文：〈書蘇文忠公外紀後〉（《續焚書》二：十六），〈闇然堂類纂引〉（《焚書》五：四五），〈朋友篇〉（《焚書》五：四六），〈阿寄傳〉（《焚書》五：四七）

萬曆二十八年庚子（1600）七十四歲

正月初一，約友人輟易課出訪吳明貢。吳書屋有《陽明先生全集》，遂盡讀之，以爲陽明先生足繼孔子。

〈陽明先生道學鈔序〉：「庚子（1600）元日，余約方時化、汪本鈳、馬逢暘及山西劉用相，暫輟易過吳明貢。擬定此日共適吾適，決不開口言易。而明貢書屋正有王先生《全集》。既已開卷，如何釋手，……遂盡讀之。於是乃敢斷先生之書爲足繼夫子之後，蓋逆知其從讀易來也。」（本書卷首）

正月七日，劉用相設齋於興善禪寺。適法師祖心在焉，卓吾因請講《妙法蓮華經》。方（時化）、汪（本鈳）、馬（逢暘）皆與會焉。（〈說法因由〉、《續焚書》四：八）

是春，《易因》完稿。有〈易因小序〉述讀易由來。

〈易因小序〉：「余自幼治易，……歲取易讀之。而讀輒不解輒亦遂止。然終好也；以終好故輒止輒讀，不知凡幾讀而凡幾止。因自恨顓愚，決不能觀象玩辭、觀變玩占；若所云其爲棄物無疑。於是始投荒谷，專一究心釋典老莊諸書。雖若因而有契於畫前之易，然尚未敢明言讀易，以易道深也。今余年七十又四矣，偶過都下，獲偕焦弱侯先生南行。先生深明易道，其徒方時化者亦通易；以先生家白下，即自新安徙家來就先生以居。以故每夜輒會、每會輒講、……有新得……又輒令……汪本鈳記載之。既成帙，即且印行……。余不意既老乃遂得以讀易，遂得以終老，遂得以見三聖人之心于千百世之上也。蓋至今日而老莊釋典不足言矣！」（《李溫陵集》十一：五）

書成，題名「易因」。並爲方子及詳述題名本意。

〈與方子及論易因〉：「因字之義甚妙，蓋欲借此易書引兄窺見自性之易。若此書上研窮，非究竟之意也。……邵子謂：畫前原有易，要見畫前之易如何理會？……于此再起一疑情方是究竟之因。蓋舍三百八十四爻而空言太極固爲儱侗；若只在爻詞上尋究而不知太極之根宗，殊失頭腦。大要須見得書即是心，爻象即見前，用得著的方爲深于易。卓吾子因字之意，其在乎此！」（《李溫陵外紀》卷三）

《易因》甫脫稿，旋令汪本鈳校錄《陽明全書》，而親自抄謄以編輯《陽明先生年譜》。尋，劉東星來迎北上，而稿未完，爰取俱行。

〈陽明先生道學鈔序〉：「余於《易因》之稿甫就，即令汪本鈳校錄先生全書；而余專一手抄年譜，以譜先生者，須得長康點睛手，他人不能代也。抄未三十葉，工部尚書晉川劉公以漕務巡河，直抵江際，遣使迎余。……余久不見公，見公固甚喜。然使余輟案上之紙墨，廢欲竟之鈔，亦終不歡耳。於是遣人爲我取書。」（本書卷首）

三月二十一日，抵濟寧。續作《陽明先生年譜及抄》。已而書成，遂於濟上付梓。

〈與汪鼎甫〉：「我於三月二十一日已到濟寧，暫且相隨住數時，即返舟來矣。……我於《陽明先生年譜》、至妙至妙，不可形容。」（《續焚書》一：七五）

〈陽明先生年譜後語〉：「是春，予在濟上劉晉川公署，手編《陽明

年譜》自適。黃與參見而好之,即命梓行,以示同好。」

〈與方伯雨〉:「《陽明先生年譜及抄》在此間梓,未知回日可印行否,想年譜當有也。此書之妙,千古不容言。抄選一依年譜例,分類選集在京者、在龍場者、在南贛者、在江西者、在廬陵者、在思田者,或書答、或行移、或奏請、或榜文、或告示,各隨處附入,與年譜並觀,真可喜者。……稍有知覺能運動,未有不發狂欲大叫者也。」
(《續焚書》一:十四)

卓吾既纂《陽明先生年譜》畢,頗感為學不易,因述入道之由並感念啟導之師友。

〈陽明先生年譜後語〉:「余自幼倔強難化;不信學、不信道、不信仙釋。故見道人則惡,見僧則惡,見道學先生則尤惡。惟不得不假升斗之祿以為養,不容不與世俗相接而已。然拜揖公堂之外,固閉戶自若也。不幸年甫四十,為友人李逢暘、徐用檢所誘,告我龍溪王(畿)先生語,示我陽明先生書;乃知得道真人不死,實與真佛真仙同。雖倔強,不得不信之矣。……此兩公何如人哉,……今可勿論。即其能委委曲曲以全活我一個既死之人,則亦真佛真仙等矣。……余今者果能讀先生之書,果能次先生之譜,皆徐李二先生力也。」

是夏,潘士藻以冊封太宜人僑居留都,過此一訪,因託《焚書》、《說書》二種交方時化刻行。

焦竑〈潘君士藻墓志銘〉:「(潘)庚子夏以冊封太宜人,僑居留都。」
(《獻微錄》卷七十七)

〈與方伯雨〉:「雪松(潘士藻)昨過此,已付《焚書》、《說書》二種去,可如法抄校付陳家梓行。」(《續焚書》一:十四)

〈與汪鼎甫〉:「發去《焚書》二本,付陳子刻。恐場事畢,有好漢要看我《說書》以作聖賢者,未可知也。如無人刻,便是無人要為聖賢,不刻亦罷,不要強刻。若《焚書》自是人人同好,速刻之。」
(《續焚書》一:七五)

案:《焚書》、《說書》於十年前(萬曆十八、1590)初刻於麻城。此為再
　　刻。

陶石簣奉書劉東星，請久留卓吾。

〈奉晉川劉先生〉：「……所謂大家團圓頭，共說無生話；此世出世
間最勝之事也。……留京多口之地，不知卓吾能安其居否？老師運
何神力，令得駐錫江淮間，為此一方作眼。生襄事後庶亦可遂咨請
之願也。」（《歇菴集》卷十五）

在濟寧時，再會利瑪竇，贊其標緻玲瓏。

〈與友人書〉：「承公問及利西泰。西泰大西域人也。到中國……凡
我國書籍無不讀，請先輩與訂音釋，請明於四書性理者解其大義，
又請明于六經疏義者通其解說；今盡能言我此間之言，作此間之文
字，行此間之儀禮，是一極標緻人也。中極玲瓏、外極樸實，數十
人群聚喧雜，讎對各得，傍不得以其間鬥之使亂。我所見人未有其
比。……但不知到此何為，……意其欲以所學易吾周孔之學，則又
太愚，恐非是爾。」（《續焚書》一：五二）

在濟上時，嘗往夫子廟晉謁致禮敬。

〈釋迦佛後〉：「釋迦佛說法四十九年，畢竟不曾留一字與迦葉，……
釋迦傳衣不傳法；傳與補處菩薩者衣也，非法也。……傳補處者，
蓋合萬億劫以為一劫，合萬億世以為一世，又非止於子孫相繼以為
一世者比也。此其識見度量為何如哉！余偶來濟上，乘興晉謁夫子
廟，登杏壇，……夫孔夫子去今二千餘歲矣，孔氏子姓安坐而享孔
聖人之澤，……歷周、秦、漢、唐、宋、元以至今日，其或繼今者
萬億劫可知也。蓋大聖人之識見度量總若此矣，而又何羨於佛與釋
迦乎？……至矣哉！宜自思惟，孰與周、秦、漢、唐、宋、元長且
久也。」（《續焚書》四：二）

又往憑弔諸勝境古蹟，如：琴臺、掛劍臺、南池、太白樓……，皆有詩
詠之。

案：詩略。收錄卷次見後著作欄。

居濟時，讀易不輟，亦著手纂輯《續藏書》。有意返龍湖安住。

〈與方伯雨〉：「我此處又得易一回，又覺有取得象者，又覺我有稍
進處。可知人生一日在世未死，便有一日進益。」（《續焚書》一：
十四）

〈復澹然大士〉：「易經未三絕，今史方伊始，非三冬二夏未易就緒，

計必至明夏四五月乃可。過暑毒即回龍湖矣。回湖唯有主張淨土，
督課西方公案，更不作小學生鑽故紙事也。參禮事大，量非根器淺
弱者所能擔。今時人最高者唯有好名，無眞實爲生死苦惱怕欲求出
脫也。……出來不覺就是四年，……病苦亦漸多，當知去死亦不遠，
但得回湖上葬於塔屋即是幸事。……」（《焚書》二：四四）

案：「今史方伊始」，殆指《續藏書》之纂作，今史，本朝史也。《藏書》
　　已修整訖，去年九月付刻；《藏書》既已畢功，便著手於《續藏書》
　　之纂輯。焦竑〈續藏書序〉曰：「李宏甫《藏書》一編，余序而傳之
　　久矣，而於國朝事未備。因取余家藏名公事迹緒正之。……」（《李
　　溫陵外紀》卷二）

是秋（？）返龍湖。有書與友人述還來故，以及未了心事二椿。一者抄
述三教要義以示龍湖僧眾，再者修訂《易因》。

〈與友人〉：「今年病多，以病多故歸來就塔。既到塔所，病亦旋癒，
癒又復病。……計今所至切者唯有二件：一者自老拙寄身山寺，今
且二十餘年，而未嘗有一毫補於出家兒，……心欲因其日誦法華，
即於所誦經品爲之講究大義，而說過亦恐易忘。次欲爲之書其先輩
解註之近理者，逐品詳明，……使之時時觀玩，則久久可明此經大
旨矣。又將先輩好詩好偈各各集出，又將仙家好詩、儒家通禪好詩
堪以勸戒，堪以啓發人眼目心志者，備細抄錄，……俾每夕……長
歌數首，積久而富，不但心地開明，……不謬爲服侍李老子一二十
年也。……又，三年南都所刻《易因》，雖焦公以爲精當，然余心實
未了。何者，文王因象以設卦，因卦以立爻；而夫子爲之傳，直取
本卦之象而敷衍之，即所繫之辭而解明之，……後儒不知聖人之心，
而徒求之於高遠，是以愈離而愈穿鑿；至今日遂不成文理耳，何以
能使人人修身齊家而平天下乎？……其精要又徒說道理以誑世，何
益於人生日用參贊化育事耶！故余仍於每日之暇，熟讀一卦兩卦，
時時讀之，時時有未妥，則時時當自知，今又已改正十二卦矣。此
非一二年之力決難停妥，是以未甘即死也。……」（《續焚書》一：
五七）

案：何時返湖上未確，然必在今冬以前。料應在夏秋之間。

又案：所云心事二椿，前者即後日之《三教妙述》（又名：言善篇；詳見

明年條）；後者即後日之《九正易因》。二皆如願。

十月，袁宗道（伯修）卒，年四十一。卓吾哭之甚哀。

〈哭袁大春坊〉：「獨步向中原，同胞三弟昆，奈何棄二仲，旅襯下荊門。老苦無如我，全歸亦自尊，翻令思倚馬，直欲往攀轅。」（《續焚書》五：五六）

十月二十九日，潘士藻（雪松）歿於南部，壽六十四。（《獻徵錄》卷七七）

卓吾既回湖上，麻城一輩士紳復蘊欲驅之出。焦竑示意盼其走避，卓吾不然。

〈與焦弱侯〉：「說法教主四字眞難當。生未嘗說法，……唯有朝夕讀書，……自五十六歲至今年七十四歲，日日如是而已。……因思每郡國誌有鄉賢必有名宦，又有流寓者。以賢人爲國之寶，有鄉賢可載則載鄉賢，以爲一邦之重；無鄉賢則載名宦，亦足以爲此邦之重；若無鄉賢，又無名宦，則載流寓之賢，亦足以重此邦。則如生者，雖不敢當說法之教主，獨不可謂流寓之一賢乎？……何必苦苦令歸其鄉也？……果若是，則邵康節當復遞歸范陽、白樂天當復遞歸太原、司馬光當復遞歸夏縣矣，……天下一家，何所而非鄉縣？……且夫聖人通天下以爲一身，若其人不宜居於麻城以害麻城，寧可使之居於本鄉以害本鄉乎？……」（《續焚書》一：五）

是多，麻城士紳毀廬居，壞其寺塔。卓吾因避難於縣東北境黃蘗山上，僧無念所創之道場。

馬經綸〈與當道書之一〉：「卓吾儒者，其托迹禪林殆若古人之逃於酒、隱於釣；其寄居麻城，亦若李太白之流寓山東，邵堯夫、司馬君實之流寓洛陽。……而卓吾不能安其身於麻城，聞檄被驅，狼狽以避。……以七十五歲風燭殘年……而顧毀其廬、逐其人，并撤其埋藏此一具老骨頭之塔。……卓吾今何在？弟蓋奉之寓商城黃蘗山中耳。」（《李溫陵外紀》卷四）

案：馬經綸此文作於明春，文中故稱卓吾七十五歲老翁。（參下款）

又案：卓吾自丙申（1596）議逐不果後出遊，今年返湖上即被此難。二者間必有關聯。殆是爲《觀音問》、「女人學道」等事，招忌於士紳。故爾馬經綸與當道書有：「所謂麻城士女云者，蓋指梅衡湘守節之女言也。」又曰：「彼蓋藉宣淫之名，……又藉逐僧毀寺之

名……」文中「彼」指惡意誣謗之人。

居黃蘗山中，讀易不輟。馬經綸自通州走三千里來訪焉。

> 汪本鈳〈卓吾先師告文〉：「庚子（1600）冬，師又讀易黃柏山中，
> 改正《易因》。適馬誠所（經綸）先生自北通州來訪山中。」（《李卓
> 吾遺書》附錄）

> 劉東星〈序言善篇〉：「客冬，卓吾子大困於楚，適有馬侍御者，自
> 潞河（通州）冒雪入楚。」（《續焚書》二：十三附）

【著作】

書：《易因》，《陽明先生道學鈔》，《陽明先生年譜》，《焚書》（再刻），《說
書》（再刻）

文：〈說法因由〉（《續焚書》四：八），〈與鳳里〉（《續焚書》一：五四），
〈與汪鼎甫〉（《續焚書》一：六八），〈與汪鼎甫〉（《續焚書》一：
七五），〈與方伯雨〉（《續焚書》一：十四），〈與友人書〉（《續焚書》
一：五二），〈釋迦佛後〉（《續焚書》四：二），〈復澹然大士〉（《焚
書》二：四四），〈與友人〉（《續焚書》一：五七），〈與梅長公〉（《續
焚書》一：四五），〈與焦弱侯〉（《續焚書》一：五）

詩：〈琴臺〉（《續焚書》五：十三），〈聊城懷古〉（《續焚書》五：二七），
〈掛劍臺〉（《續焚書》五：二六），〈南池〉（《續焚書》六：二九），
〈太白樓〉（《焚書》六：三十），〈望東平有感〉（《焚書》六：七二），
〈哭袁大春坊〉（《續焚書》五：五六）

萬曆二十九年辛丑（1601）七十五歲

開春，馬經綸上書當道，述卓吾學術之深微，辨麻城待致仕老者之不當，
更剖麻邑士紳誣謗之機心，謂將奉卓吾入省城長居。

> 馬經綸〈與當道書之一〉：「稍待春和，弟擬奉之入湖廣省城，市數
> 橡之屋，貿數畝之田；吾二人耦耕談道，作武昌一對流寓。……使
> 諸當事親自見之，知卓吾之決非惑世、決非宣淫，決不謬爲聖人之
> 徒，而弟之三千里從遊亦斷斷有所爲，決非海上逐臭之夫比矣！」
> （《李溫陵外紀》卷四）

上書當道、不獲情通；馬侍御（經綸）因欲奉之北還。行前，《三教妙述》
（言善篇）已脫稿，各有序引。

〈釋子須知序〉：「余自出滇即取道適楚，……未踰三年而……走麻城芝佛院……依念僧以居。日夕唯僧、安飽唯僧，不覺遂二十年；全忘其地之為楚、身之為孤、人之為老，鬢盡白而髮盡禿也。……僧輩服事唯謹，飲食以時，若子孫之於父祖然……。余今年七十又五矣，旦暮且死，……因與眾僧留別，令其抄錄數種聖賢書真足令人啓發者，名曰《釋子須知》；蓋以報答大眾二十餘年懇懃，非敢曰為僧說法也。」（《續焚書》二：四）

〈聖教小引〉：「余自幼讀聖教不知聖教，尊孔子不知孔夫子何自可尊；所謂矮子觀場，隨人說研、和聲而已。是余五十以前真一犬也，因前犬吠形，亦隨而吠之。……五十以後，大衰欲死，因得友朋勸誨、翻閱貝經。幸於生死之原點窺見斑點，乃復研窮學庸要旨，知其宗貫，集為道古一錄。於是遂從治易者讀易三年，竭盡夜力，復有六十四卦《易因》鋟刻行世。嗚呼！余今日知吾夫子矣，不吠聲矣；向作矮子，至老遂為長人矣。……自謂知聖，故亦欲與釋子輩共之，……使知其萬古一道，無二無別，真有如我太祖高皇帝所刊示者，已詳載於《三教品》刻中矣！……幸相與勉之！」（《續焚書》二：十五）

〈道教鈔小引〉：「凡為釋子，但知佛教而不知道教。夫道家以老君為祖，孔夫子所嘗問禮者。觀其告吾夫子數語，千萬世學者可以一時而不佩服於身、一息而不銘刻於心邪？……老子道德經雖日置案頭，行則攜持入手夾，……若關尹子之文始真經與譚子化書，皆宜隨身者，何曾一毫與釋迦異也？故獨編錄之以示釋子之有志向，……」（《續焚書》二：十四）

案：《三教妙述》，今未見。侯著《中國思想通史》謂「又名《言善篇》」，（卷四章二四）必有所據。今年夏，劉東星有〈序言善篇〉曰：「言善篇者何？卓吾老子取其將死而言善也。……是書凡六百餘篇，皆古聖要語，卓吾彙而輯之，欲以開來學而繼往聖。余尚未見，見其〈小引〉三首與言善篇目而已。」（《續焚書》二：十三附）所云「小引三首」，殆即前引〈道教鈔小引〉、〈聖教小引〉……云云。又參見去年條與友人書（《續焚書》一：五七）述所亟欲完事可知。

春二月，馬經綸奉卓吾北行。

　　汪本鈳〈卓吾先師告文〉：「越春二月，師與馬先生同至通州。」（《李
　　卓吾遺書》附錄）

隨行者眾，有〈溫泉酬唱序〉述其事。

　　〈溫泉酬唱序〉：「春日，余同馬誠所侍御北行，路出湯坑，商城張
　　子直舜選，攜其甥盛朝袞、其小友陳璧，俟我於此。連飲三日，然
　　後復同往。從我者，麻城楊定見、新安汪本鈳，并諸僧眾十數人；
　　從侍御者：僧通安與其徒孫則自京師。」

　　詩曰：「大都天下士，已在此山中，愛客能同調，相隨亦向東。洗心
　　千澗水，濯足溫泉宮，老矣無余棄，願師衛武公。」（《續焚書》五：
　　五二）

抵通州，馬經綸寓之別墅中。繼續纂作《續藏書》，完成史閣部份，蓋本
易蠱卦：君艮止於上，臣卑巽於下；履卦：行上下尊卑分定之禮以為說。

　　〈史閣敍述〉：「夫子曰：『為君難，為臣不易。』……孟子他日曰：
　　『為天下得人難。』此言君之所以難也；又曰：『獲於上有道。』此
　　言臣之所以難也。君知其難，則自能旁搜博採……唯務得人而後已。
　　臣知獲上之不易，則自然其難其慎……務委曲承順，以求合吾識主
　　之初心，則難者不難、不易者自易。此必至之理、問學之實，非若
　　世之務為容悦，以賊害其君者之比也。……蠱之上九曰：『不事王侯，
　　高尚其事。』夫上九……而以高尚為事焉，是止也。而下之人，又
　　卑巽寬裕以成之，致蠱奚疑哉！……夫子又於六五之象復提掇之而
　　申明之曰：『幹父用譽，承以德也。』夫為人子者，既能用譽以承父
　　之德，則父子之情、大通無間因而照舊幹理，使百執事各司其事；
　　先甲後甲、符合天行，而家事治矣。……夫上不事事，子猶以為德
　　而將順之，況勤於有事？……吾以為當此之時，正所謂『五帝神聖，
　　其臣莫及』，不可不知自揣者；從容其間以備顧問；縱有所陳，直推
　　尊而表揚之曰：『是唯我后之德焉！』更不必索忠諫之美名，而欲以
　　憂危其主也。何也？履虎尾者，必使不至於咥人而後亨，而世實未
　　有履虎而不咥者。……（若某某），文學之選也，所謂多讀書、識義
　　理之人也。乃易與尚書反束而不讀何邪？非不讀也，讀之而不知其
　　義也，所謂不識字之人是也。夫以千載不易得之君臣，一旦得之，

又以不識字之故反失之，不誠可慨邪！……天資近道而不知學，是最爲可惜之人。……學，然後知爲臣之不易也。……常人猶不可不學，不學則不知道，而況於事君之道，而又況於內閣史臣之道之尤不易者邪。是故謹備述之。歲萬曆辛丑李贄書於燕山馬誠所讀易舍精。」（《續藏書》卷十）

夏至後，劉東星刻行《史閣》於任城。有序記其事云。

劉東星〈史閣款語〉：「歲辛丑（1601）夏，李卓吾同馬誠所侍御讀書山中。余屢遣迎不至，……於是得《史閣》二十四篇以歸。其所敘述，專以『爲臣不易』一語，更端言之極盡。余因戲答之曰：『今人正坐不易一語，怠緩了國家大事，使世界無所依託，今何爲出此言也？動步不敢，見勇往直前者則指爲輕進；動口不敢，見開口見膽者則指爲干名。若皆慎重不易，則斯世何賴、朝廷何賴？』卓吾子勃然作色曰：『我爲上上人說法，不爲此等人說法。……我爲世間賢人多是如此，必欲進之於大聖人之城、文王孔子之歸。蓋必如此，然後能濟事，然後能有益於君。此實載在《尚書》、著在《周易》，特無人提動，不省耳。……』余聞之赧然愧，遂即梓行以布告天下賢士大夫仁人君子，使知其爲臣之不易蓋如此云。時夏至後十日。」（《續藏書》卷十）

是年，袁中道（小修）來訪於馬經綸寓所中。小修勸勿再食葷。諾之。

〈書小修手卷後〉：「歲辛丑，余在潞河馬誠所所，又遇袁小修三弟。小修勸我勿食葷。……余謂：『我一生病潔，凡世間酒色財半點污我不得。今七十有五，素行質鬼神，鬼神決不以此共見小餒難問李老也。』小修曰：『世間有志人少，好學人益少：今幸我明世界大明升天，人人皆具隻眼，直思出世爲學究竟大事。先生向棲止山林，棄絕人世，任在喫葷猶可。今日已埋名不得，盡知卓吾老子棄家學道，作出世人豪矣。十目共視，十手共指，有一毫不愼，即時退心，有志者以爲大恨。故我願先生不茹葷，以興起此一時聰明有志向之者。忍一時之口嘴，而可以度一世人士，先生又何憚不爲？』余翻然喜曰：『若說他等皆眞實向道，我願斷一指，誓不食葷。』」（《續焚書》二：十八）

是年，卓吾曾往西山極樂寺，訪問姚廣孝恭靖公遺書遺像。最後於崇國

寺訪得焉。

> 《續藏書‧姚靖公傳贊》:「予時年七十五矣,偶至燕,寓西山極樂
> 寺,訪問公遺像甚勤。適有告曰……今移公像於崇國西偏。甚不稱。
> 予齋戒擇日,往崇國寺瞻禮,見墨蹟宛然,儼有生氣,俯仰慨慕,
> 欲涕者久之。以爲我國家二百餘年以來,休養生息,遂至今日士安
> 於飽煖、人忘其戰爭,皆我成祖文皇帝與姚少師之力;……意欲移
> 住崇國寺朝夕瞻拜,以致皈依;縱在世不久,亦愈於空抱遺恨也。
> 公有書名《道餘錄》,絕可觀,漕河尚書劉東星不知於何處索得,宜
> 再梓行,以資道力,開世法眼。」(《續藏書》卷九)

案:姚廣孝,長洲人,少祝髮,爲僧里中。好讀兵書,後佐成祖起事。
　　靖難後,爲僧錄左善世。立東宮,陞太子師。復俗姓,然終未蓄髮。
　　《續藏書》卷九有傳。

又案:《道餘錄》,乃姚廣孝抉程、朱語錄中辨儒佛之謬誕者四十九條,
　　　案理剖析之,以疏明其誤會。今所見(中華佛教文獻編撰社)本,
　　　題作「溫陵卓吾李贄閱」,無評點。

袁宏道來書,請多發明持戒因緣。

> 袁宏道〈與李宏甫之四〉:「白下人來,云:翁住通州。老年旅泊未
> 得所依,世界眞無友朋與。……世人學道日進而僕日退;近益學作
> 下下根行。孔子曰:『下學而上達』,棗柏曰:『其知彌高,其行彌下。』
> 始知古德教人修行持戒,即是向上事。彼言性言心言玄言妙者,皆
> 虛見惑人,所謂驢橛馬椿者也。……《淨土訣》愛看者多,然白業
> 之本,戒爲津梁;望翁以語言三昧發明持戒因緣。僕當募刻流布。
> 此救世之良藥,利生之首事也,幸勿以僕爲下劣而擯斥之。」(《李
> 溫陵外紀》卷四)

汪可受(靜峰)來見,卓吾爲書〈證道歌〉留念。

> 汪靜峰〈卓吾老子墓碑記〉:「辛丑(1601),老子以馬侍御之約至
> 通州,而余適起官霸上,約相見於侍御之別業。時紫柏老人(眞可
> 達觀)在戒壇,余意欲爲二老作小西天主人,傍觀宗門下事;而忽
> 有河上之役行矣。行而念老子不置,復過辭行於侍御之別業。老子
> 愴然曰:『願以紙筆來,爲公書〈證道歌〉一幅;異日見書如見我
> 也。』余亦愴然不能應,徐曰:『將作鹽梅於鄉黨,抑先生歸龍湖!』

老子曰：『吾百年之計在盤山矣！』」（引據容肇祖《李卓吾評傳》）

是年，蔡毅中第進士，改庶吉士，授檢討。

案：蔡毅中，字宏甫，光山人。早年從學耿定向門下。萬曆庚寅（1590）
　　李、耿方衝突時，蔡曾撰《焚書辨》以攻卓吾。明年卓吾之被難，
　　蓋有關聯焉。《明史》（卷二一六）有傳。

【著作】

書：《三教妙述》（即：言善篇），《史閣》（二四篇）

文：〈復丘長孺〉（《續焚書》一：十五），〈道教鈔小引〉（《續焚書》二：
　　十四），〈聖教小引〉（《續焚書》二：十五），〈釋子須知序〉（《續焚
　　書》二：四），〈史閣敘述〉（《續藏書》卷十），〈書小修手卷後〉（《續
　　焚書》二：十八），〈姚恭靖〉（《續藏書》卷九）

詩：〈送馬誠所侍御北還〉（《續焚書》五：七二），《溫泉酬唱——有序》
　　（《續焚書》五：五二），〈汝陽道中〉（《續焚書》五：十）

【附案】

明春三月，卓吾殂逝。居通州一年又數月間尚有數事者繫於此。

一、撰作《續藏書》。案：今所流通之二十七卷《續藏書》乃萬曆三十七
年（1609）所刻，非卓吾生前付梓者。故爾是否即此為卓吾計劃寫作之全，
抑仍修訂中或已然定論皆不可知。惟明年卒前全力於《九正易因》之撰著，
故此當為前年（1599）《藏書》付刻後以至於今（1601）年之作品無疑。《續
藏書》計二十七卷，述有明以來史事。卷一為敘、引、緣起；卷二以下述開
國、遜國（建文君臣）、靖難（成祖君臣）、內閣、勳封、經濟、清正、理學、
忠節、忠義、文學、郡縣，計十二大類。

二、初會潘廷試。廷試為故友潘見泉三子。卓吾昔聞其棄文就武，將所
得其父精藝發身遼左，見知於諸大老，有大用焉；惟緣慳一面。今抵潞河（通
河），值廷試亦徙大同為遊擊將軍，因得一會。既面見，稱道不置，勉以俞虛
江（大猷）、戚南塘（繼光）故事。（〈追述潘見泉先生往會因由付其兒參將〉、
《續焚書》四：七）

三、答問馬歷山。歷山為馬經綸尊翁，乃昔日舊友。今年北來通州，即
寄寓其別墅中。今《續焚書》中卷一之首、次、三，三首皆為書答馬歷山者。
當此時期所作。

【著作】

書：《續藏書》

文：〈追述潘見泉先生往會因由付其兒參將〉（《續焚書》四：七），〈答馬
歷山〉（《續焚書》一：一）〈復馬歷山〉（《續焚書》一：二），〈與馬
歷山〉（《續焚書》一：三）

萬曆三十年壬寅（1602）七十六歲

二月五日，預書遺言，交待身後事。

〈李卓吾先生遺言〉：「春來多病，急欲辭世；幸於此辭，落在好朋
友之手，此最難事，此余最幸事，爾等不可不知重也。倘一旦死，
急擇城外高阜，向南開作一坑……以安我魄。……我心安焉，即為
樂土，勿太俗氣，搖動人言，急於好看，以傷我之本心也。……周
圍栽以樹木，墓前立一石碑，題曰：『李卓吾先生之墓』。字四尺大，
可托焦漪園書之。……爾等欲守者，須是實心要守，……若實與余
不相干，可聽其自去。我生時不著親人相隨，沒後亦不待親人看守，
此理亦明。……二月初五日，卓吾遺言。」（《續焚書》四：十三）

〈書遺言後〉：「以上……錄出以寄焦漪老並諸老並諸相知者一覽，
則知余終老之概矣。……其地最居高阜，前三十餘丈為余冢，後三
十餘丈為佛殿僧房。仍於寺之右蓋馬誠所讀易精廬一區，寺之左蓋
李卓吾假年別館一所。……嗚呼！死有所藏，安其身於地下；生有
所養，司香火於無窮；馬氏父子之意蓋如此。」（《續焚書》四：四）

春來，改訂《易因》成；名之曰《九正易因》。

汪本鈳〈卓吾先師告文〉：「庚子冬，師又讀易黃柏山中，改正《易
因》。……越春二月，師與馬先生同至通州。既至，又與馬先生讀易，
每卦凡千遍。將一年所，而《易因》改正矣，名曰《九正易因》。」
（《李卓吾遺書附錄》）

〈九正易因自序〉：「《易因》一書，予既老後，遊白門而作也。三年
就此，封置篋笥。上濟北，談易於通州馬侍御經綸之精舍。晝夜參
詳，更兩年而《易因》之舊者，存不能一二，改者且八九矣。侍御
曰：『樂必九奏而後備，丹必九轉而後成，宜仍舊名《易因》，而加
上「九正」二字。』予喜而受之，遂定其名曰：《九正易因》。」

時，有蜚語傳京師。禮科給事中張問達遂於閏二月疏奏請解發卓吾回籍，

並搜燬已刻未刻書。

　　張問達疏曰：「李贄壯歲爲官，晚年削髮。近又刻《藏書》、《焚書》、
　　《卓吾大德》等書，流行海內，惑亂人心。以呂不韋、李園爲智謀，
　　以李斯爲才力，以馮道爲吏隱，以卓文君爲善擇佳偶，以秦始皇爲
　　千古一帝，以孔子之是非爲不足據。狂誕悖戾，不可不燬。尤可恨
　　者，寄居麻城，肆行不簡。與無良輩游庵院，挾妓女，白晝同浴。
　　勾引士人妻女，入庵講法，至有攜衾枕而宿者，一境如狂。又作《觀
　　音問》一書，所謂觀音者，皆士人妻女也。後生小子，喜其猖狂放
　　肆，相率煽惑。至於明劫人財，強摟人婦，同於禽獸而不之恤。邇
　　來縉紳士大夫，亦有誦咒念佛，奉僧膜拜，手持數珠，以爲戒律，
　　室懸妙像，以爲皈依。不知遵孔子家法，而溺意於禪教沙門者，往
　　往出矣。近聞贄且移至通州。通州距都下四十里。倘一入都門，招
　　致蠱惑，又爲麻城之續。望敕禮部檄行通州地方官，將李贄解發原
　　籍治罪。仍檄行兩畿及各布政司將贄刊行諸書，幷搜簡其家未刻者，
　　盡行燒燬，無令貽禍後生世道幸甚。」

　　得旨：「李贄敗倡亂道，惑世誣民；便令廠衛五城嚴拏治罪。其書籍
　　已刊未刊，令所在官司盡搜燒燬，不計存留。好友徒黨曲庇私藏，
　　該科道及各有司訪奏治罪。」（《萬曆實錄》卷三六九）

三月十二日，汪李鍧擬南返省親。卓吾賦詩別之。

　　汪本鈳〈卓吾先師告文〉：「鈳自三月十二日別師，……」（《李卓吾
　　遺書》附錄）

　　〈送汪鼎甫南歸省母並序〉：「丁酉歲，余往西山極樂精舍，而鼎甫
　　來京師與余相就。今爲歲壬寅，六載矣，念有老母，余送將歸。時
　　余病甚，故書數語於此。使能復來，而余能復在世，則幸甚；使不
　　能復來，抑能來而余復不在世，則此卷新筆亦實有，卓吾子長在世
　　間不死矣，可以商證此學也。世間無一人不可學道，亦無有一人可
　　學道者。何也？視人太重，而視己太無情也。視人太重，故終日只
　　盤旋照顧，恐有差池，而自視疎矣。吾子六載一意，不徼逐於外，
　　渾若處女，而於道也其庶幾乎！幸勉之！幸勉之！」詩曰：「扶筇送
　　子一登舟，六載相從豈浪遊！此去綵衣歡膝下，重來必定是新秋。」
　　（《續焚書》五：四九）

汪甫行，逮者旋至。卓吾聞，自臥門板以就。馬經綸隨前行。

> 袁中道〈李溫陵傳〉：「至是，逮者至邸舍匆匆。公以問馬公。馬公
> 曰：『衛士至。』公力疾起行數步，大聲曰：『是爲我也，爲取門片
> 來。』遂臥其上。疾呼曰：『速行！我罪人也，不宜留。』馬公願從。
> 公曰：『逐臣不入城，制也。且有老父在。』馬曰：『朝廷以先生爲
> 妖人，我藏妖人者也；死則俱死耳，終不令先生往而己獨留。』馬
> 公卒同行。至通州城外，都門之牘尼馬公行者紛至。其僕數十人，
> 奉其父命泣留之。馬公不聽，竟與公偕。」（《續焚書》卷首）

案：《李溫陵外紀》卷二亦收有傳，唯無此文字，當檢《續焚書》或袁中
　　道《珂雪齋近集文鈔》。

卓吾既繫獄，馬經綸四出奔走，上書當道，力辯張問達疏奏之誣。

> 馬經綸〈與當道書〉：「夫以七八十歲垂盡之人，加以淫縱勾引之行，
> 不亦可笑乎？且所謂麻城女云者，蓋指梅衡湘守節之女也。夫衡
> 湘……是當今一個奇男子，乃有女不能制……有仇不能報……，必
> 待諸公爲伊抱不平，……代爲處分，世間曾有此理否？……夫評史
> 與論學不同；《藏書》品論，一史斷耳，即有偏僻，何妨折衷？乃指
> 以爲異邪！……卓吾先生乃陽明之嫡派兒孫也。行己雖枘鑿於世
> 人，而學術自淵源於先正。平生未嘗自立一門戶，自設一藩籬，自
> 開一宗派，自創一科條；亦未嘗抗顏登壇，收一人爲弟子。……吾
> 觀自來評史者亦不少矣；秦檜、千古奸臣也，丘仲深以爲再造於宋；
> 太公望，萬世大聖也，王元美以爲不及管仲；……太祖當干戈倥傯
> 之時，而讀史能破拘攣，妙發心得……此亦足以發明舊說之不必盡
> 泥，不必盡同矣。……嗚呼！《史記》早出，子長嬰禍；《實錄》昭
> 著，崔浩喪元。彼以本朝之事而遇剛暴之君，宜乎不免。今《藏書》
> 之所評者往事，卓吾之所遇者聖君；……惟大君子矜其孤老。哀其
> 病困，……令卓吾早得生出都門，免致死於幽繫，其功德眞難譬矣！」
> （《李溫陵外紀》卷四）

馬經綸連上數封，或請開解，或辯誣妄，極盡全力，必爲解脫。

案：今《李溫陵外紀》中所收馬經綸〈上書蕭司寇〉、〈李麟野都諫〉、〈太
　　史黃毅菴〉、……等是。

卓吾在獄中，病苦趣極。加以連日粒米未盡，嘔吐相繼，頗爲不堪。

馬經綸《與黃慎軒宮諭書》：「卓吾先生……日來嘔吐狼狽、便溺不
通，病苦之極，唯願一棒了當爲快耳！」（《李溫陵外紀》卷四）
已而病稍稍復。作〈繫中八絕〉；並憶念南歸之汪本鈳。

〈繫中八絕・老病始蘇〉：「名山大剎登臨遍，獨此垣中未入門；病
間始知身在繫，幾回白日幾黃昏。」〈中天朗月〉：「萬里無家寄旋村，
孤魂萬里鎖窮門，舉頭喜見青天上，一大圓光照覆盆。」〈書幸細覽〉：
「可生可殺曾參氏，上若哀矜何敢死，但願將書細細觀，必然反覆
知其是。」〈老恨無成〉：「紅日滿窗猶未起，紛紛睡夢爲知己，自思
懶散老何成，照舊觀書候聖旨。」〈不是好漢〉：「志士不忘在溝壑，
勇士不忘喪其元，我今不死更何待，願早一命歸黃泉。」（《續焚書》
五：八四）

及旨下，大略止遣回原籍耳。卓吾呼侍者薙髮，乘間以刀割自其喉。時
三月十五。翌日（十六日）子時，長往矣。

汪本鈳〈卓吾先師告文〉：「鈳自三月十二日別師，師遂於三月十五
日引決，到十六夜子時長往矣。」（《李卓吾遺書》附錄）

袁中道〈李溫陵傳〉：「公於獄舍中，作詩讀書自如。一日，呼侍者
薙髮，遂持刀自割其喉，氣不絕者兩日。侍者問和尚痛否？以指書
其手曰：『不痛！』又問曰：『和尚何自割？』書曰：『七十老翁何所
求？』遂絕。」（《續焚書》卷首）

馬經綸〈答張又玄先生書〉：「刎頸而死，大是無賴；鄉黨自好者不
爲，況卓吾先生乎！先生之刎死，蓋先生藏身之法也。老子曰：『知
我者希則我貴矣！』先生不欲見憐於世人，亦不欲見知於道人，以
故頸下一刀爲此掃迹滅名之事。……且不刎於初繫病苦之日而刎於
病蘇之後；又不刎於事變初發、聖怒叵測之日，而刎於群啄盡歇，
事體漸平之後，此眞不可思議！……」（《李溫陵外紀》卷四）

其時，馬經綸以事緩於是乘間歸覲其父。至是聞耗而悲痛自責獲持之不
謹。乃歸其骸骨，葬於通州。

袁中道〈李溫陵傳〉：「時馬公以事緩，歸覲其父；至是聞而傷之曰：
『吾護持不謹，以致於斯也，傷哉！』乃歸其骸於通州，爲之大治
塚墓，營佛刹云！」（《續焚書》卷首）

《順天府志・人物志・僑寓之屬》：「（卓吾）自剄。經綸痛哭曰：『天

生先生妖人哉！有官棄官，有髮棄髮，其後一著書老學究，其先一
孝廉二千石也！』乃收葬之。……所居馬侍御別業在通州城中東南
隅，近文昌閣，瀕水曰蓮花庵。其墓在北門外里許。」（卷一一四）
黃梅汪可受為撰墓碑記。

汪可受〈卓吾老子墓碑記〉：「歲己丑余初見卓吾老子於龍湖；……
丙申歲，老子以劉司空之約至上黨，余亦以校士至。……辛丑，老
子以馬侍御之約至通州，而余適起官霸上，約相見於侍御之別
業。……別後老子被逮之禁衛，蒙主恩不殺，而老子自殺以實其言。
余時急肼胝不獲聞，第聞人稱侍御甚有盛德，不舍老子於患難中，
使生有養而死有葬也。」（引見容肇祖《李卓吾評傳》）

三月十九，方沆聞耗，賦詩悼之。

方沆（訒菴）〈紀事十絕〉：「消息遙從天外來，飛雲蕭颯滿燕台。祇
今一枕羲皇夢，化鶴騎鯨莫浪猜。」其三：「得一涵三總聖修，長箋
尺牘是千秋。縱教天意歸秦焰，不廢江河動地流。」其五：「萬井蕭
條杼軸空，尋常啟事日留中。豺狼當道憑誰問，妒殺江湖老禿翁。」
其十：「宇宙茫茫一幻身，世間誰識去來因。惟應相伴東坡叟，奎宿
雙耀帝臣問。」（《李卓吾遺書》附錄）

周汝登（海門）〈別李卓吾先生〉：「半成伶俐半糊塗，惑亂乾坤膽氣
粗。惹得世人爭欲殺，眉毛狼籍在圖圖。」其二：「天不聞名李卓吾，
死餘白骨暴皇都；行人莫向街頭認，面目由來此老無。」（《李溫陵
外紀》卷三）

是夏，余永寧方輯《永慶答問》成，而卓吾訃至。崩摧痛悼，為位哭之
甚悲慟。

余永寧〈李卓吾先生告文〉：「先生何以死哉！……予小子將安仰之。
予思先生為明生死大事，受盡鑪錘；大事既明，垂哀斯世。誠欲得
夫真荷擔者而付囑之。法器一逢，即如船子和尚沒身足矣。顧此何
事，非真眼睛者不識，非真骨力者不任。先生目擊天下虛假者多，
真實者少，於是閉門自適，不得已而用肅殺之權。非肅殺之權也，
慈憫之極也。若曰惟至仁能發殺機。……欲其接人處，每以肅殺為
鑪錘。八鋒一施，人多震慄；甚者聞風而嫉惡之。先生自是不白于
世人，且藏刀而自用矣。何論先生其他苦心。……先生嘗曰：『近溪

羅先生眞大聖人，老來善藏名。故自二三門弟外，舉世莫有眞知者。知我者希則我貴，吾豈甘羅近老之太尊貴乎？我知羅近老足矣！』嗟呼！羅夫子不易知，先生知之。先生更不易知，知先生者誰邪？……先生嘗以士爲知己者死；然不死溫陵、不死西陵、不死秣陵，而竟死南京；意者南京故多知己乎？乃有相親如馬公，業已知先生矣。聞聖天子將睿覽先生書，行且又知先生矣。先生憲章高皇，聖天子紹述高皇，……吾知先生行受知於聖天子不卜可期，先生其可死而死者？……使先生不死，聖天子溫旨必及，眾生尚有賴焉！……昔先生嘗論何心隱爲亢龍矣，今先生之死，不亦亢乎。亢龍之悔，先生以之。……世人不白先生，故多欲先生死。先生因而順之，隨順世間，正先生之大慈也。世人又多怖死，每縮首尾故不能成天下事，而況生死大事乎！先生因而逆之……正先生之大用也。……先生善死矣。先生善死，羅夫子善生。……善生無生，善死無死；先聖後聖，其揆一也。……」（《李卓吾遺書》附錄）

六月二六，汪本鈳接莊純夫先生書，始知卓吾已歿。痛哭爲告文以祭。

汪本鈳〈卓吾先師告文〉：「鈳自三月十二日別師，師遽於三月十六日棄世。……鈳聞之痛恨欲死，如夢寐中過日。……鈳計從師六載，唯見師無一年不讀易，無一月不讀易，無一日無一時刻不讀易；至於忘食忘寢，必求見三聖人之心而後已。……鈳願終身讀《九正易因》以見吾師；師其在天之靈，憫念予誠……庶幾窺易道於師之歿後，了此出世之志，而千萬劫皈依師於一堂上。」（《李卓吾遺書》附錄）

焦竑撰疏追薦。

焦竑〈追薦疏〉：「卓吾先生秉千秋之獨見，悟一性之孤明；其書滿架，非師心而實以道古。傳之紙貴，未破俗而先以驚愚。……昔歌利截肢翻以成其忍辱，而淨滿傷首亦何損於傳衣。……泯同生死，蓋以示當體之全空，平等冤親，益以明達人之無我，曾於公而何憾！……爲演眞乘異消凩障，況法流浩浩雅已洞于一源，而智日暉暉，詎復加於委翳。七十六季成夢幻，百千億佛作皈依。鑒此悃誠，永爲明證。」（《李溫陵外紀》卷四）

陶石簣撰文祭告。

陶周望〈祭卓吾先生文〉:「於戲!先生獨處獨遊獨行獨語,目如辰曦,膽如懸弧。口如震霆,筆如飛雨。萬蟄俄開,群萌畢怒。……先生人謂奇敗,奇亦何病。蚩蚩者氓,自投坑窜。從窜笑山,謂山蓋峻。山謂窜人,子言非正,等不平耳。隆窪孰勝?於戲,先生是亦難言几席之間。……荷澤妙門,姚江正令,法法全眞,人人證聖;我說無奇,爾思不兢,杜口忘言,誰其善聽。……愛夢憎空,吹光斫水,塗割匪殊,在亡均理,於戲先生,已而已矣。」(《李溫陵外紀》卷二)

方時化有文哭之。痛失明師。

方時化〈哭李卓吾先生文〉:「弟子方時化,初得侍於先生也,以先生爲先子。平生所獨信,一言一動,悉自庭中;口述片楮,皆什襲以藏,如珍萬鎰。……既久侍先生也,值先生與漪園先生紹明十翼;弟子有千古不破之疑,先生有千古無兩之識;弟子竊效漢儒重經,竭誠致力。……日嚴先生如父,日奉先生如羲文孔子。實察曉曉,愈益傾服。……頃者先生去楚入燕……一旦驚然遠聞被逮……委而化矣。……弟子業已難不趨、莫不時,固自謂能信先生所歆饗不在是,人將毋曰:『盍亦不一言發明先生乎?』弟子則聲哽咽而憯欲死,曰:吾將言先生於易道,河圖不啓,吾將言先生誰起先子?吁嗟嗟乎!吾何言!吾第仰天高哭先生!」(《李卓吾遺書》附錄)

梅國楨從子之煥,於府城修懺法以拔薦。

梅之煥〈恭薦長者疏〉:「卓吾和尚,心事青天白日,行藏野鶴孤雲。早現宰官身,遊戲文章太守;晚棄人間世,皈依上乘如來。清畏人知,宦邸都無長物;塵隨緣斷,天涯獨寄萍踪。氣薄層宵,眼空四海;落筆千軍辟易,下幃萬卷兼收。潛心罄孔壁之藏,精孚意契;尚論執董狐之簡,鬼哭神號。抱用世之才,兼能出世;……持己太高,故當意者少;望人過重,致負心者多。涇渭分明,乏藏垢納汙之量;斗山卓絕,懷調高和寡之悲。剛方未免激昂,眞實間成執著。善善惡惡,務必極其本懷;是是非非,略不徇諸時好。以致招嫌觸忌,遂而貫怨益仇。誰明公冶之非,孰辯臧倉之愬?……太虛無物,任他把火燒空;群小流言,何異彎弓射影?試憶丁亥(1587)後種種悲歡得喪豈復留踪?即如藏書中代代勝敗興亡竟歸何處?……猶

含冤積恨，又或較短爭長；起心便是輪迴，片念轉生障碍。諒生平
之學力斷不至斯，恐毫髮之差池未免墮此。特修懺法，聊助津梁。」
（《麻城縣志》卷三十四）

湯顯祖有詩悼之。

湯顯祖〈嘆卓老〉：「自是精靈愛出家，鉢頭何必向京華。如教笑舞
臨刀杖，爛醉諸天雨雜花。」（《詩文集》卷十五）

【著作】

文：〈遺言〉（《續焚書》四：十四），〈書遺書後〉（《續焚書》四：四）

詩：〈繫中八絕〉（《續焚書》五：四八），〈繫中憶汪鼎甫南還〉（《續焚書》
五：八四）

萬曆三十九年辛亥（1611）歿後九年

《續藏書》刊行。焦竑有序述刊行因緣。

焦竑〈續藏書序〉：「李宏甫《藏書》一編，余序而傳之久矣，而於
國朝事未備；因取余家藏名公事迹緒正之。未就而之通州。久之，
宏甫歿，遺書四出，學者爭傳誦之。……歲己酉（1609），眉源蘇公
弔宏甫之墓而訪其遺編於馬氏，於是《續藏書》始出。余鄉王君惟
儼梓行之。」

《陽明先生道學鈔附年譜》再刻。（武林繼錦堂）

萬曆四十年壬子（1612）歿十年

《李卓吾遺書》刻行。

余永寧〈刻李卓吾先生遺書小序〉：「余素仰慕卓吾先生，渴欲一見
顏色。……及與友吳得常謁先生，先生……獨喜余二人，且蒙倒屣、
且蒙枉駕，娓娓談不置。……載在《永慶答問》中。踰五年先生歿，
世爭傳先生書，不啻貴洛陽紙也。……壬子秋，余尋諸友舊盟，奉
澹園焦先生教，語及先生，焦先生因出先生遺書示余，書皆未經傳
佈者，……是惡可以不傳。亟付陳大來氏……梓。」（《李卓吾先生
遺書》卷首）

案：此為尺牘集，陳大來刊刻卷本與繼志齋所刻《李卓吾遺書》收著作
十二種二十餘卷者不同。此集中〈與焦竑書〉、〈與耿定力書〉……，
多有《焚書》、《續焚書》所未收者。附錄友朋弔薦告文多種。

萬曆四十一年癸丑（1613）　歿十一年

《史綱評要》刊行。

> 吳從先〈史綱評要序〉：「卓吾之縱口橫筆，當世之斧鉞有所不避，
> 況已陳之司籍哉！故同是不妨獨是。……卓吾之為書，藏者、焚者
> 皆還世已久，此又爐餘而掘之名山者耶。……稿得於吳門道學
> 家。……萬曆癸丑（四十一年，1613）秋孟。」

萬曆四十二年甲寅（1614）　歿後十二年

袁無涯刊行卓吾《批點水滸傳》。並贈袁中道一覽。

> 楊定見〈小引〉：「……吾遊吳……得袁無涯氏，……求卓老遺言甚
> 力，求卓吾所批閱之遺書又甚力。……吾探吾行笥，而卓吾先生所
> 批定《忠義水滸傳》及《楊升菴集》二書與俱，挈以付之。無涯欣
> 然如獲至寶，願公諸世。吾問二書孰先？無涯曰：水滸而忠義也，
> 忠義而水滸也，知我罪我，卓老之春秋近是，其先水滸哉！」
>
> 袁中道、《遊居柿錄》：「袁無涯來，以新刻《李卓吾批點水滸傳》見
> 遺。」（甲寅九月）

萬曆四十六年戊午（1618）　歿後十六年

《續焚書》刻行。

> 汪本鈳〈續焚書序〉：「先生之書未刻者種種不勝擢數，鈳既不能盡
> 讀，……又不暇讀；……徒爾朽藏以供蠹蠹……則鈳之大罪也；因
> 搜未刻《焚書》及《說書》……付之廁，餘俟次第刻之。」（《續焚
> 書》卷首）

萬曆　年（？）

潘曾紘輯：《永慶答問錄》、《柞林紀譚》……，及卓吾諸友輩來往書箚成
《李溫陵外紀》。

> 潘曾紘〈李溫陵外紀序〉：「自俗學株守文字，古聖賢之微言妙語皆
> 以其腐骨承之而不知所以用也。嗟嗟！使學古而無濟於用，譬之塵
> 羹泥飯，不當飢飽。……李通玄長者援毫論著，齒出白光以代燈
> 燭，……所用即所學，所學即所用，有出世用世之略……。余生也
> 晚，不及見卓吾先生，常讀其書而知其『我能用學，不為學所用
> 也』；……吾朝土木之變，于忠肅之對虜人曰：『賴宗廟社稷之靈，

我國已有君矣！』……壯哉忠肅之能用古也。王文成……尊考亭而
陰黜其支離，闢乾竺而撮其勝，……壯哉文成之能翻案也。……不
學無術非眞英雄也，泥古不通非眞學問也；今古皆然，世乃獨疑於
卓老何耶？余於是輯《外紀》一書，以俟尚論者；而獨信其氣吞九
州，胸無一字，有大用而不見其迹者也。」

案：潘曾紘，字昭度，吳興人。崇禎間倡起義師勤王，卒於軍。

熹宗天啟五年乙丑（1625）　歿後二十三年

卓吾所著書再度焚禁。（卓吾歿年爲第一次）

四川道御史王雅奏疏，奉旨：「李贄諸書，怪誕不經；命巡視衙門焚
燬，不許坊間發賣，仍通行禁止。」（引見顧炎武《日知錄》卷二十、
李贄）

此下歷清，諸書仍列《禁焚書目》中，察禁不弛。

【附案】

今傳卓吾所批著書有：《批點墨子》、《合選陶王集》、《三異人集》；幷不
詳其批點與刊刻年日。

第二章　李卓吾師友考

交友難，得知己尤難。古人得知己便可無憾，是以默契方寸，相應千里；三友之益，夫子所貴，況有「此一大事未了」如卓吾者哉。嘗自謂：「才弱質單，獨力難就，恐遂爲門下鄙棄。故往往極意參尋、多方選勝，冀或有以贊我者。」子庸在楚則去滇就楚，柳塘在麻則去黃就麻，無念、友山在湖上則去古亭以就龍潭。乃至走雲中、赴坪上，行萬里路下金陵。師友所在，道業所繫，無不求之如飢渴、趨之若不及。或稱心隱：「人倫有五，公棄其四，而獨置身于師友聖賢之間。」予於卓吾亦云。雖其初未嘗以人倫之親、愛養之情爲必棄必舍，惟是慧命謳求之汲汲自有不措意者矣。

卓吾以師爲友，以友即師。自謂終生甘居學地不願爲人師，故此編以「師友」題，無所謂門人、弟子之名。攷述人物以文集中所見，或卓吾曾交往者爲範圍（若時年相隔如陽明，若地域僻隔如鄧豁渠、何心隱等，另有討論，不入茲編）。依年次爲經、寓地爲節，分別敍述出守姚安（1577）以前，去滇就黃（1581）之際，湖廣寄寓時期，以及出遊西北（1596）以後。各節依性質或再細分。各款中，先述人物年里字號及宦歷事迹，次及相交始末。

第一節　兩京供職

一、北京（附共城）

1. 趙貞吉（1508～1576）

字孟靜，號大洲諡文肅。蜀內江人。

生而穎悟，六歲誦書，日盡數卷。年十五，讀王文成《傳習錄》，驚曰：「予固疑物理之遠於本也，今獲所歸矣！」白二親往從，不許。遂徧誦六經自求之。有感於太夫人逝，因兼修出世業，習靜古刹。父強起赴試。乙未（1535）舉進士，選庶吉士第一。時方士進用，貞吉請求眞儒以贊大業。爲司業，以知本率性之學教士。累遷戶部侍郎，忤嵩奪職。隆慶初起官，歷禮部尙書、文淵閣大學士，尋與高拱不協，乞歸，年六十九卒。

大洲才高學博，然好剛使氣，動與物忤。九列大臣或名呼之，人以是多怨。齟齬去官，固其所也。所著文集有李氏批選本行世。另有《進講錄》。〔註1〕

大洲晚年銳志著述，欲括千聖萬古之道於二通。二通者：經世通、出世通。大略謂，經世者不碍出世之體，出世者不忘經世之用。蓋欲融會經世出世而泯其迹。

大洲爲心齋王艮再傳弟子，李氏早年在京曾一會，匆匆話別。（見〈柞林紀潭〉、《李溫陵外紀》卷一）李氏贊大洲爲「極有力量」人。文集中多有引述其語者。爲之作傳（收《續藏書》卷十二），且批選其文集。

2. 徐用檢（1528～1611）

字克賢號魯源，婺之蘭溪人。

嘉靖壬戌（1562）進士。除比部主事，調兵部、禮部，至郎中。出爲山東副使，歷江西參議，陝西提學副使、江蘇參政等，官至太常寺卿。

> 魯源師錢緒山，然其爲學不以良知而以志學。謂君子以復性爲學，則必求其所以爲性。而性囿於質難使純明，故無事不學。學焉又恐就其性之所近，故無學不證諸孔氏。（《明儒學案》卷十四）

李、徐於嘉靖丙寅（1566）前後，爲禮部同僚。李之得聞聖學，即因徐之誘引。〈陽明年譜後語〉云：

> 余自幼倔強難化，不信道，不信仙釋……年甫四十，爲友人李逢陽、徐用檢所誘，告我龍溪先生語，示我陽明先生書。乃知得道眞人不死，實與眞佛眞仙同。雖倔強，不得不信之矣。

李氏又以其能「讀（陽明）先生之書、次先生之譜」，歸功於徐、李二先生。

> 《明儒學案》有云：「先生（指徐）……在都門從趙大洲講學，禮部司務李贄不肯赴會。先生以手書《金剛經》示之曰：『此不死學問也，

〔註1〕 參見《明史》卷一九三，《明儒學案》卷三三，《內江縣志》卷五本傳。

若亦不講乎？』始折節向學。嘗晨起候門。先生出輒攝衣上馬去，不接一語。如是者再，贄信向益堅。語人曰：『徐公鉗錘如是！』（卷十四）

又李氏摯友耿定理（楚倥）亦嘗從徐氏遊，李氏之曾一會大洲趙氏，似即徐所引見。（俱見〈柞林紀潭〉，《李溫陵外紀》卷一）

3. 李逢揚（？）

字維明，別號翰峰。白下人。

自幼端謹如成人，雖盛夏恆整衣冠危坐終日。性篤孝，母歿、哀毀骨立，啖蔬處外，三年悉如禮。隆慶戊辰（1568）第進士。授戶部主事，陞禮部郎中。會選宮人，惟簡其貌類端淑者，艷冶悉置不與。奉命遣祭楚王；事竣，以百金爲贐，卻之。歸未幾，友人楊希淳病，逢陽親待湯藥。楊卒未浹旬，亦竟不起。

逢陽篤於踐覆，不事空談。及見天臺先生然後心服。謂人曰：「吾曩來毛髮動止皆非是。」又曰：「吾不聞學，得爲古之矜者止爾。今而後知學之不可已也。」〔註2〕

二李交識於隆慶戊辰（1568），同官禮部之時，又或更早。卓吾後日編《陽明先生年譜》，於後語有如此追述云：「年甫四十（1566），爲友人李逢陽、徐用檢所誘，告我龍溪先生語，示我陽明王先生書，乃知得道真人不死，實與真佛真仙同。……余今者果能讀先生之書果能次先生之譜，皆徐李二先生力也。」時翰峰又曾以周安勵學卓吾。云：

> 周安知學；子欲學，幸勿下視周安。（〈定林庵記〉、《焚書》、卷三）

後，李卓吾於〈李生十交文〉推許翰峰，爲少數相親之好友。文曰：

> 夫所交真可以託生死者，余行遊天下二十多年，未之見也。若夫剖心析肝相信，意者其唯古亭周子禮乎！肉骨相親、期於無斁，今於死友李維明蓋庶幾焉！（《焚書》、卷三）

4. 李　材（？）

字孟誠號見羅，諡襄敏。豐城人。

嘉靖壬戌（1562）進士，授刑部主事。隆慶間歷官雲南按察使，數破倭寇。收孟養、蠻莫兩土司以制緬甸，以功擢右僉都御史。會有言其虛張功伐，下獄，後戍鎮海衞。

〔註2〕見〈禮部主客郎中李公逢暘傳〉，《國朝獻徵錄》卷三五頁 76。

材所至聚徒講學，學者稱見羅先生。有《李見羅書》、《將將記》、《觀我堂摘稿》、《正學堂稿》〔註3〕二李相識於京師。《焚書》（卷一）有〈答李見羅先生〉云：

> 昔在京師時，多承諸公接引，而承先生接引尤勤。發蒙啓蔽，時或未省，而退實沈思。既久稍通解耳……閒適之餘、著述頗有，嘗自謂當藏名山……計即呈覽，未便以覆酒甕，其如無力繕寫何！

5. 李世達（1534～1600）

字子成，號漸菴、卒諡敏肅。關中涇陽人。

子成生而穎異，髫年即具器識。爲楊恪愍公所知。

年十九登嘉壬子賢書，丙辰（1556）成進士，授戶部主事。累遷文選，以養病歸。隆慶改元，陞稽勳員外郎。歷考功郎中。丁曾大父憂。萬曆間，復起。甲申陞南部右侍郎，改戶部，又陞吏部左侍郎。丙戌，陞南吏部尚書，改南兵部尚書參贊機務。召爲刑部尚書改都察院掌院事左都御史。壬辰，以六年滿加太子少保。癸巳，乞骸骨歸。卒年六十有七。〔註4〕

所履歷山東、撫浙江、督漕河，相士宜、權經費，俱能以民爲念，節餘無算。在南吏部時，與海忠介公意氣相期、擔荷國事。入爲大司寇，能發宮闈所未發之奸、開廷臣所不敢之口。焦竑稱之曰：「獨斷於是非雜遝之中、抗色於傾側危疑之際；國事既濟，身名亦全。誠可謂臣主相遭，千載一時也。」有奏議八卷。〔註5〕

二李相識約於隆慶改元（1567）前後。時卓吾供職禮部，子成則居吏部。

卓吾於子成頗爲推重。萬曆十六年間無念北遊，「得會顧沖菴」「而不得一會李漸菴」，卓吾甚以爲憾。（〈復焦弱侯〉、《焚書》卷二）而子成亦時時接濟於卓吾。《焚書》卷二有〈復李漸老書〉謝之云：

> 數千里外山澤無告之老，翁皆得而時時衣食之。則翁之祿，豈但仁九族，惠親友已哉！

6. 鄧石陽（？）

事迹年里不詳，李氏早年結識。嘉靖癸亥（1563）前後，李返閩經營安

〔註3〕 《明人傳記資料索引》、本條。
〔註4〕 《明史》本傳謂「歸七年卒」，此云「癸巳（1593）歸」；則是卒於庚子（1600）年。上推生年六十七，得生卒年：1534～1600。
〔註5〕 見〈御史大夫李敏肅公世達傳〉，《國朝獻徵錄》卷五四頁123。

葬父祖事，留妻女於共城。值歲大荒，二女三女相繼夭死。幸得鄧君接濟始得三年無缺。（〈卓吾論略〉、《焚書》卷三）

李氏去滇居麻，與鄧仍多來往。今《焚書》卷一收有多封論學書信。其中有論及鄧豁渠者，宜為認識卓吾之重要文字。

二、留　都

7. 王畿（1498～1583）

字汝中別號龍谿，浙江山陰人。

弱冠舉於鄉，嘉靖癸未（1523）年下第，歸而受業於文成。中丙戌（1526）會試，未廷試而歸。文成門人益進，不能徧授，多使見龍溪與緒山。文成歿，斬衰以畢葬事，心喪三年。壬辰（1532）始赴廷對，授南京職方主事。歷武選郎中。既退，益務講學，足迹徧兩都吳楚閩越江浙。年八十猶周流不倦。有《龍溪全集》行世（〈浙中王門學案二〉、《明儒學案》卷十二）

龍溪之學得陽明「四無」之教，主「見成良知」，以頓悟為說。由龍溪倡之，陽明心學乃大行於時。泰州一派蓋源於此。

李氏居白下時曾兩會龍溪（〈羅近谿先生告文〉，《焚書》卷三）自後無歲不讀其書，無口不談其腹。龍溪訃聞，設位為告：

> 聖代儒宗、人天法眼，白玉無瑕、黃金百鍊。今其沒矣，後將何仰。……
> 真得乎不遷不貳之宗……允符乎不厭不倦之理。……（〈王龍溪先生告文〉、《焚書》卷三）

友朋間文字，每盛推其能繼陽明學派者。〈復焦弱侯〉云：

> 世間講學諸書，明快透髓，自古至今，未有如龍溪先生者……先生之功在天下後世不淺矣。（《焚書》卷二）又曰：王先生字字解脫；
> 既得者讀之足以印心，未得者讀之，足以證入也。（同上）

因謂龍溪此書「前無往古，今無將來。後有學者可以無復著書矣。蓋逆料其決不能條達明顯一過於斯也。」（〈龍溪先生文錄鈔序〉、《焚書》卷三）特以全書卷帙浩繁，恐學者未覽先厭，故擇抄其尤精要者以誘之令讀；故有《龍溪文錄》鈔之編成。

8. 王　襞（1511～1587）

字宗順號東崖，江蘇泰州安豐場人。泰州學派宗匠王心齋艮之仲子。九歲隨父至會稽，每遇講會，以童子歌詩，聲出金石。陽明先生異之，令師事

龍溪、緒山。心齋開講淮南，遂又相之。心齋沒，繼父講席，往來主持教事。

> 東崖學本龍溪，嘗喟鳥啼花落、山峙川流、飢食渴飲、夏葛冬裘，
> 至道無餘蘊也。（〈泰州學案一〉、《明儒學案》卷三二）

李氏供職南都時，東崖往來講學，因得一會，遂師事之。〈儲瓘〉云：

> 心齋之子東崖公，贄之師。（《續焚書》卷三）

李氏平生不收弟子、不拜師，此處「師」稱，為文集中僅見。

9. 羅汝芳（1515～1588）

字惟德號近溪，江西南城人。

嘉靖癸丑（1553）進士，知太湖縣。擢刑部主事，出守寧國府，以講學鄉約為治。歷雲南副使、參政。萬曆五年（1577）進表，講學廣惠寺，朝士多從之。為江陵所惡，遂歸。既致仕，與門人走安城，下劍江，趨兩浙金陵，往來閩廣，益張皇所學，年七十四卒。

近溪年十五定志於張洵水，年廿六正學於顏山農，三十四而悟易於胡正甫，四十六證道於泰山丈人，七十問心於武夷先生。

> 其學以赤子良心，不學不慮為的，以天地萬物同體，徹形骸、忘物
> 我為大，以不屑湊泊為工夫，不依畔岸為胸次。師事顏山農談理學，
> 師事胡正甫談燒鍊，師事僧玄覺談因果。乃泰州學派之健將也。（〈泰
> 州學案三〉、《明儒學案》卷三四）

李氏於南都滇中，各曾一會近溪。（見〈羅近谿先生告文〉、《焚書》卷三）爾後如尊視龍溪尊視之，無歲不讀其書、無口不談其腹[註6]嘗謂人曰：

> 近老今年七十四矣，少而學道，蓋真正英雄，真正俠客，而能回光
> 斂焰，專精般若之門者。……僕實知此……老者，今天下之第一流
> 也，後世之第一流也。用世處世，經世出世，俱已至到。（〈答周二
> 魯〉、《李溫陵集》卷四）

李氏之視近溪稍遜龍溪，故有「龍溪足繼之（指陽明），近溪稍繼之」語，於近溪，自謂為惟能真知者。前引〈與周二魯書〉有云：

> ……（近溪）老而糟粕盡棄，穢惡聚躬，蓋和光同塵之極；俗儒不

〔註6〕李氏與近溪曾有書信來往。中圖藏萬曆壬子陳大來刊《李卓吾遺書》二卷本，
上卷收有〈與焦竑書〉二三封。其第八封云：「臘底走麻城，與周柳塘相約潭
上為一春之計。偶接羅近溪老書，遂歸與彼來人相會，并請三月間到此。此
老決然一來也。」唯近老始終未來。

知，盡道是實如此不肖。(《李溫陵集》卷四)

非惟「俗儒」不知，李氏相交輩如柳塘如弱侯亦有所不知。〈答耿司寇〉曰：

> 近老一路，無一人相知信者。柳塘初在家時，讀其書便十分相信，
> 到南昌則七分，至建昌又減二分，則得五分耳。及乎到南京，雖求
> 一分相信亦無有矣！柳塘之徒曾子，雖有一二分相信，大概亦多驚
> 訝。焦弱侯自謂聰明特達，方子及亦以豪傑自負，皆棄置大法師不
> 理會之矣。乃知眞具隻眼者，舉世絕少，而坐令近老受遯世不見知
> 之妙用也。(《焚書》卷一)

諸友皆不信，惟李氏一人信之，故文曰：「我若不知近老，則近老有何用乎！惟我一人知之足矣，何用多知乎！」(同上)

近溪歿，李氏哀之久，乃能爲文告祭。告文收《焚書》卷三，亦收入《續藏書》卷二二，羅公本傳後

10. 焦竑 (1540～1620)

字弱侯，號澹園，又號漪園。諡文端。江寧人。

弱侯生有異質，少好學。師其兄鏡川。年十六，應童子試，督學趙公大奇之。毘陵方山薛公爽然稱異。嘉靖甲子(1564)舉於鄉。乙丑(1565)下第，益淬礪性命之學。從耿天台(定向)羅盱江(汝芳)兩先生遊。天台搆崇正書院，即以弱侯領其事。屢困公車，萬曆己丑(1589)始舉會試第七，廷對擢狀元。天下咸以不媿科名歸之。官翰林修撰。壬辰(1592)分試禮闈，所舉拔皆名流。又持節封周藩，癸巳(1593)還朝。明年(1594)大學士陳于陛建議修國史，意欲弱侯專領其事，謙讓未遑，乃先撰《經籍志》；其他率無所撰，館亦竟罷。丁酉(1597)，主順天鄉試。忌者取士子牘中二三奇險誕語劾之，調福寧州同知。歲餘大計，復鐫秩；遂不出矣。

生平養深性定，淡然於得失。家居二十載如一日，擁書數萬卷，日哦詠其中。所著有《經籍志》、《東宮講義解》、《陰符經解》、《焦氏筆乘‧續筆乘》、《焦氏類林》、《澹園集》、《澹園續集》、《澹園別集》、《獻徵錄》等十數種。〔註7〕

焦侯爲李氏最相知者，李氏每謂之曰「弟眞不可無一日無兄。」李氏所撰諸書皆多先寄弱侯訂正然後付梓。《藏書》之續作，弱侯與有力焉。

李氏〈壽焦太史尊翁後渠公八秩華誕序〉述二人相交頗詳。文曰：

〔註7〕參見《明史》卷二八八，《本朝分省人物攷》卷十三頁145本傳，幷〈焦竑年譜〉(容肇祖，《燕京學報》二三期)。

余至京師，即聞白下有焦弱侯其人矣。又三年，始識侯。既而徙官
留都，始與侯朝夕促膝窮詣彼此實際。夫不詣則已，詣則必爾，乃
為冥契也。故宏甫之學雖無所授，其得之弱侯者亦甚有力。……惟
宏甫為深知侯，故弱侯亦自以宏甫為知己。（《續焚書》卷二）

李氏既去滇居黃安，弱侯曾來，相聚十日，暢談而去。爾後書信往來至夥。《焚
書》、《續焚書》有二十五封，（《李卓吾遺書》上卷中尚有多封未收入者。）
或論學，或議政，不一而足。

丁酉（1597），李氏北上寓西山極樂寺，得會弱侯。明春聯袂南邁，李赴
南京寓永慶寺，焦履福寧同知。又明年（1599）焦罷官歸，從此日夜相從，
朝夕商量於易學。三年而成《易因》。

李氏歿，弱侯既自歎不能奮發，又恨相知者不肯援，惟深痛惜雪松之早
天（見〈雪松潘君墓誌銘〉、《澹園集》卷卅）而追薦之曰：

昔歌利截肢翻以成其忍辱，而淨滿傷首亦何損於傳衣，……為演真
乘，異消凤障。況法流浩浩，雅已洞于一源，而智日暉暉，詎復加
于委鬱。七十六季成夢幻，百千億佛作皈依。（〈追薦疏〉、《李溫陵
外紀》卷二）

11. 陸光祖（1521～1597）

字與繩號五臺，諡號莊簡。嘉興平湖人。

嘉靖二六年丁未（1547）進士，除滑縣知縣。遷南京禮部主事；歷官驗
封郎中，轉考功及文選。萬曆中累遷吏部尚書。

與繩公忠強直，練達掌故。每議大政，一言輒定。推轂豪俊，不遺疏賤，
人望翕然歸之。亦因是為忌者所中，屢退閒家居，究心佛乘。嘗為文募刻《五
燈會元》。密藏開公募刻小本藏經，與繩倡導尤力。晚從紫柏老人遊，研究益
力。已而修念佛三昧。及臥疾，陽陽如平時。紫柏讚其心力堅猛云。〔註8〕

《焚書》卷一〈答耿司寇〉長信中，兩度提及五臺。以為「五臺與生（卓
吾）稍相似」，又「五臺亦佛學」故與耿老論辯時時取以比論。

《李溫陵集》卷四〈答周二魯〉云：

五臺先生骨剛膽烈，更歷已久、練熟世故，明解朝典，不假言矣。
至其出世之學，心領神解，又已多年。……非人可及也。兄有丈夫

〔註8〕 參見《明史》卷二二四、《國朝獻徵錄》卷二五頁90、《居士傳》卷四十、《續
藏書》卷十八。

志願，或用世、或出世，俱不宜蹉過此老也。

12. 方沆（1542～1608）

字子及，號訒菴，莆田人。

子及少穎悟，不爲章句訓詁。博覽無所不通。戊辰（1560）登進士，出守全州（廣西桂林）。大小之獄、成於手中。老吏驚以爲神行。屬邑灌陽履畝均田，百年之患、一朝頓除。灌陽人生祠之。踰四年，擢南京戶部員外郎。未上，擢郎中。所領江右諸郡歲賦以給六軍。旋因事被誣，謫爲雲南安寧提舉。兩台賓禮之，使居會城校五經、四書、二史，廣布學官。荒檄靡然嚮風。已而擢知廣德州，甫上，入爲南京刑部郎中，法比精練。頗見賞於姜寶、海瑞、李世達三公。三年，考最擢僉事、督學雲南。迫大比，不半歲，校士遂徧，士各盡所長。滇士習文體，自是一變。已而有讒小修隙中以計，知寧州（江西南昌）。寧州除收事繁，吏民嚚頑。守邸上漏下濕，庫庾無筦鑰、學宮蓬蒿沒人。子及新學宮，補闕漏，寧士因而蔚興倍蓰故時，數上書乞體，諸台慰不可。台使詮曹推薦皆以十數；劉司空東星特奏其行能高妙、願與共事；皆不報。癸卯（1603）拂衣去，後卒於家。年六十七，子二，承笏、承簡。有《猗蘭堂集》。〔註9〕

方、李相識於萬曆元年（1573）前後，時二人同官白下。李有書〈與弱侯焦太史〉云：

> 白下雖多奇士，有志於生死者絕無一人。祇有訒庵一人稍見解脫，
> 而志氣尤劣。彼何人斯，亦欲自處於文學之列乎？他年德行不成，
> 文章亦無有，可悲也。夫文學縱得列於詞苑，猶全然於性分了不相
> 干，況文學終難到手乎？（《續焚書》、卷一）

沆嘗與陳子野輩結青溪社而李頗不爲然。後子及遷轉寧州，卓吾去信慰候云：

> 知州爲親民之官，寧州爲直隸之郡，江西爲十三省之首，且五品之
> 祿不薄……若謂同時登第者今爲宰輔、爲卿相，次亦爲都堂、巡撫，
> 未免忻羨怨尤於中，則市井人耳，豈可以語於兄之前哉！則假道學
> 人耳，豈可以語於卓吾子之友前哉！……願兄勿以遷轉爲念，唯以
> 得久處施澤於民爲心，則天地日月，昭鑒吾兄。名位不期高而自高，
> 子孫不期盛而自盛矣。（〈與方訒菴〉、《續焚書》、卷一）

〔註9〕見〈湖廣按察司僉事方公墓誌銘〉，《大泌山房集》卷八一，頁26。

書中並託其刻行近作《讀孫武子》十三篇及《讀升菴集》。

　　13. 李登（1524～1609）

　　字士龍，別號如眞，上元人。

　　弱冠補弟子員，爲學使者所賞。嘉靖辛酉，耿天台督學南都以理學倡，爲所愛重。屢試弗售，謁選授新野令。期年而謳聲洽屬邑。改諭崇仁。居二年餘而歸。

　　性至孝，父竹塢公年不四十歷三娶，委曲事之。早歲冥契內典，比謝仕，閱藏東山。摘所賞會別加錄記。有《般若約抄》、《宗鏡錄抄》、《覺海同符》各若干卷。生平究心性命外，百家群籍亦多兼通。著有《字學正譌》六卷、《正字千文》二卷、《讐刻篇海》五卷、《摭古遺文》一卷、《老子約筌》二卷。所撰詩文彙有《冶城眞寓存稿》、《續稿》，俱行於世。最晚著《易知齋家藏》一卷。

　　歲己酉（1609），病脾，骨立。謂兩孫曰：「人不當以知見用事，要平日於本性上用功夫。若依傍非眞，焉保臨終不亂乎。小子識之。」尋瞑目而逝。〔註10〕

　　士龍之識卓吾，當爲焦竑或耿天台之介。《續焚書》中數度提及，然往來書信僅一見《李溫陵集》（卷一）。文曰：

　　　　承兄遠教，感切難言。第弟禪學也，路徑不同，可如之何……且兄祇欲爲仁不務識仁，又似于孔門明德致知之教遠矣。今又專向文學之場精研音釋等事，似又以爲仁爲第二義矣。雜學如此，故弟猶不知所請教也。非薄之謂也，念兄未必能開弟之眼，愈弟之疾也。（〈答李如眞〉）

二人之不相投，又可於《明儒學案》耿定理傳見之：

　　　　李士龍來訪，先生未與一語及學。士龍恚曰：「吾冒險千里，來此踰月，不聞一言見教，何外我甚。」先生笑而不答。瀕行，送之河滸，問曰：「孔子云：不曰如之何如之何。此作何解？」士龍舉朱註云云。先生曰：「畢竟是不曰如之何如之何者！」（《泰州學案》四）

戊戌（1589）夏，李氏自北京南下居南京永慶寺時，士龍亦相隨在此。（見〈永

〔註10〕傳詳《本朝分省人物攷》卷十二頁416。卒於己酉（1609）如前述。生年據耿定向〈別李士龍〉、（《耿天台先生文集》卷一）：「萬曆癸巳冬余年七十，李士龍自白下來爲壽，士龍年亦七十。」得生年甲申（1524）。

慶答問〉、《李溫陵外紀》卷一）

14. 祝世祿（1539～1610）

字延之號無功。鄱陽人。

萬曆己丑（1589）進士，除休寧知縣。乙未（1595）考選爲南科吏部給事中，歷尚寶司卿。

耿定向講學東南，延之從遊門下。與潘去華、王德孺俱爲耿門高弟。有《祝子小言》，《環碧齋詩集》及《尺牘》。

《藏書》卷首，有祝己亥（1599）序云：

> 往予以南宮之役，偕潘去華過留都。于時先生居比部，先生自託無
> 爲人也。唯知有性命之學而已。比余入楚，先生業已掛冠寓楚矣。
> 余雖時獲聞問，然先生猶居然自託無爲人也，唯知有性命之學而已。
> 及余釋策笈爲令，從潘去華得《李氏藏書》讀之，始稍疑其不同焉。

《李溫陵集》卷四〈復焦弱侯〉，提及祝曾往麻城一會，對祝頗有微詞：

> 祝無功過此一會，雖過此，亦不過使人道他好學，孳孳求友如此耳。
> 大抵今之學道者，官重於名，名又重於學。以學起名，以名起官。
> 使學不足以起名，名不足以起官，則視棄名如敝箒矣。

第二節　姚安任守

1. 顧養謙（1537～1604）

字益卿號沖菴謚襄敏，南直隸通州人。

嘉靖乙丑（1565）進士。巡撫遼東，著勳績；遷南京戶部侍郎，以憂去。時朝鮮事起，起爲兵部侍郎，總督薊遼軍務；尋令經略朝鮮。既至，主撤南兵。二二年（1594）春，疏請封貢，併開市寧波，朝議大譁。給事中王德完劾之，因薦孫鑛自代，乞歸卒。有《沖菴撫遼奏議》、《督撫奏議》。（《明史列傳》卷八十五下）

李、顧於戊寅（1578）前後，同官雲南。庚辰（1580）春，顧入京。且爲請致仕。

及銜命返滇，有〈送行序〉曰：

> 謙之備員洱海也，先生守姚安已年餘。每與先生談輒夜分不忍別
> 去。……萬曆八年庚辰之春，謙以入賀當行，是時先生歷官三年滿

矣……乃爲請於朝得致其仕。(《焚書》卷二)

既會，得致仕去；聞顧去滇他轉，復於貴州相候。月餘，始聯袂入川。

　　此後便未相見，音訊亦無。己丑（1589），沖菴初履南京任，時無念遊白下將回，曾託信邀李氏訪焦山明月樓。李未就(〈參復焦弱侯〉，《焚書》卷二)。己未（1599），李寓南京永慶寺，距顧鄉南通州僅一水之隔耳，顧殷勤邀約；李有〈復顧沖菴翁書〉婉拒曰：

> 某非負心人也，公蓋世人豪，〈四海〉之內……無不願奔走追陪……況於不肖某哉。……自隱天中山來……求師訪友未嘗置懷，而第一念實在通海。但老人出門大難，詎謂公猶惓惓念之邪！(《焚書》卷二)

史謂沖菴膽氣過人，多智略。李亦論之曰：

> 顧沖菴具大有爲之才，負大有爲之氣，而時時見大有爲之相，所謂才足以有爲，而志亦欲以爲有者也。……氣欲蓋人而心實能下人……當今之傑也，未易多見也！(〈與友人〉、《續焚書》卷一)

沖菴因朝鮮事辭薊遼總督歸，李讀顧沖菴辭疏於是有「文經武略一時雄，萬里封侯運未通」之慨。(《續焚書》卷五)

2. 李元陽（1497～1580）

　　字仁甫號中谿，雲南太和人。

　　嘉靖五年丙戌（1526）進士，選吉庶士；授江陰知縣，有政績。擢江西道御史，遇事敢言。巡按關中，墨吏望風解綬。官終荊州知府。居家四十餘年卒。有《中溪漫稿》、《艷雪台稿》。〔註11〕

　　《焚書》(卷三)有〈李中谿先生告文〉，讚其篤於向道、嗜學不倦而「平生祿入，盡歸梵宮；交際問遺，總資貧乞。六度所稱布施忍辱精進者，公誠有之。」

　　又，中谿有〈姚安守李公善政序〉(《中谿文集》卷六)，盛稱卓吾（據陳垣《明季滇黔佛教攷》)卷三。

3. 陶　珽

　　字葛閬，晚字不退，又號稚圭。姚安人。

　　萬曆三八年（1610）進士，歷官至武昌兵備。曾居雞山，讀書白井菴大

─────────────────────

〔註11〕〈李公行狀〉，《國朝獻徵錄》卷八九，頁35。

覺寺，摹古帖於楞迦室。有集曰《閬園》。斑弟爲拱，字紫閬，號仲璞，有《遯
園集》。錢牧齋曾爲之序曰：

> 姚安陶仲璞，爲吾同年兄稺圭之弟，兄弟俱以才名，奮起天末。……
> 稺圭爲龍湖高足，而仲璞少受學於稺圭，其師友淵源如此。（〈遯園
> 集序〉，《牧齋初學集》卷卅一）

《初學集》同卷亦有〈閬園集序〉曰：

> 同年生陶不退，少有志於學，遊李卓吾之門。卓吾守姚安，清淨恬
> 淡，有汲長孺之風，不退官居似之。卓吾晚年憤世，兀傲自放；而
> 不退規言矩行，老而彌謹；此則不退之善學卓吾者也。〔註12〕

4. 郭萬民

事迹不詳。唯於〈與焦弱侯〉文中得知。文曰：

> 弟自三月即閉門專爲告歸一事，全不理事矣。至七月初乃始離任，因
> 茲得盡覽滇中之勝，殊足慰也。又得姚安一生爲郭萬民者相從……頗
> 有尋究下落處。竊自欣幸，以爲始可不負萬里遊。……此生雖非甚聰
> 慧，然甚得狷者體質，有獨行之意。今於佛法分明有見，雖未知末後
> 一著與向上關捩，然從此穩實，大段非莊純夫比矣！弟南北雲遊，苦
> 未有接手英雄、奇特漢子，此子稍稱心云。（《續焚書》卷一）

第三節　湖廣隱名

卓吾既去官，辛巳（1581）正月抵黃安，此下十六年足迹不出黃、麻、
武昌。而尤以麻城爲居久。嘗曰：「人今以某爲麻城人，雖某亦自以爲麻城人。」
又自謂年五十六始勤著述；年五十六即抵黃之次年。此十六間殆爲卓吾之成
學階段，此期間結識友朋亦多，故分四目述焉；黃安、麻城、武昌，方外亦
別立一小節。

〔註12〕陶之從學卓吾其時未確。陳援庵（《明季滇黔佛教攷》）推論或是卓吾任姚安
守時。引錢謙益云其「少有志於學，遊李卓吾之門」爲證。惟高《問愚錄》
謂「斑晚悅禪，靈慧夙生，以故稱天台。」又王元翰尺牘亦謂「其時京師學
道人如林。善知識則有達觀、朗目、憨山……諸公，宰官則有黃愼軒、李卓
吾、袁中郎、袁小修、陶石簣……陶不退……諸君；聲氣相求，函蓋相和。」
（俱見《明季滇黔佛教攷》卷三所引）則似陶之從遊爲卓吾晚年名已盛著。
今乏的證，姑從陳說。

一、黃　安

1. 耿定向（1524～1596）

字在倫號楚侗，人稱天台先生。諡號恭簡。湖廣黃安人。

嘉靖丙辰（1556）進士，擢御史。壬戌（1562）改督南畿學，構崇正書院延四方來學之士。丁卯（1567）陞大理寺丞京察。以嘗劾新鄭相，銜之，降橫州判官。及新鄭罷相，累遷至都御史。以內艱去。時江陵奪情（1577），復與朝士構；及服闋，薦用出爲巡撫福建。復丁外憂去。再起，補都察院協理僉都御史，歷刑部侍郎、南京都察院右都御史，官至戶部尚書。告歸居七年卒。有《碩輔寶鑑》、《世進遺風》、《觀生紀》、《耿天台先生集》等書行世。〔註13〕

天台爲焦竑導師，爲定理伯兄；李氏既與二人密邇，因得結識天台。將入滇，先經黃安拜會，託以家眷並約三年還聚。既致仕，便返黃安依天台居，達五年之久。

天台早居要津，李因兄事之。惟二人學術有別，故定理卒後（1584）齟齬漸生。天台既內召，李氏亦走龍湖，書信來往意見滋多。自李氏落髮迄初刻《焚書》（1588～1590）間，二人相左益甚。自是不相往來十餘年，至乙未（1595）冬始再合。次年夏，天台卒。〔註14〕

2. 耿定理（1534～1584）

字子庸號楚倥先生。定向仲弟。

楚倥以諸生終生，平生尋師訪友，遊跡徧四方。〈耿楚倥先生傳〉述其自白云：

> 吾始事方湛一，湛一本不知學而好虛名，故去之。最後得一切平實之旨於太湖（鄧豁渠），復能收視返聽，得黑漆無入無門之旨於心隱，乃始充然自足，深信而不復疑也。唯世人莫可告語者，故遂終身不談，唯與吾兄天台先生講論于家庭之間而已。（《焚書》卷四）

鄧、何而外，楚倥亦嘗從學於羅近溪、徐魯源。天台嘗自謂「吾之問學雖有所契，然賴吾八弟之力爲多。」（〈耿楚倥先生傳〉）劉初泉亦讚歎而告天台曰：「大開眼人，恐不可以弟畜之。」（《泰州學案》四）

〔註13〕〈天台耿先生行狀〉、《澹園集》三三，〈耿恭簡家傳〉、《大泌山房集》卷六三。
〔註14〕李耿交惡，關係卓吾思想之發展傾向，其事非輕，另有文討論，此僅略述大概。

李、耿於壬申（1572）結識白下；辛巳（1581），李致仕抵黃，與耿過從甚密，及耿既歿，李有〈哭子庸四首〉（《焚書》卷六）。且〈與弱侯焦太史〉云：

> 此間八老去後，寂寥太甚。因思向日親近善知識時，全不覺知身在
> 何方，亦全不覺欠少甚麼，相看度日，眞不知老之將至。蓋眞切友
> 朋，生死在念，萬分精進，他人不知故耳。自今實難度日矣。（《續
> 焚書》卷一）

李氏盛讚楚倥（〈柞林紀潭〉），乃李氏思想之開展極具關鍵性之人物。

3. 耿定力（1544～？）

字子健號叔台，定向叔弟。黃安人。

隆慶五年（1571）進士，萬曆間累遷操江僉都御史，官至兵部侍郎。

李氏與定向、定理、焦竑等友善，因與定力相識。惟交情不深，來往文字多應酬語。

4. 周思久（1527～？）〔註15〕

號柳塘，學者稱石潭先生。麻城人。

嘉靖癸丑（1533）進士，以瓊州知府致仕。思敬（友山）之兄也。與耿定向善。

李氏去滇後，走黃依耿老，得識柳塘。其時有書〈復焦漪園〉云：

> 侗天爲我築室天窩，甚整。時共少虞柳塘二丈老焉。絕世囂、怡野
> 逸，實無別樣出遊忘念。（《續焚書》卷一）

及楚侗歿，侗天（耿定向）亦應召赴京；李因黃走麻城。〈與弱侯焦太史〉云：

> 去年十月曾一到亭州（麻城），以無館住宿，不數日又回。今年三月
> 復至此中……有柳塘老以名德重望爲東道主，其佳壻曾中野捨大屋
> 以居我，友山兄又以智慧禪定爲弟教導之師，眞可謂法施、身施、
> 檀越兼得其便者矣。（《續焚書》卷一）

先是，柳塘於麻城縣東之龍潭建有芝佛院，禮請深有僧居焉。李氏不喜居縣城，於是柳老又請徙於龍潭。居未多時，與天台（耿定向）失和。柳塘居中，頗受糾葛（參見〈答耿司寇〉，《焚書》卷一），竟而爲李氏所怨。李氏有〈復

〔註15〕柳塘與卓吾同年，《焚書》卷二〈與曾中野〉云：「不復與柳老爲怨矣，且兩
人皆六十四矣！」辛於萬曆二四年以前，〈豫約〉中早晚山門條：「過橋即是
柳塘先生祠」可知。

周柳塘〉文曰：

> 弟早知不敢以此忠告進耿老也，弟自通筍，此直試兄耳。乃知平生
> 聚友講學之舉、遷善去惡之訓亦太欺人矣。欺人即自欺，更又何說
> 乎！〔註16〕

幸而得曾中野之說而得紓解。〈與曾中野〉云：

> 昨見公，令我兩個月心事，頓然冰消凍解也。……僕之迷久矣，何
> 特今日也。自今已矣，不復與柳老為怨矣。（《焚書》卷二）

柳塘致仕後，日以講學為事。歸善楊起元為其門下高弟。嘗謂之曰：「學必求
至聖人，非但欲為好人也。」及起元館選，引山雞自矜其羽為喻。建有輔仁
書院；又築寒碧樓於龍潭釣台上，學者因稱石潭先生。著有《石潭集》。（《麻
城縣志》卷二〈名勝之屬釣台〉，卷十八〈耆舊志名賢之屬〉。）

5. 周思敬（1532～？）

字子禮，號友山。麻城人。

戊辰年（1568）成進士，起家水部郎。原與張江陵友善，後因假江陵意
給執金吾以赦人不死，江陵心銜之，不復議進用。會寧州巨寇嘯聚，江陵欲
以陷之，乃移備兵寧州，甫數月而傳賊首於京師。江陵更端難之，欲生致寇
魁，竟又獲功。江陵乃不敢詰責。及江陵敗，坦臣鄒元標特疏其不附江陵狀
得擢太僕少卿。友山上章曰：「相臣實知己，元標薦臣不附相臣，以是得超遷，
是臣負知己也！」蓋由江陵實知之而憚之也，雖欲挫之而反得盡其才，未嫌
相扼也。由太僕歷四夷館、北光祿、太常……以至北少司徒。節聲才譽震天
下。冢宰蔡公方將引以自代，而竟以疾卒官。〔註17〕

友山為柳塘弟，遊學耿門；頗為天台公耿定向所稱許。李之相識二周，
應係同時。李氏徒麻後，友山為其「禪定智慧師」（見前周思久條內所引），
更創建維摩庵以居之。（見〈豫約・早晚守塔〉，《焚書》卷四）既至龍潭，相
與閉門讀書。（袁中道〈李溫陵傳〉）相得甚歡，李氏於〈窮途說〉云：

> 天下唯知己最難……勝我方能成我，此一喜也。勝我者必能知我，
> 此二喜也。……去新邑（指黃安）入舊縣（指麻城）……周友山力。
> 友山又是真實勝我者，故友山亦甚知我。夫勝我者必知我，知我者

〔註16〕見《李溫陵集》卷三。《焚書》卷一亦收此文，惟刪汰過多不能見全貌。

〔註17〕參見曹胤昌〈明司空周友山公傳〉，《麻城縣志》卷三四，《黃安縣志》卷八本
傳。

必定勝我，兼此二喜，余安得舍此而他去也耶！……是以就龍湖而
棲止焉……一以近友山，一以終老朽。如此而已矣！（《續焚書》卷
二）

友山之上章申明江陵事，疏中有「且負知己」字。李氏因告之曰：

疏中「且負知己」四字，甚妙！……江陵，兄知己也，何忍負之以
自取名耶！……士爲知己死，死且甘焉，又何有于廢棄歟！但此語
只可對死江陵與活溫陵道耳！」（〈與友山〉《焚書》卷二）

二人交情可見一斑。李氏又喻友山爲尋常無奇之「布帛菽粟」，麻城不之知，
而獨我李某知之。是不獨引友山爲知己，且自以爲友山之知己也矣！

友山嘗遊天台門下，與李氏交誼又篤厚如此，其於二老相左日，誠所謂
「敬居其間，不能贊一辭」之困境。及聞二老再合，於喜極泣下，以爲更生
辰也；（見〈耿楚倥先生傳附跋〉，《焚書》卷四）宜乎李氏之謂：

予行遊天下，二十多年……若夫剖心析肝相信，意者其唯古周子禮
乎！（〈李生十交〉，《焚書》卷三）

6. 管志道（1536～1608）

字登之，號東溟。太倉人。

童稚習禮容，儼若成人。六歲就傅，讀書再過成誦。癸亥（1563）耿定
向總學校，拔之稱人中。明年，奉師命尋訪友，徧參近溪、東崖先生。相與
討論揚搉，而有契於中庸明哲之義。隆慶庚午（1570）領鄉薦，明年成進士。
初選得南兵部車駕司主事。甲戌（1574）丁父憂歸。服除，補刑部貴州司主
事。因江陵奪情上書以諷，爲江陵所銜。戊寅（1578）春，神宗大婚禮成；
爲九事以上，勸躬覽大政，無使旁落；益爲江陵所怒。十一月，出爲廣東按
察司僉事，履任甫經月，得旨解任馳歸。明年補鹽課司提舉。庚辰（1580）
大計，置公老疾中。後辛卯（1591），李敏肅言於冢宰陸公，復補楚臬。而宦
途之迹如掃矣。堅臥不起。萬曆戊申（1608）七月十五，以疾終於家。

常言：士必有遯世不見知而不悔之胸襟，然後可與深造。又必有行一不
義殺一不辜而得志弗爲之節概，然後可與立身。其自信有如此者。銳意問學，
冀以西來之意密證六經，東魯之矩兼收二氏。欲將囊括三教，鎔鑄九流以自
成一家之言也。有《孟義訂測》、《覺迷蠡測》等行世。〔註18〕

〔註18〕參見《本朝分省人物攷》卷二四頁 336，《國朝獻徵錄》卷九九頁 164。

東溟與焦竑同爲耿門高第。萬曆十年（1582）前後李依耿居黃安時，曾同住天窩。《續焚書》卷一〈復焦漪園〉云：

> 東溟兄時在天窩，近山從之行，但不同至黃安爾。東溟亦不久住此。
> 此兄挫抑之後，收斂許多。殊可喜，殊可喜！

爾後往來便疏。《李溫陵集》卷六有〈與管登之書〉云：

> 承遠教，甚感。……雖數十年相別，宛然面對，令人慶快無量也。

唯二人並未十分投契。同文又云：

> 第有欲言者，幸兄勿談及問學之事。說學問反埋卻種種可喜可樂之
> 趣。人生亦自有雄世之具，何必添此一種也。

7. 楊起元（1547～1599）

字貞復，號復所。追諡文懿。廣東歸善人。

自幼聞正學，言動舉止莊重不苟。十五補諸生，二十一魁于鄉。三試南宮不售，乃遊金陵，下帷續學。苦於諸儒學旨枘鑿不相入。遇旴江黎允儒，歡然相得。詰以何所得，則師自近溪羅公也。丁丑（1577）舉進士，改庶吉士。偶羅先生以齎捧至，遂棄學焉。丁亥（1587）進修撰，戊子（1588）校士八閩，試策大發所學、人爭傳誦。己丑（1589）遷國子司業。辛卯（1590）晉司經局洗馬，纂修玉牒，充經筵講官。力勸君上崇聖志，勤聖學。壬辰（1592）分校禮闈，所得多吉士。丁外艱歸。起國子祭酒。丙申（1596）晉南京禮部右侍郎。丁酉（1590）秋，因災復疏勸勤學。輯註高皇帝御製集刻行，上之。遷南吏部。戊戌（1598）召爲吏右侍郎兼侍讀學士。未行，而有內艱。躬營葬事，感寒疾，己亥八月十九卒於家，享年五十三。

貞復清修婍節，與人親厚。既聞近溪之學，興曰：「如客得歸。」銘心刻骨，無須臾忘。雕一小像，出必告，反必面。歲時約同志祭奠於所居。四方之士來學者，常滿戶外。持論以明德親及止至善爲宗，而要歸於孝弟慈。所著有《證學編》、《楊子學解》、《輯白沙語錄》、《楊復所家藏文集》等多種。〔註19〕

貞復於耿天台（定向）執弟子禮。〈答耿老先生〉云：

> 起不獲久事近師，惟老先生乃吾師莫逆友也。領老先生之教，猶領
> 吾師教也。（《楊復所家藏文集》卷六相三六）

然其論學軌轍實有異處。《家藏文集》有〈與管東溟書〉云：

〔註19〕參見《明書》卷一一五，《國朝獻徵錄》卷二六，頁75。

近日理會得宇宙間一件大事，此道之統自堯舜湯文武孔子以來幾二
千年，至我高皇直接之，無纖毫不滿之遺憾。……具在文集還經示
僧篇，又諭僧篇，又道患篇。試取三製讀之，可以測其精微之蘊矣！
（《家藏文集》卷七頁三）

李氏曾讚其爲「大作家」，其作品爲今世所未能作。[註20] 李之與耿齟齬，楊
曾致書周思敬，欲排解。《續焚書》卷一〈寄焦弱侯〉道及其事曰：

楊復老未知友山入川，有書與之。弟竊觀書中意，大爲斯道計慮，
故大爲弟解紛……。

二人於戊戌（1598）相會白下，互爲激揚。李有〈永慶答問〉即斯年仲夏，
由楊氏門人余、吳所編錄而成。

8. 潘士藻（1537～1600）

字去華號雪松，直隸婺源人。

年十八補邑諸生。隆慶庚午（1570）登鄉試。萬曆癸未（1583）成進士，
授溫州推官。錚錚有頌聲。戊子（1588）召爲福建道御史。因事得罪中貴，
落三階調之邊地。得廣東布政司照磨。辛卯（1591）改南刑部照磨。明年晉
南吏部主事，七月改尚寶丞。癸巳（1593）晉司少卿。庚子（1600）夏以冊
封太宜人僑居留都。旋於十月病卒，年六十有四。

耿天台之倡道東南，群士景從。其最著者爲焦竑、王德孺、祝無功，以
及新敬二潘。雪松即一也。居家立朝，所至以學爲事。常摳趨溫陵之門。雖
人或疑疑於耿、李之學異旨，而雪松獨能取其會心者用之，以自名一家。有
《闇然堂雜集》、《詩文集》、《周易述》若干卷。[註21]

雪松於溫州推官時曾爲李氏刻行《三經解》。《焚書》卷一〈答焦漪園〉
云：

潘雪松聞已行取。《三經解》刻在金華，當必有相遺。

後李氏又詢於焦竑曰：

潘新安何如人乎？……不肖何以受知此老也？其信我如是，豈眞心
以我爲可信乎？抑亦從兄口頭，便相隨順信我也？若不待取給他人
口頭便能自著眼睛，索我於牝牡驪黃之外、知卓吾子之爲世外人也，

〔註20〕〈復焦弱侯〉，《李溫陵集》卷四。此文亦收入《焚書》卷二，惟刪汰過多。
〔註21〕參見《本朝分省人物攷》卷三七，頁 37，《鄒子願學集》卷六，頁 65，《國朝
　　　　獻徵錄》卷七七，頁 46。鄒、焦所記年歷稍有不諧，茲從焦說。

則當今人才必不能逃於潘氏藻鑑之外，可以稱具眼矣！（同前）
焦竑於墓志銘稱潘君「自負人倫之鑑」，李氏亦稱之；然亦可見潘氏之悅服龍湖也。

9. 馬逢陽

字伯時，金陵人。

石林書院十八子之一。幼治舉子業，弱冠爲諸生。恂恂雅飭。耿恭簡（定向）見而奇之，命受學於焦弱侯（竑）。已而出遊得一劍，附歸。鋏有「賜死」二字，逢陽不知也。妻見之，以爲杜郵之命，遂伏劍。妻家搆之，繫獄三年。恭簡爲白，乃釋。歸，棄諸生，走黃安。見五雲山有耿先生講學精舍，因擇最幽處偃仰其中。時與緇衣羽流往來。亦讀二氏書。居山數年，足迹不入城市。〔註22〕

馬與李相識於天中山。《續焚書》卷一〈與伯時馬侍御〉有「奉上樓中匾額一，軒中匾額一，……異日當與佳樓並稱天中之絕矣」；〔註23〕可知馬居天中山。李於萬曆十年（1582）前後曾經住此。《續焚書》（卷一）另有與馬伯時書兩封，俱爲談述謗興者事。

二、麻　城

10. 楊定見

字鳳里（？），麻城人。〔註24〕

李氏自黃徙麻，再卜龍潭，朝夕相處有數人焉；鳳里其一，〈復焦弱侯〉有云：

> 計且住此，與無念，鳳里、近城數公，朝夕龍湖之上。（《焚書》卷二）

袁中道作〈李溫陵傳〉云：

> 至麻城龍湖上，與僧無念，周友山、丘坦之、楊定見聚。閉門下鍵，日以讀書爲事。

〔註22〕《黃安縣志》卷十：僑寓之屬。

〔註23〕此文題名有誤。馬侍御指誠所馬經綸，通州人，嘗官御史故稱之侍御。伯時爲馬逢陽字號，以諸生終。經檢《黃安縣志》、《通州志》，確證其爲二人。此文應刪「侍御」二字。題名殆後人偶疏誤製者歟！

〔註24〕定見、鳳里，孰名孰號未詳。此君事迹不見載於邑乘，推勘李氏文集所錄，惟知其秀才耳。

未幾，而李與天台事起。鳳里頗思調節其中（見〈與楊定見〉，《焚書》卷一）。李氏情知此事出於誤會，亦有說明，欲鳳里及周友山代為轉達。（見〈與楊定見〉，《焚書》卷二），而李氏豫備身後之塔屋及生前居住之芝佛上院，亦皆鳳里負責籌建。（見〈移住上院邊廈告文〉，《焚書》卷四）二人關係之親切，可於〈喜楊鳳里到攝山〉詩句見之：

> 十年相守似兄弟，一別三年如隔世。（《焚書》卷六）

李氏於鳳里，並非相見便契之者。李氏稱其「不讀書、不勤學、不求生世之產，不事出世之謀；蓋有氣骨而無遠志。」（〈三蠢記〉，《焚書》卷三）若非「至今相隨不舍，吾猶不敢信也。」（〈八物〉，《焚書》卷四）

李氏晚年編輯《三教鈔》，於鳳里尤誘掖有加。《道教鈔小引》云：

> 余老且死，猶時時犯此症侯（按：指驕態淫志），幾為人所魚肉，況如楊生定見者，筋骨雖勝余，識見尤後於余，而可不切切焉佩以終身歟！……故獨錄之以示釋子之有志向，而其欲以示楊定見也尤切。

又，〈聖教小引〉云：

> 夫釋子既不可不知，況楊生定見專心致志以學夫子者耶！幸相與勉之！（二小引俱見《續焚書》卷二）

李氏既歿，所批點諸書流散。鳳里得其《批點楊升菴集》與《忠義水滸傳》，畀以付袁無涯刻行。楊於《水滸全書》卷首有小引曰：

> 吾之事卓吾先生也，貌之承而心之委，無非卓吾先生者。非先生之言弗言，非先生之閱弗閱。

11. 劉近城

字號不詳，麻城人。

近城〈與楊定見〉同為李氏既遷龍潭之法侶。李氏集中每與定見同稱。如：

> 計且住此，與無念、鳳里（定見）、近城數公，朝夕龍湖之上。（〈復焦弱侯〉，《焚書》卷二）
>
> 如楊定見如劉近城，非至今相隨不舍，吾猶未敢信也。直至今日，患難如一、利害如一、毀謗如一，然後知其終不肯畔我以去……若……二子者，譬則樓台殿閣，未易搖動，有足貴者。（〈八物〉，《焚書》卷四）
>
> 劉近城是信愛我者，與楊鳳里實等。（〈豫約·早晚守塔條〉，《焚書》

卷四）

12. 邱　坦

字長孺，又稱坦之。麻城人。

萬曆丙午（1606）武鄉試第一，官至海州參將，旋棄官歸。《麻志》稱其：「善詩工書，極似米顛。」平日與梅之煥、劉侗相倡和。有《南北遊草》、《楚邱集》、《度遼集》。（《麻城縣志》卷二十）

按，梅之煥爲國楨從子，故邱於李爲後學。然麻邑人於邱，多有非之者，李氏獨能賞識，比諸麟鳳芝蘭，其言云：

> 丘長孺之在麻城，則麻城諸俗惡輩直視之爲敗家之子矣！……然不可不謂之麒麟鳳凰瑞蘭芝草也。據長孺之爲人，非但父母兄弟靠不得，雖至痛之妻兒亦靠他不得也。非但妻兒靠不得，雖自己之身亦終靠他不得。其爲無用極矣！然其人固上帝之所篤生，未易材者也。觀其不可得而親疏敬慢也，是豈尋常等倫可比邪！（〈人物〉，《焚書》卷四）

李氏以邱爲「一見而遂定終身之交者」，後以小隙而邱去，李爲痛哭惋惜。以爲「此人聰明大有才，到處逢人多相愛。只恨一去太無情，不念老人日夜難待。」惟有以其乃「天上人初來下降人世者，是以不省人世事也」作解爾。（〈寒燈小話〉，《焚書》卷四）後雖有往還，然心各有嫌，終有一分客氣在，未能十分親融。（見〈復丘長孺〉，《續焚書》卷一）

13. 夏大朋

字道甫，號孔修。新安人。

孔修之稱，李氏所號也。李曰：

> 孔修者何？孔北海之小友王修也。北海大志雄才，博學剛氣，少許可，獨許王修。曰：『今日能冒難來唯修耳。』言未畢而修至。故北海與修雖年歲相遠，而相得如時輩也。道甫少年郎耳，獨能信余親余，不以麻城人之所以憎余者嫌余，豈以余爲有似於孔北海乎！君之辱愛厚矣，故號之曰『孔修』，以嘉其意！（〈與夏道甫〉，《續焚書》卷一）

據此則夏當爲李氏後輩。李氏歿後，道甫亦收得部份遺墨。袁小修《遊居柿錄》云：

新安夏道甫處出卓吾未刻書詩及尺牘，半骨凜然令人起敬。……道
甫處又見龍湖書伯修〈海蠡篇〉一紙，爲千古已悟人發藥。（卷一）

又：

夏道甫處見李龍湖批評西廂、伯喈，極其細密，眞讀書人。予等粗
浮，只合飲衽下拜耳！（卷六）

《續焚書》卷一另有一書〈復夏道甫〉，論及汪鼎甫下第事。汪、夏同邑，二
人皆從龍湖遊，夏或稍晚。

14. 曾中野

15. 曾承庵

16. 曾繼泉

字號事迹俱不詳，亦不知三者關係何似。俱爲李氏居麻城後所結識。

曾中野爲周柳塘之令壻，曾捨大屋以寓（居）李。（見〈與弱侯焦太史〉，
《續焚書》卷一）並於李氏、柳塘老微隙間調會其中。（〈與曾中野〉，《焚書》
卷二）

曾承庵則創買麻城維摩庵供養李氏（〈豫約・早晚守塔條〉，《焚書》卷四）。
不幸早夭。李氏有五古〈哭承庵〉：

我似盧行者，帶髮僧腰石。羨君強壯時，早知夕死迫。獨買給孤園，
性命共探賾。……忽忽年四十，遂爲遠行客，縱能嗇君壽，詎能天
君德。……（《續焚書》卷五）

曾繼泉名僅一見，蓋欲出家而李氏曉以薙髮實情。（見〈與曾繼泉〉，《焚
書》卷二）

17. 汪本鈳

字鼎甫，新安人。

鼎甫於乙未（1595）初會李氏於龍湖。李留之讀易三月，因其家催赴試
而返。李氏曾函其鄉先達潘雪松贊其讀書，勞請先容。（〈與潘雪松〉，《續焚
書》卷一）下第後北上，再會龍湖於北京極樂寺。此後，除庚子（1600）初
偶過濟上，汪未得隨，六載間可謂寸步不離；爲李晚年最相得之友。（誼本師
弟，惟李不收弟子）李氏就逮前一日，汪歸省母，李有詩送之幷序曰：

丁酉歲（1597），余往西山極樂精舍，而鼎甫復來京師與余相就。今
爲歲壬寅，六載矣，念有老母，余將送歸。時余病甚，故書數語於

此；使能復來，而余能復在世，則幸甚；使不能來，抑能來而余復
不在世，則此卷親筆亦實有卓吾子長在世間不死矣、可以商證此學
也。……吾子六載一意、不徼逐於外，渾若處女，而於道其庶幾乎！
　　（〈送汪鼎甫南歸省母幷序〉，《續焚書》卷五）

李既就獄、繫中且苦憶之，作〈繫中憶汪鼎甫南還〉（《續焚書》、卷五），旋
自剄歿。時三月中旬。迄於六月二六汪始接李婿莊純夫書而聞訃，哀痛祭告，
〔註25〕誓終身研讀《九正易因》以報師恩。後於萬曆戊午（1618），搜輯未
刻《焚書》、《說書》刊行於世，焦竑贊其有功於卓吾。（並見《續焚書》卷
首書序）又，庚子（1600）所刻《易因》，亦汪筆錄之功。

三、武　昌

　　三袁識李，出於伯修。伯修出於深有，更出於焦竑，蓋二人同居詞垣爲
勝友也。己丑（1589）伯修以冊書歸里，焦氏〈書袁太史卷〉云：「亭州有卓
吾先生在焉，試一往訊之。」（《李溫陵外紀》卷二）得復書曰：「袁公果能枉
駕過龍湖，明年夏初當掃飢烹茶以供之，幸勿爽約也。」（〈復焦弱侯〉，《李
溫陵集》卷四）於是有庚寅（1590）之會。小修輯錄會事成《柞林紀潭》。此
後往還時有；或遇武昌，或訪龍潭，亦時託鯉雁。三袁於文學開公安一派，
其理論基礎實胎於龍湖。錢謙益謂「中郎小修皆李卓吾之徒，其旨實自卓吾
發。」（〈遜園集序〉，《初學集》卷三一）依伯仲以次述左。陶周望與三袁友
善，因次之。又，晉川劉公結識卓吾之時，地與三袁皆略近似；然卓吾之出
遊西北，訪友兩京實啓於劉公之邀訪坪上。故移入下節。

18. 袁宗道（1560～1600）

字伯修號石浦，公安人

　　萬曆丙戌（1586）會試第一，授編修。歷太史、東宮講官，以右庶子卒於
官。於唐好白樂天，於宋好蘇東坡，因名齋曰白蘇。有《白蘇齋集》行於世。

　　伯修幼抱奇病幾死。有道人教以數息靜坐法，閉門觀鼻、遍閱養生家言。
復家長安里中，不問世事。父強起赴試，丙戌（1586）成進士，官翰林，求道
愈切。會深有僧遊京，數以見性之說啓之，於是研讀性命不復談長生事矣。壬
辰（1592）乞歸石浦上，與中郎互相商澄。癸巳（1594）走龍潭問學。〔註26〕

〔註25〕　〈卓吾先師告文〉，收入《李卓吾遺書》附錄。
〔註26〕　〈袁宗道〉，《公安縣志》卷六。

先是，伯修有《海蠡編》，以禪詮儒欲會兩合一之旨。李氏頗讚許之。故爾此時相會，有書記之曰：

> 予讀袁石浦《海蠡篇》已奇矣，茲復會石浦於龍湖之上，所見又別，更當奇也。夫學道之人不患不收手，患放手太早耳……好學而能入，既入而不放，則其放也孰能禦之。因爲書其後，候再晤焉。〔註27〕

其悅李氏之學自是研求益力，有〈書讀書樂後〉云：

> 龍湖老子手如鐵，信手評駁寫不輟……我自別公苦寂寞，況聞病肺那忘卻。忽有兩僧致公書，乃是手書讀書樂……龍湖老子果稀有，此詩此字應不朽。莫道世無賞音人，袁也寶之勝瓊珍。（《李溫陵外記》卷三）

又欲請注釋《楞嚴經》，並預見書成時，則前此諸註皆無處發賣矣。（《李溫陵外記》卷四頁239）嗜讀李書，以致於「讀他人文字覺懣懣，讀翁片言隻語輒精神百倍。」以爲有宿世之因緣。（《李溫陵外記》卷四頁237）

伯修歿，李氏有詩哭之。（〈哭袁大春坊〉，《續焚書》卷五）

19. 袁宏道（1568～1610）

字中郎又字無學，號石公。公安人。

年十六，爲諸生，即結社城南爲之長。登壬辰（1591）科進士，不仕。里居與伯修研參性命之學。越明年，進京謁選，得吳令。於乙未（1595）春抵任。兩年後去職。後偕摯友陶石簣暢遊東南。戊戌（1598）復起，選得京兆校官。庚子（1600）補禮部儀制訂主事，甫數月，即告歸，隱居柳浪七年。後再起再歸，官至稽勳郎中。庚戌（1610）九月初六卒。〔註28〕

李氏於三袁，最愛中郎。《縣志》本傳載其語曰：「伯也穩實，仲也英特，皆天下名士也。然至於入微一路，則諄諄望之公。」（《公安縣志》卷六）蓋許其獨於膽力見識廻絕世俗。庚寅（1509）中郎訪龍湖，李氏留宿三月，送過江，作詩別；憐愛之情，溢於言表。（〈自武昌渡江宿大別〉，《焚書》卷六）癸巳（1593），中郎再訪龍湖，十日而去。有〈別龍湖師五絕八首〉，李氏亦有八首和答。（《李溫陵外記》卷三）

李氏既接中郎，〈與焦弱侯書〉云：

> 中夫聰明異甚，眞是我輩中人。凡有可談，不但佛法一事而已。老

〔註27〕據《遊居柿錄》卷一：「道甫處又見龍湖書伯修海蠡篇一……」所引。
〔註28〕參見〈袁宏道〉，《公安縣志》卷六；〈中郎先生行狀〉，《珂雪齋前集》卷十七。

來尚未肯死，或以此子故。骨頭又勝似資質，是以益可嘉。（《續焚書》卷一）

而中郎亦以《焚書》一部爲「愁可以破愁、病可以健脾，昏可以醒眼」之法寶。不特此也，中郎既識龍湖，思相丕變。袁小修〈中郎先生行狀〉云：

> 先生既見龍潭，始知一向拾掇陳言，株守俗見，死于古人語下，一段精光不得披露。至是浩浩焉如鴻毛之遇順風，巨魚之縱大壑，能爲心師，不師于心，能轉古人，不爲古轉。發爲語言，一一從胸襟流出。蓋天蓋地，如象截急流，雷開蟄戶，浸浸乎其未有涯也。（《珂雪齋前集》卷十七）

公安之啓蘊於李，又得明證。

20. 袁中道（1570～1623）

字小修，公安人。

十餘歲作〈黃山〉、〈雪〉二賦。長益豪邁，遊蹤半天下，詩文因以日進。歸而學於李龍湖，有志出世。萬曆癸卯（1603）魁北闈，丙辰（1616）成進士。改蘇州府教授，遷國子博士。乞南，得禮部儀制，歷南吏部文選司郎中。旋乞休。天啓四年（1623）卒。有《珂雪齋前集》、《近集》，《遊居柿錄》。〔註29〕

三袁於庚寅（1590）初會李氏，小修輯談語成《柞林紀潭》。壬辰（1592）又訪李於武昌，見李氏正命常志抄寫水滸。（《遊居柿錄》甲寅年）及李避難通州，復得一見小修，小修勸勿食葷。（〈書小修手卷後〉，《續焚書》卷二）

小修尊視龍湖，與伯仲兄等。集中每有讚歎欽敬文字。李氏既歿，特撰〈李溫陵傳〉，並助李氏遺墨之刊行云。

21. 陶望齡（1562～1608）

字周望，號石簣，晚號歇菴居士，諡文簡。會稽人。

周望年九歲，即終日匡坐與其兄問答，皆世外語。萬曆十七年己丑（1589），會試第一，廷試擢第三（按：焦竑爲該科狀元）。授翰林院編修。在詞垣，與同官焦竑、袁宗道、黃輝，講性命之學，精研內典。辛卯（1591）兄德望棄世，父承學公以慟哀致疾；亟請告歸，朝夕侍膳，甲午（1594），詣闕補原職，同修國史。乙未（1595），公校禮闈，得人獨盛。已，復請告返越。戊戌（1598）丁外艱。服除，奉母北上，復補原官。戊申（1608）母病不起。

〔註29〕參見《公安縣志》卷六、列朝詩集小傳丁集中，本傳。

甫百日，亦遘疾而卒。

　　平生服膺文成之教。於宋悅慈湖子，輯《慈湖金鎞》。於當代悅龍溪、近溪，各輯其語錄。嘗曰：「慈湖師陸，文成之所自出，餘子皆文成之裔也。」學道堅持，精進勇猛，終身自居學地，即庸流單士片語近道，折節下之。

　　於詩，好其鄉人徐渭，曾為作傳。而公安之風行，公實與力焉。中郎（袁宏道）謝吳令時，偕遊東中。除天目窮五泄，雖體素羸弱，臨汎輒忘返。有《水天閣集》、《歇菴集》。〔註30〕

　　陶之識李，蓋是焦竑所介。陶有〈與劉晉川〉云：

　　　　望齡在京師時，從焦弱侯遊，得聞卓吾先生之風。繼得其書，畢習
　　　　之，未嘗不心開目明；常恨不能操巾拂其側。（《李溫陵外紀》，卷四）

《續焚書》卷一有〈復陶石簣〉、〈與陶石簣〉二書，皆議論修學事。戊戌（1598）前後，李居白下時，陶亦家居。以侍父疾，不克趨前侍側。因函請焦竑多方安頓。〈與焦漪園〉云：

　　　　世上眼珠小不能容人。況南京尤聲利之場，中間大儒老學，崇正闢異
　　　　以世教自任者尤多，恐安放卓老不下。丈須善為計。弟意牛頭攝山諸
　　　　處，去城稍遠，每處住幾時；意厭倦時輒易一處，無令山神野鬼得知
　　　　蹤迹，則卓老自然得安，或不遂興歸思也。（《李溫陵外紀》卷四）

李氏既歿，陶為文祭之，贊其「獨處獨遊獨行獨語，目如辰曦，膽如縣瓠；口如震霆，筆如飛雨。」〔註31〕而「氣雄行潔，生平學道之志甚堅，要是世間奇特男子。」〔註32〕

四、方　外

　　李卓吾與晚明佛教之關聯主要為「居士佛教」──即在家之學佛者。除與僧深有交往，與同時諸師如紫柏達觀，如蓮池袾宏皆未有唱和。獨欲於龍潭湖上創一方清淨道場。其院盛時，徒眾且達四十，頗有可觀。唯其名號不盡可知，事迹亦不必可述，擇可傳者述於左。定林為白下舊識，餘皆交於麻城者。

22. 定　林（？～1587）

　　周氏子，俗名安，白下人。

〔註30〕參見本朝分省人物攷卷五一頁840、列朝詩集小傳丁集、本傳。
〔註31〕〈祭李卓吾先生〉，《歇菴集》卷十一。亦收入《李溫陵外紀》卷二。
〔註32〕〈寄君奭弟〉，《李溫陵外紀》卷四。

自幼不茹葷血，長又不娶，日隨其主周生赴講。後周生病故，復隨東南名士楊道南讀書破寺中。頗得李翰峰、焦弱侯二先生之愛重。李氏居南京時（1578前後），與弱侯、管東溟諸公送請雲松禪師披剃爲弟子，改名定林。李有〈定林庵記〉述之甚詳。（《焚書》卷三）

李氏去滇來黃後，居天中山時，定林往訪共住，後遂化於山中云。

23. 深 有

又號無念，熊氏子，東山人。

少孤，披剃後偏遊諸方。一日參某名宿，值宿方鋤瓜茄，次師請開示。宿師指曰：「黃瓜茄子。」因參之，四十年後忽有省；原不識文字，自是偈頌書札口占如流。李氏聞而與之遊，焦弱侯、陶周望、袁中郎皆致禮焉。晚年入黃柏山建大禪林。基隆山亦其道場。請益者輒罵，諸方謂黃柏門庭高峻，一時有「天童打黃柏罵」之語。然無上堂窠臼。刻有《醒錄》、《黃柏復問》。（《麻城縣志》卷二五）

無念原爲周柳塘所禮請，建其佛寺於龍潭居之。李氏去黃居麻，復去麻寓龍湖上，從此朝夕相從。所謂「日夕唯僧，安飽唯僧……全忘其地之爲楚，身之爲孤，人之爲死」已矣。（〈釋子須知序〉，《續焚書》卷三）

如謂焦竑爲李氏來往最密之在家居士，則無念當爲李氏來往最密之出家僧眾。唯二人只可以稱「相愛」，而「不可以稱相知」。（〈窮途說〉，《續焚書》卷二）無念時時出遊，李氏頗不然之。誚其不過爲兩貫施鈔求口食。〈與焦弱侯〉云：

> 無念又作秣陵行，爲訓蒙師。上爲結交幾員官，次爲求幾口好食、幾貫信施鈔而已。我所與者盡只如此，傷哉傷哉！（《續焚書》卷一）

又，〈三蠢記〉中亦有微詞：

> 深有雖稍有向道之意，然亦不是直向上去之人。往往認定死語，以辛勤日用爲枷鎖，以富貴受用爲極安樂自在法門，則亦不免誤人自誤者。

後無念僧因怨怒其徒常聞，轉去別住，另創道場於黃柏山。（見〈窮途說〉、《續焚書》卷二）庚子（1600），李氏大困於楚，寒冬走黃蘗山（即黃柏山），應即往依無念焉。

24. 懷 林

芝佛諸僧，最得李氏愛重者。〈寒燈小話〉（《焚書》卷四）皆記卓吾與懷

林語，或即出自其手記。李於〈豫約〉中交待早晚禮儀，有客來時，唯囑常融、懷林坐陪。（《焚書》卷四）

林早夭，歿時李遊大同在外，有〈哭懷林〉四首。（《焚書》卷六）

25. 若　無

王氏子，俗名世本，黃安人，李氏文集中屢有稱「黃安二上人」者，即指若無及其師弟。

其父威，母張氏，並孝節有懿行稱於邑里，天台耿定向嘗作〈孝節傳〉誦揚之。（《耿天台文集》卷十六）八齡而孤，從吳存甫學。弱冠時依宗里僧李壽菴習超生脫死法。天台耿定向趣令往龍湖依卓吾學，且作〈顏子爲舜解〉示之。謂「子茲往也，矢志歸依卓吾先生……俾令共明本心，同歸大道。」（《耿天台文集》卷七）

既來龍潭，卓吾愛顧有加，先後撰：〈高潔說〉、〈書黃安二上人手冊〉、〈爲黃安二上人三首〉，（俱收《焚書》中）教示之。

已而，黃安二上人欲別遠去專修，若無母寄書來勸。卓吾讀後，震然感動，作〈讀若無母寄書〉（《焚書》卷四）極贊其母爲「聖母」、「眞師」云。

26. 常　志

僧無念弟，後爲卓吾侍者。袁小修有記傳之：

> 常志者乃趙穀陽（志皋）門下一書吏。後出家，禮無念爲師。龍湖悅其善書，以爲侍者，常稱其有志，數加讚歎鼓舞之，使抄《水滸傳》。每見龍湖稱説水滸諸人爲豪傑，且以魯智深爲眞修行而笑不喫狗肉諸長老爲迂腐……作寶法會。初尚恂恂不覺。久之，與其儔伍有小怨，遂欲放火燒屋。龍湖聞之大駭，微數之。即歎曰：『李老子不如五台山智證長老遠矣！智證長老能容魯智深，老子獨不能容我乎！』時時欲學智深行徑。龍湖性偏多嗔，見其如此，恨甚。乃令人往麻城招楊鳳里至右轄處乞一郵符，押送之歸湖上。道中郵卒牽馬稍遲，怒目大罵曰『汝有幾個頭！』其可笑如此。後龍湖惡之甚，遂不能安於湖上，北走長安，竟流落不振以死。（《遊居柿錄》九七九條）

〈寒燈小話〉第三段論及常志者，謂其「每借得銀物，隨手輒盡……平日亦自謂能輕財好施。」（《焚書》卷四）

27. 道　一

周氏子，父思善。麻城人。

首應童子試，拔第一。後鄉試往省；及河，見爭渡者有感，遂返棄巾衫學仙邈迹武夷山。

迨歸里，隨李卓吾住龍湖，大相契合，遂祝髮爲僧，自號金牛小子。其祝髮詩有云：「金牛小子今而後，五日三朝剃個頭。」後于麻城縣東雁上籾建道場。（〈麻城縣志〉卷二十五）

28. 石洞道人

姓字不詳。有劉侗石洞道人序曰：

> 兒時聞有石洞道人，謂是□來一羽士耳，乃知其爲里先輩也……道人落魄喜騎射，後折節問學於天台耿先生及卓吾長者。至龍湖更相悅，築精舍傍龍湖以居。顧兩先生之學若水火不容以無爭。其門下士噓之相詆無虛日。道人歎曰：與名宿遊，如入深山大澤，多虵蟒虎狼，不可以處。遂棄舍舍石洞，又棄其姓名謂石洞道人……。（《麻城縣志》卷三十四）

29. 自　信

30. 明　因

31. 澄　然

32. 澹　然

33. 善　因

此五人女眾。前三人不詳；澹然原姓梅，麻城人，梅衡湘（國楨）之女。捨其屋爲繡佛精舍；李氏有詩題之。（《焚書》卷六）李氏且贊其乃「出世丈夫，雖是女身，然男子未易及之。」（〈豫約、早晚守塔〉，《焚書》卷四）。善因爲澹然姊，李氏於〈感慨平生〉中稱之。文曰：

> 善因者以一手而綜數產，纖悉無遺。以冢婦而養諸姑，婚嫁盡禮。
> 不但各無間言，亦且咸得歡心。非其本性和平眞心孝友，安能如此。
> 我聞其才力其見識大不尋常，而善因固自視若無有也。時時至繡佛
> 精舍，與其妹澹師窮究眞乘，必得見佛而後已。故我尤眞心敬重之。
> （《焚書》卷四）

於此數君，李氏總讚之奇而又奇，「眞出世大丈夫也。」（〈與周友山〉、《續焚書》卷一）

第四節　出遊四方

1. 劉東星（1538～1601）

字子明號晉川，諡莊靖。山西沁水人。

世居邑之坪上，稱爲德門。生而穎異。年十四補弟子員試。嘉靖辛酉（1561）舉山西省試第三。隆慶戊辰（1568）第進士，改翰林院庶吉士。庚午（1570）授兵科給事中。因彈忤相、謫蒲城，徙知盧州。所至獎薦儒生，多成名士，二邑皆歌舞之。萬曆改元（1573）召爲刑部主事。署中有比讞不當其事，力白其冤。已而事果得白，名因亦大起。丁丑（1577）以戶部員外郎出爲河南僉事。己卯（1579）轉陝西參議，以學行推浙江提學副使。壬午（1582）陞山東參政轉漕中都。已而丁內艱。服闋，補河南，旋進山東按察使備兵易州。歷湖廣左右布政使。壬辰（1592）拜都察院右僉都御史，巡撫保定地方。其時，倭寇朝鮮，王師出討。宿重兵于天津，歲又大侵。東星外劃東征、內理荒政。條上：改折蠲停差次，又請臨德漕粟數十萬斛；立法平糴，官不失直而民贍給。癸巳（1593）轉左副都御史，入理院事。尋遷吏部右侍郎。已而丁父憂歸。戊戌（1598）河決單之黃堌，運遂告塌。適服除，即家拜工部尚書兼右僉都御史，幷河政總焉。八月蒞淮，清濬趙渠故道。明年告成。庚子（1600）渠邵伯之湖，又議開清河，而公病革矣。累疏請歸養，詔輒不允。因從床簀治書經理河事。曰：「吾所謂鞠躬盡瘁，死而後已耶！」辛丑（1601）九月十九卒。壽六十有四。〔註33〕

晉川嫻熟吏治，長於經世而以慈憫出之。其治兵易水上時，至有呼爲「劉佛」者。夫觀察兵使道主彈壓，而能以佛相呼，彼於易水蓋多微政焉。李文節稱其「以嚴明正大而本之惸怛慈祥仁心爲質」，故可以化秋霜爲冬日，以觀察而作瞿曇。〔註34〕

劉李二人，自辛卯（1591）相見武昌之洪山寺，便不相離。或迎養別院，或偃息官邸，朝夕相聚。劉有〈書道古錄首〉述其相見云：

〔註33〕參見《本朝分省人物攷》卷一○一，頁49，《沁水縣志》卷八，《國朝獻徵錄》卷五九，頁102。

〔註34〕〈送觀察晉川劉公遷湖廣右轄之任序〉，《李文節集》卷十六，頁28。

予西鄙之人也，拘守章句，不知性命爲何物。入楚……聞有李卓吾先生者，棄官與家隱於龍湖。龍湖在麻城東，去會城稍遠……會公安袁生今吳令者，與之偕遊鵝磯而棲托于二十里外之洪山寺。予就而往見焉，然後知其果有道者。……嗣後或迎養別院，或偃息官邸，朝夕談吐，始恨相識之晚。（《道古錄》卷首，亦見《李溫陵外紀》卷二）

其時，李氏以遊武昌被逐，而劉氏迎養衞護之，故李每以「救命恩人」稱之。明年，劉轉眞定，李有五絕八首寄思。（〈武郡寄眞定劉晉川先生〉，《焚書》卷六）於〈與周友山〉亦自道別後離情云：

晉老初別尚未覺別，別後眞不堪矣！（《焚書》卷二）

丙申（1596），劉因丁憂家居，遣子用相迎李氏於龍湖，共讀於山中。因有《明燈道古錄》之成書。（見前引該書劉序）明年（1597）劉壽六十，李亦有序壽之。（〈壽劉晉川六十序〉，《續焚書》卷二；〈書晉川翁壽卷後〉，《焚書》卷二）

庚子（1600）劉任職濟寧，復迎李於署中。《陽明先生年譜》及《抄》即於此時完稿付刻。（見〈與方伯雨〉，《續焚書》卷一）。庚子（1600）李氏大困於楚，馬侍御攜之同至通州。劉亦戲間往候，並爲所作書作識序。劉於辛丑（1601）秋卒於官，《續焚書》所存劉〈序言善篇〉、〈史閣款語〉（卷二）爲斯夏所作。

2. 劉用相

字肖川，沁水人。

劉東星之長子。因其尊翁，亦得時時親近李氏。東星兩度迎養李氏於坪上、於濟寧，皆由肖川奉接。萬曆壬辰（1592），東星奉旨別轉，李氏有書〈與劉肖川〉云：

人生離別最苦，雖大慈氏亦以八苦之一，況同志乎！……尊翁茲轉甚當，但恐檀越遠去，外護無依，不肖當爲武昌魚任人膾炙矣！（《續焚書》卷一）

略敘別情，李氏且示之以進學勵志：

公心腸肝膽原是一副，而至今未離青衿行輩，則時之未至，但當涵養以俟，不可躁也。……《龍溪先生》全刻雖背誦之可，學問在此，文章在此，取科第在此，就功名在此……只熟讀此，無用

他求。（同上）

此外，又特講明「大」字，以爲針砭。（〈別劉肖川書〉，《焚書》卷二）

已而星丁憂，讀禮山中。特遣肖川走千餘里就龍湖問業，迎養坪上。《明燈道古錄》即於此時作成；所以題「錄」云者，蓋即李、劉二人問答，而肖川從旁筆記者。（見《道古錄》卷首〈劉東星序〉，亦收《李溫陵集》卷十）

萬曆己亥（1599），李氏讀易白下；肖川復自濟上來從。〈復劉肖川〉云：

> 我謂公當來此，輕舟順水最便，百事俱便，且可聽易開闢胸中鬱
> 結……千萬一來！佇望！萬不可不來，不好不來，亦不宜不來！（《續
> 焚書》卷一）

招徠之，但吩付：「若來，不可帶別人，只公自來，他人我不喜也。」不特此番肖川南來（見〈陽明先生道學鈔序〉），明年（1600）李氏爲東星之專舟迎養濟上後，肖川復與北適通州，（見〈與耿叔台〉，《續焚書》卷一），且擬隨侍南下；（《續焚書》卷一：〈與方伯雨〉：「我回，肖川決欲回來！」）豈料尊翁東星公以河務事冗，臥病不起（1601 秋），卒未成行。濟上一別，遂成永訣。

3. 梅國楨（1542～1605）

字克生（或作客生）號衡湘。湖廣麻城人。

自少雄傑自喜，善騎射。年十四，補博士弟子。二十六，舉於鄉。再試落第。挈家居長安。長安中戚里豪貴，都市輕俠、鄒魯文學，燕趙奇節，一旦盡出其下。喜與健兒遨戲，走馬、角射、長髯、巨鼻，望之如羽人劍客。識者以爲郭元振、張詠之儔也。癸未（1583），與仲弟國樓同中進士。除固安知縣。戊子（1588）選河南道御史。丁憂。辛卯（1591）復除浙江道巡視光祿。

萬曆二十年壬辰（1592），寧夏事起。公爲監察御史，昌言「非力勦無以定禍亂，非破格無以庸豪傑」，力薦李成梁父子。而朝議憂成梁跋扈，因循不決。梅公復抗疏極論，願與同赴。上以成梁老，姑徐行；命公監如松軍以往。六月抵陣，畫水攻之策。八月破賊。以功陞太僕寺少卿。上心知其能，有意大用。明年（1593）陞都察院右僉都御史，巡撫大同。又五年，陞兵部右侍郎，總督宣府、大同、山西三鎮。又三年，以父喪解任歸。萬曆三十三年（1605）卒於正寢，享年六十有四。〔註35〕

〔註35〕參見《明史》卷二二八，《蘭台法鑒錄》卷二十，頁 15，《牧齋初學集》六四。
尤以《初學集》記梅公監軍、官歷爲最詳。

梅、李相交頗遲。梅爲麻城人，李亦早寓麻城，然迄乎西夏事平，二人人相知而不相識。〔註36〕意其相識緣於梅公次女澹然。（澹然即李氏《觀音問》、〈答以女人學道爲見短書〉之主角。）方西夏事起，海內聳動。李氏既聞梅公監軍，便語人曰：「西方無事矣！客生以侍御監軍往矣！」（〈西征奏議後語〉，《續焚書》卷二）監軍之命初下，西征之檄始飛，李便呶呶然敢斷成事於數千里之外不相識之老夫，故不獨至友劉東星（晉川）不信，所相接輩不信，即後日梅公知之亦以爲奇曰：「夫余兩人者未相與譚而心相信，此其故即使余兩人者言之，亦不可得也。」〔註37〕惟其相知也如此，故其才接便深契。李氏於〈八物〉中（《焚書》卷中）稱梅爲「古今所稱伯樂之千里馬，王武子之八百駿是也」，故「一見而遂定終身之交，不得再試也」。而梅亦知愛重李氏。《焚書》卷二〈與梅衡湘〉所附答書有云：

> 丘長孺來書，云翁有老態，令人茫然。槙之於翁，雖心向之而未交
> 一言，何可老也。

〈孫子參同契梅序〉（《李溫陵外紀》卷二）亦曰：

> 及余在行間，無與語者。思可共事，無如禿翁。

李氏丙申之歲（1596）西行，曾於丁酉（1597）夏赴大同與梅聚數日。梅爲刻行《孫子參同》，且爲抄謄《藏書》原稿。〔註38〕及至北京（1597秋後），曾有兩書提及梅氏。〈與友人書〉云：

> （梅）具大有爲之才，而平時全不見有作爲之意，所謂無爲而自能
> 有爲者也。……在寧夏時，以不事而能出力以成大功，其有爲也如
> 此。今居大同，軍民夷虜若不見有巡撫在其地者，其安靜不爲也又
> 如此，所謂真人傑者，非耶！（《續焚書》卷一）

許其人傑，然亦知其短。同書云：

> 顧沖菴氣欲蓋人，而心實能下人，梅衡湘時時降下於人，而心實看

〔註36〕梅克生〈孫子參同契序〉謂：「余家居，與禿翁未數見，見亦未與深談，且不知有禪，亡論兵。」序文收《李溫陵外紀》卷三。

〔註37〕同前注。

〔註38〕《孫子參同》之刻行詳「著述攷」，並其注三六所引序文。《續藏書》卷一〈與耿子健〉云：「《藏書》收藏已訖，只待梅克生令人錄出。」上海博物館今藏李贄手迹一幅，爲李自北京寄大同梅寓者，有「孫子刻何似？」「《藏書》抄出何時當竟？」語，亦可佐證。該手迹詳汪慶正〈跋上海博物館所藏李贄手迹〉，《文物》二二一期，（1974：10，頁65～67）。

不見人。

故於〈復陶石簣〉書中謂「梅克生雖眼前造詣勝……但負其奇邁，少許可，亦終爲經世士耳！」（《續焚書》卷一）是許其以經世之豪傑，而不印可以出世之法侶也。

4. 馬歷山

字號不詳，通州人。

爲馬侍御經綸之尊翁。由李氏七律題名〈直沽送馬誠所兼呈若翁歷山並高張二居士〉（《續焚書》卷五）得知。

李氏之獲交馬氏父子，始末未詳；約在萬曆丙申（1596）由麻赴沁，途過中州所識。〈答馬侍御〉云：

> 僕老矣，唯以得朋爲益，故雖老而驅馳不止也。盤山古佛道場，寶
> 積普化、高風千古，何幸得從公一遊耶！時見太丘，令人心醉紀、
> 羣之間，又不意孔北海因是而獲拜兩益之友也。已買舟潞下，邇龍
> 門即先登矣。先此奉復不備。（《續焚書》卷一）

明年（1597）抵西山極樂寺，又三年後（1601）借寓馬家別墅，皆應頗有往還。今《續焚書》第一卷所收前三篇皆爲與歷老論學之文字。李氏就逮前遺言有感於馬氏父子云：

> 嗚呼！死有所藏，安其身於地下；生有所養，司香火於無窮。馬氏
> 父子之意蓋如此。（〈書遺言後〉、《續焚書》卷四）

5. 馬經綸（1562～1605）

字主一號誠所，門人私諡聞道先生。順天通州人。

登萬曆十七年（1589）進士，授山東肥城知縣，挾《仁贍編》以往。《仁贍編》，皆集先達格言以爲治具。尋擢河南道御史。萬曆廿三年（1595），神宗尋端罪言官，斥逐降貶二、三十人。經綸抗疏言之，剴切激昂。帝益怒，斥爲民。既歸，杜門卻掃凡十年。置義地給貧民，熱心州益。易簀時，友人張詳來視曰：「到此全要主持。」經綸答道：「學道有年，到此時才是學道。」正睿端坐而卒，時四十四。州人巷哭，肥城人爭來視喪。天啓初復經綸官，贈太僕少卿。〔註39〕

〔註39〕參見《明史》卷二三四，《蘭台法鑒錄》卷二十頁 45，《通州志》卷八。《明史》本傳謂其既斥後「閉門卻掃凡十年卒」，則是卒於萬曆三三（1605）年。《通

李氏與侍御約初會於丙申（1596）年間北上時。《續焚書》（卷一）〈有答馬侍御書〉，作於渡龍門前。行文極謙禮，應係初識乃爾。明年（1597）抵京，有書陶石簣述及「京師所親炙勝我師友」，馬侍御與焉。

及龍湖塔屋被拆，逼走黃柏；侍御隻身自潞河（通州）走三千里入楚護侍，上書當道辨白其間。（〈與當道書〉，收《李溫陵外紀》卷四）本擬攜與共居武昌「作一對流寓」，不獲情通；因偕北返，居別墅中。已而，有疏劾之，旨下捉拿。李氏以「逐臣不入城」及「老父在」，阻侍御同行；侍御堅不令其獨往，俱赴京師。既繫獄，侍御四出奔走，投書各路，〔註40〕極闢謠謗之誣。後雖李自剄獄下，然事冤已白，此侍御功也。四方亦交讚其患難不舍友朋之德。〔註41〕料理既罷，侍御亦不起矣。〔註42〕

侍御爲李氏晚年最得力之密友。去黃柏，寓通州，侍御主之。李之就獄，侍御護行；李之後事，侍御經營；遺稿《續藏書》亦出於府中。李氏生前嘗稱「通州馬侍御，經世才也。……異日斷斷是國家獲濟緩急人士。」（〈復陶士簣〉、《續焚書》卷一）。若侍御者，誠無愧於相知矣！

6. 方時化

字伯雨，廣安人，爲汪本鈳師。

伯雨令尊嘗從遊李氏，〔註43〕故本鈳侍龍湖自京南下，亦挈家就永慶寺問學焉。汪本鈳〈卓吾先師告文〉云：

> 明年（1598）春，師同弱侯焦先生抵白下，先生造精舍以居師。時方伯雨師，挈家往就學焉，師因與方師日夜讀易不倦……而《易因》梓矣。（《李卓吾遺書》附錄）

李氏歿，伯雨有文哭之。〔註44〕

7. 余永寧

州志》本傳謂其卒年四十四，推得生年爲嘉靖四十一（1562）年。

〔註40〕俱見《李溫陵外紀》卷四。

〔註41〕汪可受〈卓吾老子墓碑〉：「……余時急，胼胝不獲詳聞，第聞人稱侍御甚有盛德，不舍老子于患難中，使生有養而死有葬也。」碑文收《順天府志》卷二六冢墓之屬。

〔註42〕見《萬曆野獲編》卷二七：「二大教主」條。文曰：「李憤極自裁。馬悔恨，亦病卒。」

〔註43〕〈哭李卓吾先生文〉（收入《李卓吾遺書》附錄）有「以先生爲先子」語。〈與方伯雨〉，（焚書卷二）亦謂「以先公之故，猶能記憶老朽於龍湖之上。」

〔註44〕見前注。

8. 吳世徵

余字常吉，吳字得常，俱新安人。同遊於楊復所先生之門。萬曆戊戌（1598），李寓南京永慶寺。楊先生為之引見得識。二人編輯此會見聞成《永慶答問》，收《李溫陵外紀》卷一。李氏訃聞，余有〈李卓吾先生告文〉長文，收《李卓吾遺書》附錄。

9. 何　祥

號克齋。四川內江人。官至正郎。

師事趙貞吉與歐陽德。凡（趙）大洲、（歐陽）南野一言一動，必籍記之，以為學的。京師講會，有拈識仁定性者，作為講義，皆以良知之旨通之。黃黎洲稱其學「雖出於大洲，而不失儒者矩矱」。耿叔臺（定力）則曰：「大洲法語危言，起人沈痼；先生溫辭粹論，輔人參苓。其使人反求而自得本心，一也。」〔註45〕

《李溫陵集》（卷一）有〈答何克齋尚書〉：

> 某生於閩、長于海，丐食於衛、就學於燕，訪友于白下，質正于四方……人今以某為麻城人，雖某亦自以為麻城人也。公百福具備，俗之人皆能頌公，若某加一辭，贅矣。故惟道其平生取友者如此。

10. 利瑪竇（1552～1610）

字泰西號西泰，又號西太山人，義大利人。

萬曆間至廣東，後入北京傳教，建天主堂，為中土教堂之始。嘗齎進《萬國圖志》，言天下有五大洲，當時頗奇其說。神宗嘉其遠來，假館授餐厚賜之。寓中國三十年，通華字華語，後卒於京。著有《乾坤體義》、《辨學遺牘》、《天主實義》、《畸人十篇》、《交友論》等書。又譯《幾何原本》，則徐光啓所筆受也。泰西科學輸入始此。〔註46〕

李、利約萬曆己亥（1599）初會於南京。卓吾頗能欣賞此君，為之題扇，贈詩〔註47〕且廣為其〈交友論〉宣傳於湖廣一帶。明年（1600）初夏，於濟寧劉東星漕署中又會。三人時相討論教義。〔註48〕

〔註45〕 「泰州學案四」《明儒學案》卷三五。
〔註46〕 見〈利瑪竇年譜〉，方豪《六十自訂稿》。
〔註47〕 〈贈利西泰〉，《焚書》卷六。
〔註48〕 〈李贄與利瑪竇〉，德・福蘭閣（O.Franke）。原文未見，此處係據馮君培之「書評」，《圖書季刊》新二卷一期，民二九年三月。

李氏於〈與友人書〉中介紹其人云：

> 承公問及利西泰，西泰大西域人也。……住南海肇慶幾二十載，凡
> 我國書籍無不讀。請先輩與訂音釋，請明於四書性理者解其大義，
> 又請明於六經疏義者通其解說，今盡能言我此間之言、作此間之文
> 字、行此間之儀禮。（《續焚書》，卷一）

李氏又贊其「中極玲瓏，外極樸實」，是一「極標致人也」，「數十人羣聚
喧雜，讐對各得，傍不得以其間鬥之使亂」，以為「我所見人未有其比」。然
李氏似並不瞭解利氏。故曰：「畢竟不知到此何幹也。意其欲以所學易吾周孔
之學，則又太愚，恐非是爾。」

第三章　李卓吾著述考

敘　例

　　所收李氏著述百種，分以四部，仿《書目答問》例增叢書部爲五。部下再分：或自著、或評選、或存目、或譌託存疑；視其書之性質，不必四類咸備。

　　李氏歿後，託名之風已熾。摯友如焦弱侯、高弟如汪鼎甫且有未能必察者。故今甄別：凡李氏文集未曾述及，或該書序跋隱晦，甚或題識全無者，或名實不符（如名題李評而實無評語）者，概入存疑之屬。然有李氏曾作，而前賢攷定其僞，當係原書不傳，後人僞託者，各詳述於該書條內。

　　書名下開列卷數及版本，次之以各家著錄，以見入類異同與卷帙分合，及其書之流傳存佚。撰作年日及刊刻時地力求塙實，以究其思想發展之線索，撰作由來及成書經過，或李氏自道、或友人述及、又或各目敍錄，并爲引掇以見原委。

第一節　經　部

一、自　著

　　1.《易因》　二卷　明刻本，《續道藏》（萬曆、影萬曆）本。

　　是書《北京大學圖書館善本書目》（民48年）著錄於經部易類，無卷數。《續道藏》著錄六卷。（收入家字、給字號）

　　此書爲晚年作品，約於萬曆二六年戊戌（1598）初纂，費時三年成書。

本書即於萬曆二十八年庚子初刻於金陵。〔註1〕

〈易因小序〉述其成書經過：

> 今余年七十又四矣，偶遊都下獲偕焦弱侯先生南行，先生深明易道。
> 其徒方時化者亦通易。以先生家白下，即自新安徙家來就先生以居。
> 以故每夜輒會，每會輒講，每講輒與坐而聽焉有新得。時化又輒令
> 其徒汪本鈳記載之。（《李溫陵集》卷十一）

> 余因而述曰：余不意既老乃遂得以讀易，遂得以終老，遂得以見三
> 聖人之心于千百世之上也。蓋至今日而老莊釋典不足言矣。（同前）

至其所以名「因」者，〈與方子及論易因〉云：

> 卓吾「因」字之義甚妙。蓋欲借此易書引兄窺自性之易。若只書上
> 研窮，非究竟之意也。太極生兩儀，兩儀生四象，四象生八卦。八
> 卦重爲六十四，六十四分爲三百八十四爻，則此爻詞又在太極下幾
> 層矣。邵子謂畫前原有易，要見畫前之易如何理會。爻象之詞至文
> 王周公而始有，要見文王周公之前爻象又如何理會。于此再起一疑
> 情，方是究竟之因。蓋舍三百八十四爻而空言太極之根宗，殊失頭
> 腦。大要須見得書即是心，爻象即現前。用得著的方爲深于易。卓
> 吾子因字之意，其在此乎。（《李溫陵外紀》卷三）

2. 《九正易因》 （無卷數）

是書《千頃堂書目》、《明史藝文志》、《四庫提要》、《清續通攷經籍攷》、
《福建藝文志》並著錄於經部易類。《千頃堂書目》著錄二卷，《明史藝文志》
著錄四卷；《四庫提要》、《清續經籍考》、《閩志》並無卷數。

《四庫全書》僅存其目，〈提要〉云：

> 是書每卦先列經文次以己意，總論卦象。又附錄諸儒之說於每卦之
> 後。書止六十四卦，其文言繫辭等傳皆未之及。經文移大象於小象

〔註1〕 汪本鈳〈哭李卓吾先師〉（《李卓吾遺書》附錄）文云：「丁酉，又尋師北京極
　　　樂寺。……明年春，弱侯焦先生迎師抵白下，爲精舍以居。時方先生伯雨挈
　　　家就學焉，師因與讀易其間，每至夜分始徹，鈳不過從旁記載，而《易因》
　　　梓矣。」丁酉之明年即萬曆二十六年戊戌。
　　　成書歷時三年則卓吾自道。（《續焚書》卷二）〈聖教小序〉云：「於是遂從治
　　　易者談易三年，竭晝夜力，復有六十四卦《易因》鋟刻行世。」（《續焚書》
　　　卷一）〈與友人〉：「又三年南都所刻《易因》，雖焦公以爲精當，然余心實未
　　　了。」而〈易因小序〉云：「本鈳從余自北而南閱四歲矣……」（《李溫陵集》
　　　卷十一）對照前條汪〈哭先師文〉益證成書歷時三載。

之後。（卷七）

此書為《易因》改正本，亦為最後著作。蓋自《易因》成後，讀輒不愜，因隨改正。約纂成於萬曆三十年壬寅（1602）初春，書成旋就獄。〔註2〕〈自序〉曰：

> 《易因》一書，予既老後遊白門而作也。三年就此，封置篋笥。上濟北，談易於通州馬侍御經綸之精舍，晝夜參詳，更兩年而《易因》之舊者，存不能一二，改者且八九矣。侍御曰：『樂必九奏而後備，丹必九轉而後成，宜仍舊名易因，而加九正二字。』予喜而受之，遂定其名曰《九正易因》。

《提要》又謂「贄所著述大抵皆非聖無法，惟此書尚不敢詆訾孔子，較他書為謹守繩墨云。」《提要》所論，不必中肯，惟卓吾學思，確於後日有此一轉，蓋年高學深，精光內歛而使然。

3. 《說書》　九卷　萬曆間王敬宇刊本

是書《紅雨樓書目》著錄於經部總類，《千頃堂書目》著錄於四書類，並《尊經閣漢籍分類錄》三目咸著錄為九卷。朱彝尊《經義考》、《福建通志》亦同。惟《清代禁書知見錄》著錄為六卷。中央研究院藏本不分卷而分章，章數亦九。

此書初刻於萬曆十八年庚寅（1590），與《焚書》同時。《清代禁書知見錄》本條下附注云：「即《說四書》。」今所見本分四冊。第一冊：大學統論、大學、中庸。第二冊：論語統論、上論。第三冊：下論。第四冊：上孟、下孟。與《知見錄》所言相符。

此書之作原於有朋友作時文，亦因乎「學士等不明題中大旨，乘便寫數句貽之。」所以欲「將語孟逐節發明」也。（〈答焦漪園〉、《焚書》卷一）

雖為說四書，然非為舉子業計。《續焚書》卷一〈與汪鼎甫〉云：「……恐場事畢，有好漢要看我《說書》以作聖賢者，未可知也。如無人刻，便是無人要為聖賢，不刻也罷。」〈自刻說書序〉亦謂「此書有關於聖學，有關於治平之大道。……倘有大賢君子欲講修、齊、治、平之學者，則余之《說書》，其可一日不呈於目乎？」（《續焚書》卷二）

〔註2〕汪本鈳〈哭李卓吾先師告文〉云：「越春二月（萬曆二九辛丑、1601），師與馬先生同至通州。既至，又與講易。每卦凡千徧。將一年所，而《易因》改正成矣，名曰《九正易因》。」〈又與友人〉（《續焚書》卷一）：「……三年南都所刻《易因》，雖焦公以為精當，然余心實未了……故余仍於每日之暇，熟讀一卦二卦。時時讀之，時時有未妥，則時時當自知。今又已改正十二卦矣。」

其體裁爲論說，迥異傳註。所謂「信如傳註，則是欲入而閉之門，非以誘人，實以絕人矣。」（〈李溫陵自序〉，《焚書》卷首）自以此書能「發聖言之精蘊、闡日用之平常。可使讀者一過目便知入聖之無難，出世之非假也。」

二、存　目

4. 《老農老圃論》

此爲十二歲時所試作。〈卓吾論略〉（《焚書》卷三）云：

> 年十二，試〈老農老圃論〉。居士曰：「吾時已知樊遲之問在荷蓧丈人間。然而上大人丘乙已不忍也，故曰『小人哉樊遲也。』則可知矣。」論成，遂爲同學所稱。眾謂白齋公有子矣。

5. 《批點孟子》　一冊

著年不詳。《續焚書》卷一〈與焦弱侯〉云：

> 《焚書》五冊，《說書》二冊，共七冊，附友山奉覽。乃弟所自覽者，故有批判，亦願兄之同覽之也，是以附去耳。外《坡仙集》四冊，《批點孟子》一冊，并往請教。幸細披閱，仍附友山還我。蓋念我老人抄寫之難，紙筆之難，觀看之難。念此三難，是以須記心附友山還我也，且無別本矣！

《坡仙集》初刻於萬曆廿八年庚子（1600），《焚書》、《說書》刻於萬曆十八年庚寅（1590），故《批點孟子》當爲此十年內著作。

6. 《四書評》　十九卷　明刻本

此書未見。據《中國思想通史》云：「計大學一卷、中庸一卷、論語十卷、孟子七卷。」

然此書疑爲僞託。《四庫提要》（卷一一九，子部雜家類三）疑耀條云：「相傳坊間所刻行四書第一評、第二評，皆葉不夜所僞撰。」其詳俟攷。

第二節　史　部

一、自　著

1. 《李氏藏書》　六十八卷　明萬曆己亥（27年）金陵刻本　萬曆四十七年方時化校刊本　萬曆間刻本墨校本　明天啟間陳仁錫校刊本　明沈繼震校刊本　明刊本　學生書局影本（據民五十八年新式

標點排印本）

是書《明史藝文志》、《千頃堂書目》著錄於史部史鈔類。《清續文獻通考經籍考》入雜史類。《四庫提要》、《北大圖書館善本書目》、《日本內閣文庫目錄》並著錄於別史類。《粹芬閣善本書目》及《台灣公藏各善本書目》咸入紀傳類，美《葛斯德圖書館善本書目》亦同。其卷目除《千頃堂書目》、《粹芬閣善本書目》及師大所藏本爲六十卷，餘並著錄爲六十八卷。各家著錄或止題「藏書」，或冠「李氏」二字爲「李氏藏書」。

原書於萬曆廿七年己亥（1599）刻於南京。國立師範大學善本書目史部別史類著錄「明萬曆三年刊卅七年刊續集本」殊堪致疑，應係著錄有誤。三年後卓吾下獄身亡，書亦遭禁燬。天啓五年乙丑（1625）再度禁刊。迄清禁制未弛。

書分世紀（卷一～卷八）、列傳（卷九～卷六十八）。上起戰國，下迄於元。紀、傳之中又細分名目。世紀歷敍各朝君王，列傳則分爲：大臣、名臣、儒臣、武臣、賊臣、親臣、近臣、外臣八類。品藻人物計約八百。各類卷前多有總論。類下又或分門分目。如：大臣類分五：因時、忍辱、結主、容人、忠誠。儒臣類分二門：德行門、文學門。德行門又分德業儒臣、行業儒臣。文學門又分爲五：詞學、史學、數學、經學、藝學。數學、經學、藝學又再細分。《藏書・世紀列傳總目》後論述其類例之由曰：

> 聖主不世出，賢主不恒有。……唯聖主難逢而賢主亦難遇，然後大臣之道斯爲美矣。故傳大臣。大臣之道非一：有因時而若無能者，有忍辱而若自汙者，有結主而若媚，有容人而若愚，有忠誠而若可以欺以罔者；隨其資之所及，極其力之所造，皆可以輔危亂而致太平。……大臣又不可得，於是又思其次。其次則名臣是已，故傳名臣。夫大臣之難遘亦猶聖主之難遭也，倘得名臣以輔之亦可以輔幼弱而致富強。然名臣未必知學而實自有學。自儒者出，而求志達道之學興矣，故傳儒臣。儒臣雖名學而實不知學，往往學步失故，踐迹而不能造其域，卒爲名臣所嗤笑。……自儒者以文學名爲儒，故用武者遂以不文名爲武，而文武從此分矣，故傳武臣。……武臣之興、起於危亂，危亂之來由於嬖寵：故傳親臣、傳近臣、傳外臣。外臣者隱處之臣也，天下亂則賢人隱，故以外臣終焉。

是書纂述歷時甚久，且迭經修改。焦弱侯參商尤多。〔註3〕書成，便儼然有「知我罪我其惟春秋」之慨，而欲「藏於山中，以待後世子雲。」（〈李溫陵序〉，《焚書》卷首）祝世祿料其是非數千年間人物必有不愜世人意者，因而比諸子長「是非頗謬于聖人」招譏於孟堅。（〈祝序〉、《藏書》）卓吾稱：「今日之是非，謂予李卓吾一人之是非可也，謂爲千萬世大賢人之公是非亦可也，謂予顚倒千萬世之是非而復非是予之所非是焉，亦可也。」（〈紀傳總目前論〉）《四庫提要》抨譏此書「排孔子，別立褒貶，凡千古相傳之善惡無不顚倒易位」（《四庫提要》卷五十、別史類存目本條）固其意料中事。

　　然則其所立異於世者何在？曰：「無以孔子之定本行罰賞也。」〈紀傳總目前論〉云：

> 前三代吾無論矣！後三代漢唐宋是也。中間千百餘年而獨無是非者，豈其人無是非哉。咸以孔子之是非爲是非，故未嘗有是非耳。然則予之是非人也又安能已？夫是非之爭也如歲時然，晝夜更迭不相一也。昨日是而今日非矣，今日非而後日又是矣？使孔子復生于今，又不知作如何非是也。而可遽以定本行罰賞哉。

世人不察其「千古同一道、千古同一心」（〈耿序〉，《藏書》）之說，而特攻其敢立異於孔子者，於是並「此書乃萬世治平之書，經筵當以進讀、科場當以選士」（〈與耿子健〉，《續焚書》卷一）之效，亦掩埋不彰，又豈持平之論哉！

2. 《遺史》　六十卷　萬曆間初刊本

　　是書藏中央圖書館。著錄於善本書目史部紀傳類。今攷此書實係《藏書》之列傳部份。雕版與《藏書》原刻本大略相同，惟剜去每卷首行「藏書某某傳」之「藏書」二字，間亦補入「遺史」二字。當是卓吾書禁，書估取原版稍事改異再印者。

3. 《李氏續藏書》　二十七卷　明萬曆（三十九年）辛亥金陵王惟儼刊本　明天啟三年癸亥古吳陳仁錫正刊本　明汪修能刻本　明刻本　清順治精刊初印本　學生書局影本。

　　是編《明史藝文志》著錄於史部史抄錄。《四庫提要》、《北大圖書館善本書目》、《天一閣見存書目》、《崇雅堂書目》、《八千卷樓書目》、《福建藝文志》、《美

〔註3〕 如〈與耿子健〉（《續焚書》卷一）云：「《藏書》收整已訖……八月間即可寄弱侯再訂，一任付梓矣。」〈與焦弱侯〉（同書卷一）亦云：「《李氏藏書》中，范仲淹改在行儒、劉穆之改在經國臣內亦可。此書弟又批點兩次矣！」

國國會圖書館善本書目》並著錄別史類。《清續通考經籍考》、《持靜齋藏書紀要》、《西諦書目》並著錄雜史類。《世善堂書目》、《千頃堂書目》、《粹芬閣書目》、《中央圖書館善本書目》、《中研院史語所善本書目》、《美葛斯德圖書館善本書目》並著錄於史部傳記（或紀傳）類。各目所載除《崇雅堂書目》著錄為二十一卷，餘皆同為二十七卷。惟《天一閣見存書目》所著錄本闕卷一卷二，僅存二十五卷。又此書或與《藏書》合帙，或有單行，不一。近有吳相湘編中國史學叢書，與《藏書》并收入該叢書續編第三十三種。（學生書局）

　　此書於萬曆三十九年辛亥（1611）刻於金陵。焦竑序云：

　　　　歲己酉（即萬曆三七年、1609）眉源蘇公弔宏甫之墓而訪其遺編於

　　　　馬氏，於是《續藏書》始出。余鄉王君惟儼梓行之。

馬氏即馬經綸，乃卓吾最後所寓處。焦序又云：

　　　　李宏甫《藏書》一編，余序而傳之久矣。而於國朝事未備，因取余

　　　　家藏名公事迹緒正之。

蓋為前書續作，特詳本朝史事，自開國以迄當時。類例稍異前作：無「世紀」，「列傳」名目亦有所別。先之以開國名臣、開國功臣、敘述追隨太祖起義前後諸臣。再次之以內閣輔臣、勳封名臣、經濟名臣、清正名臣、理學名臣、忠節名臣、孝義名臣、文學名臣、郡縣名臣。上自公卿、下逮傭樵；凡有事迹足式者皆著錄。或事狀非一，則並著目於各類下，而著本文於偏重之類卷。如方孝孺，遜國名臣、文學名臣類目皆著。故傳記入前項而於文學名臣類目下注明：別見「遜國名臣」。如薛瑄，兼列內閣輔臣、理學名臣類目；而傳記入前項。「理學名臣」目下注明：別見「內閣輔臣」。

　　焦竑稱斯編謂學之者「退可以修身而畜德，進可以尊主而庇民」（《續藏書》序）；李維楨則贊其「甄別去取若奇而正，若嚴而恕，若疎而覈，若朴而藻，可謂良史。」云云。（〈續藏書序〉）

　　4.《史綱評要》　三十六卷　明萬曆間刊本　河洛圖書出版社影印本
　　　（據萬曆四十一年癸丑霞漪閣校訂本排印標點本）

　　是書各目多未著錄。惟見於《清代禁書知見錄外編》及《福建通志》。《福建通志》著錄三十三卷。今所見為河洛出版社民六十五年影印本《卓吾二書》。（另一為《初潭集》）此本為新式標點排印本，卷前有〈新安吳從先萬曆癸丑（1613）序〉。每卷首題「霞漪閣校訂史綱評要」。標題下作者名後並列「新都寧野吳從先參訂、武林仙郎何偉然校閱」。全書三十六卷，與《禁書知見錄

外編》所著錄相符。

是書起自三皇五帝，下迄元朝順帝。與《藏書》同。惟《藏書》為紀傳體，此則編年。且止傳述人君，無列傳。名曰「綱要」者以其簡要詳明，若「評」則見於每段史述後之議論。間亦有眉批、夾批、及史文之圈抹。吳從先序云：

> 蓋良史立案，非傳則論不定。有良史何可無老吏，卓吾有之。惟其有之，是以似之。大言驚、小言怪，無異也。況觀感隨乎昭鑒，議論總是維持。秦之酷烈、晉魏之骨殘，後五代之禽蒐而草薙，宋弱之履虎尾而虞咥，可無評乎。漢之黨錮、晉之風流，唐之閨門，可無評乎。……為漢為唐為宋為秦為五代者鑒而思勸，則評嚴於史矣。

5. 《異史》　五卷　明袁宏道校刊本

是書只《日本內閣文庫漢籍分類目錄》著錄為：《大雅堂訂正異史》，他書皆未見錄。惟李氏另有《枕中十書》，亦冠「大雅堂訂正」字樣，第五卷戊集即為《異史》。是書應即此集之單行。

多收神怪史事。如蚩尤兄七十二人、銅頭鐵額、食鐵石、作雲霧……。如靈帝時，雒陽西門外女子生兒兩頸、異肩、共胸……。

二、卓吾所編選批注

6. 《皇明三異人錄》　四卷　明刊本

是書著錄於《日本內閣文庫目錄》，《尊經閣文庫目錄‧史部傳記類》。《內閣文庫目錄》錄其卷目為：李卓吾評方正學一卷，李卓吾評于忠肅一卷，李卓吾評楊椒山二卷。作者項「李贄評」前著錄「明俞允諧編」。

> 按：李氏另有《三異人文集》（詳後），亦論評方于楊三人。此書未見，無從比較異同。

7. 《張文忠公奏疏抄》　四卷　明刊本　明天啟間刊本

是書《中央圖書館善本書目》著錄於史部政書類。《葛斯德圖館善本書目》著錄於史部詔令奏議類，二卷。書名亦與中央圖書館藏本小異，題曰：「李卓吾先生批選張文忠公奏對稿」。《清代禁書知見錄外編》亦著錄此書云：「明江陵張居正撰……溫陵李卓吾撰、無刻書年月，約天啟間刊」。

今所見本有圈點，有眉批，然不多。無夾批，亦無論評。

又《卓吾諸家選》中亦收有此書，見後「集部」。

8. 《李卓吾先生批選趙文蕭公文集》　二卷　明刊本

是書《普林斯敦大學葛斯德東方圖書館中文善本志》著錄於集部別集類。與《張文忠公奏對稿》同函，故應爲同時同地所刻。所錄皆散文，以奏疏及書、序爲多。（此據屈志）今未見。因與張稿同函，所錄又多奏疏，故入此類。

三、存　目

9. 《史閣萬年》（不分卷）

《千頃堂書目》史部傳記類著錄。餘未見錄。

今攷劉東星〈史閣款語〉有云：

> 歲辛丑夏，李卓吾同馬誠所侍御讀書山中。余屢遣迎不至……聞其病，以好著述故病也。老人甚不宜，病可奈何。所著何書，指示我。於是得《史閣》二十一篇以歸。其所敍述，專以「爲臣不易」一語，更端言之極盡。（《續焚書》卷二，又《續藏書》卷十）

此《史閣萬年》與劉所攜回《史閣》二十一篇不知同否？若同，則已收入《續藏書》，即卷十、卷十一、卷十二之〈內閣輔臣〉。唯《續藏書》〈內閣輔臣〉計二八篇，或爲其後續增。

10. 《維摩庵創建始末》　（無卷數）抄本。

是書各目並未見錄。疑未刊行。〈豫約〉（《焚書》卷四）曾云：

> 我初至麻城，曾承庵買縣城下今添蓋樓屋所謂維摩庵者，皆是周友山物。余已別有〈維摩庵創建始末〉一書寄北京與周友山矣。中間開載布施事頗詳悉，其未悉者又開具緣簿中，先寄周友山于川中。二項兼查，則維摩庵布施功德主，亦昭昭可案覆而審，不得沒其實也。〈創建始末〉尚有兩冊：一冊留龍湖上院爲照，一冊以待篤實僧能堅守樓屋靜室者，然後當友山面前給予之。

是書原抄三冊，備載居麻城時事。

四、譌託存疑

11. 《新鐫李卓吾先生增補批點皇明正續合併通紀統宗》　十三卷　明末葉坊刻本　日本元祿九年　林九兵衛刊本

是書二本藏中央圖書館。《清代禁書知見錄》亦見著錄。

今所見本爲明陳建撰，袁黃、卜大有續補，李贄評點。卷首爲陳建撰〈新

刻皇明通紀宗序〉，次爲〈皇明聖君源流〉。正文首行大題作「新鐫李卓吾先生增補皇明正續合併通紀統宗卷之一」，次行題「粵濱逸史清瀾釣叟臣東莞陳建輯著」。板心上題「李卓吾批點皇明通紀統宗」。無圈點、夾批、總評，然有眉批。每卷開頭，眉批必標明「李卓吾批點」。陳建原撰十卷；卷十一爲嘉靖朝，係袁黃所補；卷十二爲隆慶朝，爲卜大有所補。雕板匡式行款一如前卷，唯無「李卓吾批點」字樣。卷十三爲「錄我朝會元三及第人氏總攷」，板心如前仍題「李卓吾批點皇明通紀統宗」字樣。唯所述迄萬曆四十四年丙辰科，卓吾歿已逾十年矣。書佔作僞，不察乃爾。

第三節　子　部

一、自　著

1. 《卓吾子三教妙述》　四卷　萬曆四十六年宛陵劉遜之刻本

未見，此據侯著《中國思想通史》

侯某謂此書又名《言善篇》，〔註4〕應有所據。《續焚書》卷二有劉晉川〈序言善篇〉云：

> 是書凡六百餘篇，皆古聖要語，卓吾彙而輯之，欲以開來學而繼往聖。余尚未見，見其〈小引〉三首與〈言善篇目〉而已。

劉氏此序曾述及萬曆廿八年（1600）冬卓吾困於楚，馬侍御因攜之同往通州事。而劉氏於萬曆廿九年（1601）秋卒於官，此序當作於是年，而是書當亦成於此前不久。

此書之內容，可據劉序「小引三首」，略窺梗概。《續焚書》卷二有〈道教鈔小引〉、〈聖教小引〉。〈道教鈔小引〉云：

> 凡爲釋子，但知佛教而不知道教。夫道家以老君爲祖，孔夫子所嘗問禮者。觀其告吾夫子數語，千萬世學者可以一時而不佩服於身，一息而不銘刻於心邪？……〈老子道德經〉雖日置案頭，行則攜持入手夾，以便諷誦；若關尹子之〈文始眞經〉與〈譚子化書〉，皆宜隨身者，何曾一毫與釋迦異也。

〈聖教小引〉云：

〔註4〕見侯外盧《中國思想通史》第二十四章第一節。（第四卷下冊）

余自幼讀聖教不知聖教，尊孔子不知孔夫子何自可尊；所謂矮子觀
場，隨人說研，和聲而已。是余五十以前眞一犬也。五十以後大衰
欲死，因得友朋勸誨，翻閱貝經。幸於生死之原窺見斑點，乃復研
窮學庸要旨，知其宗貫，集爲道古一錄。於是遂從治易者讀易三年，
竭晝夜力，復有六十四卦《易因》鋟刻行世。

嗚呼！余今日知吾夫子矣，不吠聲矣；向作矮子，至老遂爲長人矣。
雖余志氣可取，然師友之功安可誣邪！即自謂知聖，故亦欲與釋子
輩共之，蓋推向者友朋之心以及釋子，使知其萬古一道、無二無別，
眞有如我太祖高皇帝所刊示者，已詳載於《三教品》刻中矣。

有〈道教〉及〈聖教鈔〉，意其當合〈釋子須知〉以成《三教妙述》。觀〈聖
教小引〉序末，當是與《三教品》相輔而先後付梓。（〈釋子須知〉作於萬曆
二十九年）

2.《三教品》　一卷　明繼志齋刻《李氏叢書》本

是書《千頃堂書目》著錄於子部釋家類，收入《李氏叢書》。

其〈三教品序〉云：

三教聖人頂天立地，不容異同明矣。故曰：天下無二道，聖賢無兩
心。我　高皇帝統一寰宇，大造區夏，其敬孔子敬老子敬釋迦佛有
若一人然。其　御製文集凡論三教聖人，往往以此兩言斷之。……
因敬讀高皇帝　文皇帝御製文集，錄之以爲《三教品》。（《李溫陵集》
卷十）

成書年日不詳。當係晚年所作。（參：１卓吾子三教妙述條）

3.《文字禪》　一卷　明刊本

是書《千頃堂書目》著錄於子部釋家類。今收入快書六種，大雅堂訂正
枕中書，李卓吾先生秘書八種。敍述歷來禪家故事，如韜光禪師、寒山子、
石屋禪師、水庵和尙……。

4.《心經提綱》　一卷　明刻本

是書《國史經籍志》、《千頃堂書目》並著錄於子部釋家類。今收入《焚
書》卷三，《李氏叢書》亦收。是書當纂於萬曆五年丁丑（1577）至七年己卯
（1579）間。付刻則晚於《老莊解》。疑其爲依耿居黃安時事。（萬曆九年（1581）
至十二年（1584））〈提綱說〉云：

予在滇中，有友求書《心經》，書記題數語于後，名之曰〈提綱〉。……
黃安邑侯既刻〈提綱〉矣，復幷予所注《道德解》並刻之。（《李溫
陵集》卷九）

《焚書》卷一〈答焦漪園〉曰：「潘雪松聞已行取，《三經解》刻在金華，當
必有相遺。遺者多則分我一二部……。」《三經解》，氏著老莊解及此書是也。
刻《三經解》為萬曆十六年以後事，此或卷帙較簡，曾先後數度刻行。是書
拈〈心經〉「色即是空」等四句，闡釋空義。

5. 《因果錄》　三卷　明刻本　明繼志齋刻《李氏叢書》本

是書《千頃堂書目》著錄於子部釋家類。今收《李氏叢書》中，並著錄
為三卷。

《李溫陵集》卷十有序，序首有〈識語〉：

釋氏因果之說，即儒者感應之說。予在白下時聞嘉禾有慕空居士者
道是《太上感應篇》最膚淺，故與一二同志遂梓而序之以見其最不
膚淺。……昔以此序序《感應篇》，故今復以此序序《因果錄》。夫
感應因果，名殊理一，是故不妨重出也。

梓《感應篇》為南京任職刑部時事，今輯《因果錄》則居龍湖時也，約是去
髮時分。〔註5〕

6. 《淨土訣》　一卷　明刊本　明繼志齋刻李氏叢書本

是書《千頃堂書目》著錄於子部釋家類。今收氏叢書，二並著錄為一卷。
〈老人行敍〉則自述為三卷。

此書作於西山極樂寺旅次。約在萬曆二十五年丁酉（1597）秋，至二十
六年戊戌（1598）春之間所作。〈老人行敍〉云：「至西山極樂僧舍，則有《淨
土訣》三卷。」（《續焚書》卷二）

《李溫陵集》卷十有〈淨土訣前引〉，略述淨宗念佛大義，比勘禪淨修為，
於是斷之曰：「阿彌陀佛淨土自心淨土。念佛參禪即所以自淨其心。」而其所
宗實為淨土。此書旨在：

奉勸諸學者無高視禪客而輕目淨土也。故集諸上聖勸人修淨土之語
合之以《淨土訣》。（〈淨土訣前引〉）

〔註5〕《續焚書》卷二，〈選錄暎車志〉敘云：「余自在秣陵時與焦弱侯同梓《感應
篇》，後隱於龍湖精舍，復輯《因果錄》。」

7. 《老子解》　二卷　明刊本　無求備齋老子集成初編本（據明萬曆
　　四十三年亦政堂重刊廣祕笈本影印）

　　是書《千頃堂書目》著錄於子部道家類。（中圖藏《李氏叢書》亦收）

　　萬曆十五年丁亥（1587），焦竑編《老子翼》，著錄此書。今按《老子翼》
卷七附錄云：「李宏甫先生既刻《子由老子解》，逾年自著《解老》二卷。」
攷《子由老子解》，李氏於萬曆二年甲戌（1574）十二月底刻於金陵（參年譜
該年部分）。本書則萬曆十年（1582）著於黃安。〈與焦弱侯〉云：

　　　　偶一閱子由《老子解》，乃知此君非深老子者，此老蓋眞未易知也。
　　　　呵凍作《解老》一卷。七日而成帙，自謂莫逾。（《續焚書》一：六十）
蓋緣於蘇注未愜，故有此作。

　　又《焚書》卷一〈答焦漪園〉：

　　　　三經刻在金華，當必有相遺。遺者多則分我一二部。我於《南華》
　　　　已無稿矣。當時特爲要刪太繁，故於隆寒病中不四五日塗抹之。《老
　　　　子解》亦以九日成。蓋爲蘇注未愜，故就原本添改數行。

《三經解》，即《心經提綱》（見〈提綱說〉、《李溫陵集》卷六）、及〈南華〉、
〈老子〉二解。此書當作於萬曆十年。〔註6〕書前有序，論辨申韓之禍，不可
追咎於道德，特學術再傳失其本眞之故。道德所論乃「至易至簡之道，而一
切急功利者之所尚也。而一切功利者欲效之而不得，是故不忍于無欲，而忍
于好殺。不忍以己而忍以人。不忍于忍而忍於不忍」，烏可以此罪歸於老子哉。
有見於此「故深有味於道德，而爲之解幷序其所以語道德者以自省焉。」

8. 《莊子內篇解》　二卷　明刻本

　　是書《千頃堂書目》、《國史經籍志》並著錄於子部道家類。明繼志齋刻
本有卓吾遺書十二種中有收。今所見爲中圖藏《李氏叢書》本。是書與《老
子解》同作於萬曆十年前後。參見「《老子解》」條。

9. 《初潭集》　三十卷　明萬曆間刻本　明王克安校刊本　明刊朱墨
　　套印本　明刊本。

〔註6〕李氏文集中提及《老子解》一書者有數則。除此二文外，另有《續焚書》卷
　　　一（：十六）〈與焦弱侯〉一封，可案定《老子解》之著年。（引見繫年萬曆
　　　十一年仲夏部分）該函提及：李已居黃、焦竑會試下第歸、焦竑尊翁健在。
　　　按，李之抵黃爲辛巳（1581），焦竑尊翁於甲申（1584）下世（俱見《年譜》
　　　該年著錄）；其間會試僅癸未（1583）一科耳。故知此函著年。參綜前述二函
　　　與焦竑書，知《老子解》爲前一年（1582）入冬時作。

是書《四庫提要》、《清續通攷》、《福建通志》、《故宮普通書目》（民 23年）、《中央圖書館善本書目》、《台大圖書館善本書目》、《上海圖書館善本書目》（民 46 年）、《西諦書目》、《天一閣見存書目》、《東海藏書樓書目》、《美國會圖書館善本書目》、《普林斯敦大學葛斯德圖書館善本書目》並著錄於子部雜家類。《千頃堂書目》、《日內閣文庫類目》則著錄於子部小說類。至其卷數異同則以三十、或十二卷本為多。《千頃堂書目》著錄二十八卷、《美國會圖書館藏本》為二十六卷、《日內閣文庫藏》本為十卷。《天一閣見存書目》著錄卷數不明，存卷十至十六、二十三至二十九。原應亦三十卷本。《四庫全書》僅存其目，著錄為十二卷。〈提要〉云：「分類凡五。曰夫婦、曰父子、曰兄弟、曰君臣、曰朋友。」今所見三十卷本分類亦五。惟有師友而無朋友，且編次居「君臣」之前。與四庫館所見顯然有別。

是書纂作於萬曆十六年戊子（1588）之秋。為初落髮時之作。蓋採輯古人事蹟，排比而成。以五倫為綱，綱下細分節目。每段文後有評，亦加圈抹。書前有序二篇自道撰述由來云：

> 臨川王撰《世說》，自漢末以至魏晉二百年間人物耳，上下古今未備也。焦氏《類林》起自羲軒，迄於勝國，備矣。……今觀二書雖千載不同時，而碎金宛然，豐神若一。……真前後自相映發，令人應接不暇也。……是書也，合之則連璧，分之則雙珠，《世說》，《類林》自爾並行於世無疑矣。……設若以《世說》合於《類林》，以少從多、以多現少，合而為連璧又奚為而不可。此老人開卷之一便，非自附於昔賢而曰「吾老矣，猶能述而不作也」（〈又序〉）

據此則知此編乃讀《世說》、《類林》後所編撰之作品，用以自娛者也。序謂「至潭而讀之，讀而喜，喜而復合，賞心悅目於是焉在矣。」（同上）今攷《類林》之作，分五十九類，各為獨立，較《世說》三十六類為多，惟多襲用《世說》名目者如：方正、雅量、簡傲、排調……等。是書則以五倫為綱，下分小目，其目多達九十有五。段後有評又為其異一也。書名初潭者，「言初至潭首讀此也」（〈又序〉），「言初落髮龍潭時即纂此，故曰初潭也。」（〈序〉）序又述其撰作之旨曰：

> 夫卓吾子之落髮也有故，故雖落髮為僧，而實儒也。是以首撰儒書焉。首纂儒書而以德行冠其首，然則善讀儒書和善言德行者，實莫過於卓吾子也。

故其編次乃以五倫為經，以四科為緯。四科次序一如論語：

> 有德行而後有言語，非德行則言語不成矣。有德行而後有政事、文學，
> 非德行則政事、文學亦不成矣。是德行者，虛位也；言語、政事、文
> 學者，實施也。施內則有夫婦、有父子，有昆弟；施外則有朋友有君
> 臣。……故言德行則三者在其中，非三者則德行將何所見乎！

四科不離乎五倫，故以五倫為綱。序云：

> 言德行則三者在其中，非三者則德行將何所見乎。言夫婦則五常可
> 知，豈有舍五常而別有言語、政事、文學乎！此非臆說也，孔氏之
> 說也。至為易知，至為簡能者也。余既自幼習孔氏之學矣，是故亦
> 以其學纂書焉！

五倫大類，惟夫婦類有總論，其言有云：

> 夫婦人倫之始也。有夫婦然後有父子，有父子然後有兄弟，有兄弟
> 然後有上下。夫婦正，然後萬事萬物無不出於正矣。夫婦之為物始
> 也如此。

其說蓋自易道中來。

10.《道古錄》　二卷　明萬曆間萬卷樓刊本

是書《故宮普通書目》（民二三）、《史語所善本書目》並著錄於子部雜家類。又，蕭天石編《中國子學名著集成珍本》，收入初編第四十三冊。（據史語所藏本）

史語所藏本題「明燈道古錄」，題下記云：「明李贄、劉東星同撰。劉用相、王溥、王洽、劉用健同錄」。有李氏、劉氏自序，及萬曆二十五年丁酉（1597）陳簡、楊正芳跋。此書今並收入顧大韶所編《李溫陵集》卷十八、十九。

李氏於萬曆廿四年丙申（1596）秋旅坪上劉晉川寓所。明年夏赴大同梅國楨府。此書即於是年秋次年夏之間纂作。蓋為問答學庸大義，由晉川子筆錄而成。錄成，旋付梓行。

劉序其事云：

> 比者讀禮山中……特遣兒相就龍湖問業。先生欣然不遠千餘里與兒
> 偕來。從此山中，歷秋至春，夜夜相對，猶子用健復夜夜入室質問
> 學庸大義。……相與健等既獲錄其所聞之百二，予遂亟令梓行。

書名之來，則出於卓吾。《道古錄》引述題名所自及書錄旨義曰：

> 天寒夜永，語話遂長，或時予問而晉川答，或時晉川問而予應……

晉川之子用相用健者二人有時在坐，與聞之而心喜……退而成錄其
所聞之最親切者，……時日既多，積久亦成帙。予取而覆視之，不
覺俯几歎曰：是錄也，乃吾二人明燈道古之實錄也。宜題其由曰：
明燈道古錄。遠之不足以繼周邵，近之不足以繼陳王；然此四先生
者，精爽可畏，亦必喜而讀之曰：是明燈道古之錄也，是猶在門廷
之內也，眞不謬爲吾家的統子孫也。

11. 《精騎錄》　一卷　明袁宏道校刊本
《史語所善本書目》著錄於子部雜家類。大雅堂訂正枕中十書收入第一
卷。史語所藏本爲單行本。是書雜記古今瑣事，略無統類。

12. 《李氏逸書》　十三卷　明刊本
《日內閣文庫目錄》著錄於子部小說家類。今未見

二、卓吾所編選批注

13. 《陽明先生道學鈔附年譜》　九卷　萬曆三十七年己酉武林繼錦
　　堂刊本

是書《中央圖書館善本書目》著錄於集部別集類，《葛斯德圖書館善本書
目》著錄於子部儒家類，二者爲同一刊本，惟卷帙稍異。前者分論學書、雜
著書、龍場書、廬陵書、南贛書、平濠書、思田書等七卷；附年譜二卷，共
九卷。後者則著錄八卷，謂「贅又撰年譜三卷，即本書之第三卷也。」然道
學鈔部份亦爲七卷。

是書乃萬曆二十八年庚子春（1600），旅濟寧時，編於劉晉川公署。旋付
梓行。年譜有序曰：

今歲庚子元月，余約方時化、汪本鈳、馬逢暘及山西劉用相暫輟易，
過吳明貢，擬定此日共適吾適，決不開口言易。而明貢書屋正有王
先生全書，既已開卷，如何釋手……遂盡讀之。于是乃敢斷以先生
之書，爲足繼夫子之後，蓋逆知其從讀易來也。故余於《易因》之
稿甫就，即令汪本鈳校錄先生《全書》，而余專一手抄〈年譜〉；以
譜先生者，須得長康點睛手，他人不能代也。

后語又謂：「是春，予在濟上劉晉川公署，手編〈陽明年譜〉，黃公參見而好
之，即命梓行。」

〈抄選〉爲稍後年譜作，然亦於是年成。〈與方伯雨〉云：

〈抄選〉一依〈年譜〉例，分類選集在京者、在龍場者、在南贛者、在江西者、在盧陵者、在思田者。或書答、或行移、或奏請、或榜文、或告示，各隨處附入，與〈年譜〉並觀，眞可喜者。(《續焚書》卷一)

書成，自信「此書之妙，千古不容言。」欲「士大夫攜之以入扶手，朝夕在目，自然不忍釋去。事上使下，獲民動眾，安有不中竅者乎。唯十分無志者乃不入目。稍有知覺能運動者，未有不發狂欲大叫者也。」(同上)

14. 《龍溪先生文錄抄》 八卷 明萬曆廿六年戊戌豁然堂刊本 萬曆廿七年己亥刻本 萬曆新安吳氏刻本 萬曆間刻本 萬曆四十三年乙卯張汝霖刻龍溪全集本 廣文書局影刻本

是書《虞山錢尊王藏書目錄彙編》著錄於子部道學類，《崇雅堂書目》著錄於子部儒家類理學之屬，《四川省圖書館古籍目錄》著錄於子部雜家類；《北大圖書館善本書目》、《博野蔣氏寄存書目》、《上海圖書館善本書目》幷著錄於集部別集類。除北大館藏爲九卷，餘並爲八卷本。各家著錄書名不一，或爲「龍溪語錄」，或爲「龍溪王先生語錄」，或作「龍溪語錄抄」，或作「龍溪王先生文錄抄」；而作者項並作：「王畿撰、李贄評」，知其實同書也。民國四十九年廣文書局有影刻本；無出版說明，不知所據何本。

是書乃萬曆二六年戊戌（1598）受何泰寧之託所抄纂者。〈龍溪先生文錄抄序〉云：

《龍溪先生集》共二十卷，無一卷不是談學之書。卷凡數十篇，無一篇不是論學之言。……故余嘗謂先生此書，前無往古，後無將來，後有學者可以無復著書矣，蓋逆料其決不能條達明顯一過于斯也。而刻板貯於紹興官署，印行者少，人亦罕讀。……今春（即戊戌年）余偕焦弱侯放舟南邁，過滄州，見何泰寧。泰寧視龍溪爲鄉先生……熟讀先生之書已久矣，意欲復梓行之……而命余圈點其尤精要者，曰：「吾先刻其精者以誘之令讀，然後梓其全以付天下後世。夫先生之書，一字不可輕擲，不刻其全則有滄海遺珠之恨；然簡帙浩繁，將學者未覽先厭，又不免有束書不觀之歎。必先後兩梓，不惜所費，然後先生之教大行。……」泰寧之言如此，其用意如之何？(《續焚書》卷三)

李氏於龍溪推崇有加。曾與友人論其學曰：「王先生字字皆解脫門，既得者讀之足以印心，未得者讀之足以證入也。」(〈復焦弱侯〉，《焚書》卷一)〈又與劉肖

川〉云：

> 龍溪先生全刻，雖背誦之可。學問在此，文章在此，取科第在此，
> 就功名在此，爲經綸參贊之業亦在此。只熟讀此、無用他求，他求
> 反不精不得力矣。（《續焚書》卷一）

15. 《讀升菴集》　二十卷　明（約萬曆間）刊本

是書《四庫提要》、《清續攷文獻通攷》、《日內閣文庫目錄》並著錄於子部雜家類。

《升菴集》，楊愼撰。愼字用修號升菴。生於弘治元年（1488）卒於嘉靖三八年（1559）。正德六年（1511）舉進士第一，授修撰。武宗出居庸關微行，抗疏諫。世宗立，充經筵講官。大禮議起，愼與同列極諫，帝命執首事下獄。愼與王元正等撼門大哭。帝愈怒，悉下詔獄廷杖之。削籍，遣戍雲南而卒。愼記誦之博，著述之富，明時推爲第一。有《升菴集》八十一卷行世。又有《丹鉛雜錄》、《丹鉛續錄》、《丹鉛餘錄》、《譚苑醍醐》、《廣夷堅志》、《古今諺》、《詩話補遺》、……等十數種，皆行于世。

此書約作於萬曆廿三年乙未（1596）。〔註7〕

卓吾於升菴極推崇。〈與方訒菴〉云：

> 夏來讀《楊升菴集》，升菴固是才學卓越，人品俊偉，然得弟讀之，
> 益光彩煥發，流光於百世也。（《續焚書》卷一）

〔註7〕〈與方訒菴〉（《續焚書》卷一）文中提及數事：
一、「弟自二月初回湖上之廬，即欲附一書奉慰。」
二、「〈征途與共〉一冊，是去冬別後物。」
三、「今春湖上纂〈讀孫子〉十三篇。」
四、「夏來讀《楊升菴集》，有《讀升菴集》五百葉。」
五、「〈豫約〉真可讀，讀之便流淚。」
今攷〈豫約〉一文作於七十歲（1596）前後，然古人報歲每多虛誇一二，故寬一年，則與方書不得早於1595年。《焚書》卷五有〈讀升菴集〉一文，作此文時應略早於與方書。而《焚書》再刻於1600年三月，則楊文不當晚於是年。綜上可得與方書之上下限爲1595～1600。
1595年因史道事，冬赴黃安、與天台復合。1596年秋赴山西劉晉川。爾後走大同、朝北京，至1598年春偕弱侯下南部，仲夏寓永慶寺。1600年三月赴山東、付刻《焚書》。數年內可能符於（一）二月初回麻城，（二）今春湖上讀《孫武子》，（三）夏來讀《楊升菴集》三條者，惟1596年及1599年。而1599年，李氏正沈浸易學，與焦、方同寓南京，（參注一）應無麻城之返。1595年冬赴黃安，明年秋走山西，恰符「二月初回」「夏來讀」云云。如是則與方文之作於1596年之夏秋必矣。

《焚書》第五卷，多引「升菴曰」云云，惟《提要》謂此編「去取毫無義例……序文淺陋尤不類贄筆，殆萬曆間贄名正盛之時，坊人假以射利者耳。」（《提要》卷一三一子部雜家類存目）未知何據。《提要》又云：「贄為狂縱之禪徒，慎則博洽之文士；道不相同亦未必為之編輯。」（同上）然則前引〈與方訒菴〉書中，明證卓吾有此作也。

16. 《墨子批選》　二卷　明刊本　明繼志齋刻《李氏叢書》本

是書《中央圖書館善本書目》、《日內閣文庫目錄》著錄於子部雜家類。《日內閣文庫類目》、《日尊經閣文庫目錄》李氏叢書內墨子批選並著錄為四卷，《叢書大辭典》「李氏叢書」條下批選墨子亦作四卷。央圖所藏單行則繼志齋刻行之《李氏叢書》同為二卷。近人蕭天石編《中國子學名著集成》時，影中圖所藏善本，入「珍本初編第八十本。」

《選批墨子》計廿一篇。除備戰迎敵等十一篇置而未論，前此廿七篇幾皆議及。茲錄此廿七篇目及李氏所批篇目於下。（括弧者為未選批者）

> 親士、修身、所染、法儀、（七患）、辭過、三辯、尚賢、尚同、兼愛、非攻、節用、節葬、（天志）、明鬼、非樂、非命、非儒、（經）、（經說）、（大取）、（小取）、耕柱、貴義、公孟、魯問、公輸。

各有圈點、題批及總評。

〈批選序〉略論刑名法術各家。推吳起申韓為古之聖人，然此非為極高，「太上者，學無學、為無為、事無事者也」。特此不能言，故置毋論。太上之次則管夷吾是也。曰：

> 管夷吾者，無學為學，無為為為，無用為用者也。故道則因道，德則因德。用我我未嘗用，不用我我未嘗不用。此其道微妙而難知，其為術明白而難測，其為法也轉圓而不可窺以涯涘矣。

17. 《孫子參同》　（十三篇）　三卷

是書《千頃堂書目》著錄於子部兵家類。收入《李氏叢書》。

《續焚書》卷一〈與方訒菴〉云：「今春湖上纂《讀孫武子》十三篇，以六書參攷，附著於每篇之後，繼之論著，果係不刊書矣。」〈老人行敘〉亦有及此書曰：「余是以足迹所至，仍復閉戶獨坐，不敢與世接。既不與世接則但有讀書耳。……故至坪上則有《道古錄》四十二章書；至雲中則有《孫子參同》十三篇書……隨手輒書，隨書輒梓。」（《續焚書》卷二）

今攷〈與方訒菴〉書作於萬曆廿三年乙未（1596），至雲中為萬曆廿五年

丁酉（1597），〈見註六〉；因知是書初纂於萬曆廿三年，而於廿五年由梅衡湘在雲中刊行。梅有序曰：

> 予友禿翁先生，深于禪者也。于兵法獨取孫子，于注孫子者，獨取魏武帝，而以餘六經附于各篇之後，注所未盡，悉以其意明之。可謂集兵家之大成，得孫子之神解。予在雲中始得讀之。雲中于兵猶齊魯之于文學，其天性也。故爲廣其傳，使人知古今兵法盡于七經，而七經盡于孫子。若善讀之則十三篇皆糟粕也，況其他乎。（《李溫陵集》卷十）

卓吾亦序所以讀孫子，蓋由文武分途，而儒者自辟於夫子未學，「一旦邊夷猖獗小醜跳梁則栗肱戰股撫髀捫髯顧後瞻前、張皇錯愕」，因引蒙谿張鼇先生所云「七書六經固仁義一原之理，陰陽貞勝之符」以爲確論而更申論之曰：

> 天下未有有仁而無義，亦豈有有陽而無陰。獨陽不生，獨陰不成。
>
> 謂文專指陽而武專指陰，則不但不成武而亦不成文矣。

其理想爲文武兼備之士，然終未得，是以「獨恨其不以七書與六經合而爲一以教天下萬世也。故因讀《孫武子》而以魏武之注爲精富，又參攷六書以盡其變，而復論著于各篇之後焉。」（《李溫陵集》卷十）

18. 《李卓吾批點世說新語補》　二十卷　明萬曆十四年刊本　明書林余氾儒刊本　日安永八年刊本　日元祿七年京東林九兵衛刊本

是書《觀海堂書目》，《東海藏書樓書目》，《中央圖書館善本書目》，《故宮博物院善本書目》，《日內閣文庫目錄》並著錄於子部小說家類。

每卷卷首第一行題「李卓吾批點世說新語補卷之幾」。

以次各行題「宋劉義慶撰、梁劉孝標注、宋劉辰翁批、明何良俊增、王世貞刪定、王世懋批釋、李贄批點、張文柱校注。」

有眉批欄，或「劉云」或「李云」以分別之。亦有於眉批欄作圈、抹符號者。

三、存　目

19. 《釋子須知》

卷數不詳，各目亦未見錄。約作於萬曆二十九年辛丑（1601）。

《續焚書》卷二有〈釋子須知序〉云：

> 余今年七十又五矣，旦暮且死，尚置身冊簿之中、筆墨常潤，硯時時

濕，欲以何爲耶？因與眾僧留別，令其抄錄種種聖賢書眞足人啓發
者，名曰〈釋子須知〉，蓋以報答大眾二十餘年慇勤，非敢曰爲僧說
法也。

此書未見。《續焚書》卷一有〈與友人書〉曾述及擬撰某編，本義與此頗相近。
文曰：

自老拙寄身山寺，今且二十餘年，而未嘗有一毫補於出家兒……心
欲……將先輩好詩好偈各各集出，又將仙家好詩、儒家通禪好詩堪
以勸戒、堪以起發人眼目心志者，備細抄錄，今亦稍得三百餘紙……
不謬爲服侍李老子一二十年也。

疑爲《三教妙述》之一。詳見該條。

20.《道教鈔》

未見。《續焚書》卷二有〈小引〉。疑爲《三教妙述》之一。詳見該條。

21.《聖教》

未見。《續焚書》卷二有〈小引〉。疑即《三教妙述》之一。參該條。

22.《大慧集鈔評》

23.《宗門武庫評》

《福建通志》藝文志（卷七十二）著錄。未見

上二書皆大慧作。大慧名宗杲，南宋初禪宗巨匠。嗣法於圜悟。圜悟有
《碧巖集》，大慧燒毀之，以破門下迷執。所著書牘二卷編爲《大慧集》。大
慧又有《語錄》二十卷，《宗門武庫》即附語錄書後。卓吾之選批二書，當同
時事。焦竑有〈選批大慧集序〉云：「宏甫嗜書，丹砂殆不去手。……余書齋
中有《大慧集》，爲宏甫南來時所批點。」（《李溫陵外紀》卷二）「南來」云
者，殆指萬曆戊戌（1598）至庚子（1600）間寓白下時。

24.《選錄睽車志》

未見。

《續焚書》卷二有〈選錄睽車志敘〉，述先後刊輯《感應篇》、《因果錄》。
今（萬曆二十六年戊戌，1598）則選錄此編。敘云：

今弱侯罷講官，余又與之連舟南行。舟中閒適，弱侯示郭伯象《睽車
志》。余取其最儆切者，日間細書數紙以與眾僧觀者，夜則令眾僧誦
《法華經》，念〈往生神咒〉，幷度脫水神水鬼。……《睽車志》多，

> 余所手錄者，不過十之一，不知者以爲好怪，其知者則以爲可與《因
> 果錄》《感應篇》同觀。

據此則知纂作於南下舟中，爲類似《因果錄》、《感應篇》之書。

四、僞託存疑

25. 《李卓吾彙撰注釋萬形實攷》　六卷　明刊本

是書《美國會圖書館中文善本書目錄》著錄於子部雜家。

原題：「溫陵卓吾李贄著……書林少泉李潮梓。」前錄著錄云：「原書不知何出。李贄之名當爲李潮所託。又有僞託禿翁序云：『予不忍世之終迷，彙撰成聯，增以注解，分類編次，乏其易曉。是轉長夜而使之旦，呼長夜而使之窹。』閱此具有若許氣力之書，其文其注，不過略似吳淑事類賦，其陋則十倍而下之也。」今未見。

26. 《疑耀》　七卷　明嘉靖精刊初印本　明萬曆卅六年戊申嶺南張萱刊本　影鈔萬曆戊申嶺南張萱刊本　清文淵閣、文瀾閣四庫全書本　嶺南遺書本　日鈔本、寫本。

是書《千頃堂書目》，《四庫提要》，《清續通攷經籍攷》，《四庫簡目標注》，《中央圖書館、故宮博物院善本書目》，《那亭知見傳本書目》，《粹芬閣善本書目》，《日內閣文庫目錄》並著錄於子部雜家類。惟作者題名不一。或云「李贄撰張萱訂（或校）」。或止云「溫陵李贄著」；或曰：「舊題李贄撰」或「張萱撰著。」大抵清代官修書目系統如《四庫提要》、如《清續攷》、如《四庫簡目標注》皆標張萱所作。餘除《千頃堂書目》及《那亭知見傳本書目》外則多題李贄所撰。

《四庫提要》辨證子部五雜家類三疑耀條舉證多條確攷其乃張萱所撰。略云：

> 此書第三卷明云：「衰慈八十，膝下止萱一兒，官遠祿微、不能迎養。」則爲張萱無疑，幷未嘗託名於贄也。不知何人僞撰萱敍，遂以其書移而屬之於贄也。

27. 《山中一夕話》　十四卷　明梅墅石渠閣刊本　明屠隆校刊本　清光緒四年排印本（申報館叢書續集本）

《台大善本書目》、《日內閣文庫目錄》並著錄於子部小說家類。清縷馨僊史（蔡爾康）輯《申報館叢書》收入說部類，著錄十二卷。民四十五年，

王利器輯《歷代笑話集》，收有《山中一夕話》十則。

是書命名，取「與君一夕話，勝讀十年書」之義。〔註8〕

28.《雅笑》　三卷　明刻本

《北京圖書館善本書目》（民48年）著錄子部雜家類。《清代禁書知見錄外編》亦收有此目，著錄「三卷，無刻書年月，約萬曆間刊。」今未見。

29.《李卓吾先生批點四書笑》

是書《日內閣文庫目錄》子部小說家類著錄：「林羅山手校本，開口世人編，聞道下士評，江戶初寫。」今未見。

30.《博纂二王真草隸篆千文印書鏡》　（不分卷）

此書未見。《日內閣文庫目錄》子部藝術類著錄「李贄編，明刊（陳躍九）」。

31.《卓吾李先生校士民切要帖式手鏡》　一卷

是書未見。《日內閣文庫目錄》子部類書類著錄。書名下小字云「　先生士民指掌雜言再註一卷」。題「李贄校，清寫本。」

又，同書集部尺牘類文例之屬亦著錄此書。書名下小字云「家中書札一卷。」為二書合刊本。此為明王氏積玉堂刊本。

第四節　集　部

一、自　著

1.《焚書》　六卷　明萬曆間蘇州刊本　萬曆間刊本　天啟間閔氏刊硃墨套印本　明吳中刊本　明朱墨印本　清光緒三十四年國學保存會排印國粹叢書本　宣統間陝西鉛印本　民國陝西教育圖書社排印本　民廿四年上海貝葉山房排印中國文學珍本叢書本。

是書《千頃堂書目》、《中央圖書館善本書目》、《史語所普通本線裝書目》、《美國會圖書館中文善本書目》、《日內閣文庫目錄》、《尊經閣文庫目錄》並著錄於集部別集類。《清代禁書知見錄》亦見著錄。

本書初刻於萬曆十八年庚寅（1590），與《說書》及《藏書》中數篇同時付刻。《李溫陵集》卷首有〈李溫陵自序〉云：

今既刻《說書》，故再《焚書》亦刻，再《藏書》中一二論著亦刻……

〔註8〕見《中國笑話書》（世界書局），附錄二：趙旭初〈中國笑話書提要〉。

然余年六十四矣，倘一入人之心，則知我者或庶幾乎！

序尾作「卓吾老子題湖上之聚佛樓」，因知乃爲是年居麻城時所刻。

然今通行本多有此後作品。如〈豫約〉（卷四），〈夜半聞雁〉（卷六）皆七十歲前後所作。更晚則有萬曆廿七年、廿八年之作（時年七十三、四）。見〈書劉晉川翁彙卷〉後：

> 此余丙申中坪上筆也，今又四載矣，復見此於白下。覽物思仁壽，
> 意與之爲無窮。（《焚書》卷二）

丙申爲萬曆廿四年，李氏曾於是秋應劉氏約赴山酉。而萬曆廿八年三月之應劉約赴山東。（前引書〈劉翁壽卷〉後亦有「公今暫出至淮上」云云）。綜上可知，此書於初刻後又增補訂作。增補後於萬曆廿八年庚子（1600）再刻。《續焚書》卷一〈與汪鼎甫〉云：

> 我於三月二十一日已到濟寧，暫且相隨住數時，即返舟來矣！……
> 發去《焚書》二本，付陳子刻。恐場事畢，有好漢要看我《說書》
> 以作聖賢者，未可知也。……若《焚書》自是人人同好，速刻之！

又同卷有〈與方伯雨〉云：「雪松昨過此，已付《焚書》《說書》二種去，可如法抄校付陳家梓行。」二書答皆作於萬曆廿八年庚子（1600）旅淮上時。因知必曾再刻。今所見即此時刻。

全書六卷。前二卷爲書答，次二卷爲雜述，卷五爲讀史，卷六爲詩。所以名之「焚」者，卷一〈答焦漪園〉云：

> 年來有書三種……有一種專與友朋輩往來談佛乘者，名曰《李氏焚
> 書》；大抵多因緣語、忿激語、不比尋常套語。恐覽者或生怪憾，故
> 名曰《焚書》，言當焚而棄之也。

〈李溫陵自序〉亦及此云：

> 《焚書》則答知己書問，所言頗切近世學者膏肓。既中其痼疾，則
> 必欲殺我也，故欲焚之，言當焚而棄之，不可留也。（《李溫陵集》
> 卷首）

此書於初刻後，果然引起軒然大波。耿定向門徒蔡毅中且輯《焚書辨》以駁斥之。定向至謂此書「承風步影，毒流百世。」李氏歿後，書亦眞爲付燼。然則書焚而傳愈廣，弱侯因比諸「火浣」！（詳見書前〈焦序〉）

2. 《續焚書》　五卷　明萬曆門刊本　明刊本

是書《日尊經閣文庫目錄》著錄「與《焚書》合刊」。亦見錄於《清代禁

書知見錄外編》。今所見本爲日京都中文出版社 1971 年標點排印本。此書於
萬曆四十六年戊午（1618）由李氏門人新安汪本鈳彙編付刊。全書五卷，體
例略仿《焚書》。卷一爲書彙。卷二爲序彙、說彙、論彙。卷三爲讀史彙、閱
古事。卷四爲雜著彙。〈汪序〉述編輯事云：

> 先生之書未刻者種種不勝擢數，鈳既不能盡讀；年來餬口將母，又
> 不暇讀。今不幸先慈棄捐，困苦哀毀之餘，即欲一讀先生之書而不
> 可得，奈何！徒爾朽藏以供筍蠹，是猶令日月不出而求熄燼火之光，
> 不亦謬乎！此則柯之大罪也。因搜未刻《焚書》及《說書》，與兄伯
> 倫相研校讎。……先以二種付之劂，餘俟次第刻之。

書前並有〈焦竑序〉及張鼐〈讀卓吾老子書述〉。

3. 《李氏焚餘》　六卷　明刊本

是書《八千樓書目》、《中央圖書館善本書目》、《日內閣文庫目錄》並著
錄於集部別集類。《八千卷樓書目》著錄「五卷，李贄吾撰。」《千頃堂書目》
集部別集類著錄「焚遺六卷」，疑即此書別名。

按：此書即《焚書》。全書無序跋題記亦不載刊刻年日、亦無作者名
姓……，殆爲《焚書》遭禁後，改書名、隱姓字以流通者。

4. 《李卓吾先生遺書》　二卷（附錄一卷）　明萬曆壬子（四十年）
陳大來刊本

是書今藏中央圖書館。該館《善本書目》著錄於集部別集類。

卷首有〈余永寧小序〉並附〈焦竑致陳大來書〉。焦云「卓吾尺牘見於刻
行《焚書》者什之三四……今其存者遺往，煩即梓行之以俟識者之自擇。」〈余
序〉述其刊行經過，蓋出於焦氏所示云。

今此書各篇已收入《續焚書》。附錄一卷爲陶（望齡）、方（時化）、汪（本
鈳）、余（永寧）等之祭告薦疏文，或選併收入《李溫陵外紀》。

5. 《李溫陵集》　二十卷　明（約萬曆間）顧大韶校刊本

是書《千頃堂書目》、《四庫提要》、《清續攷經籍攷》、《中央圖書館善本
書目》、《史語所善本書目》、《西諦書目》、《日靜嘉堂文庫類目錄》並著錄於
集部別集類。亦見《清代禁書知見錄》。

此書與《焚書》多有重複。除卷十四、十五〈讀史〉收《藏書》及《初
潭集》部份史論；卷十八、十九收《道古錄》外，較《焚書》多收卷十之所

著書序及別卷十餘篇書答。乃顧大韶於李氏歿後整理而編校付刻者。

　　《四庫提要》卷一七八別集類存目本條云：「十八、九二卷爲《道原錄》，即《說書》也。」誤《道古錄》爲《道原錄》，又誤以爲即《說書》。今中央研究院史語所二書並藏，實係二書。

　　6. 《李氏文集》　十八卷　明刻本

　　是書《日內閣文庫目錄》、《尊經閣文庫目錄》並著錄於集部別集類。

　　鳥以鋒〈李卓吾著述攷〉謂與《李溫陵集》大同小異，惟缺卷十八、十之《道古錄》。今未見。

二、卓吾所編選批注

　　7. 《李卓吾合選陶王集》　四卷　明萬曆四十三年乙卯錢塘鍾人傑刊本

　　是書今藏中央圖書館。

　　書分二冊。首冊爲《陶淵明集》。首行題「李卓吾批選陶淵明集」。卷首有聞啓祥引云：「是書余初得之汪鼎甫秘笥中有三年，今始授瑞先刻行。」又袁中道《遊局柿錄》萬曆三十七年條云：「……（於）夏道甫寓，見卓吾所批《陶靖節集》。」此或汪得於夏，聞得於汪歟？惟今所見本僅夾批數句耳。

　　李氏素慕陶公，嘗謂陶公「清風被千古」，而「其一念眞實，受不得世間管束，則偶與同也。」（〈感慨平生〉，《焚書》卷四）

　　第二冊爲《王維集》。然僅有圈點，無評。

　　8. 《卓吾諸家選》　八卷　明刻本

　　是書今藏中央圖書館。所選計有《晁賈奏疏》二卷，《陳同甫文集》二卷，《趙文肅公文集》二卷，《張文忠奏對稿》二卷。卷首有福朐張榜賓王撰〈卓吾諸家集選序〉云：

> 予觀卓吾先生其人奇決，其文奇決。奇矣，決矣，而世所決信之者，
> 而其奇不耀于世，于是乎時時自寓也。錄古今奇文，于漢賈晁、于
> 宋陳同甫，于近日趙文肅、張文忠。夫此五公者，或排絳灌任事之
> 臣而涕息；或折諸侯王方張之氣焰而議誅議削；或舉世所尊之于尼
> 山者而往復辯不止；或外迫虜、內迫娟嫉臣而毅然昌言；或舉朝非
> 之不顧，豈非千古奇決士哉？而或罪、或戮、或斥，即不然而或身
> 後不免口事，顧何害其奇也。此卓吾之所自寓也？于同甫併列其序
> 傳，于賈晁稍置論次，文肅則錄文之全，文忠止錄其奏疏而已。」

所選文有眉批、夾批、圈點。

又，《西諦書目》集部總集類著錄「李卓吾先生批選晁賈奏疏二卷」；《上海圖書館善本書目》、《日內閣文庫類目》、《美普大葛斯德東方圖書館善本書目》並於集部別集類，著錄有李贄評選之「趙文肅公集」。惟前二為四卷本、後一為二卷本有別耳。葛斯德圖書館又藏《張文忠公奏對稿》，恐皆為是書之單行。今俱未見。

9.　《三異人文集》　二十六卷　明俞允諧刻本　明俞氏求古堂刻本　明刻本

是書《中央圖書館善本書目》、《北大圖書館善本書目》、《西諦書目》、《美國會圖書館中文善本書目》並著錄於集部總集類。日內閣文庫所藏本不全。《西諦書目》及《美國會書目》著錄二十二卷。各家藏本卷帙分合亦稍不同。又，中央圖書館別有《李卓吾評選方正學文集》十卷單行本。此第一種為《李卓吾評選方正學文集》。次為《李卓吾評于節閣集》。再次為《李卓吾評選楊椒山集》。

方孝孺，字希直。守節不屈而死。《續藏書》遜國名臣有傳。

于謙，字廷益。土木之變見幹才。《續藏書》經濟名臣有傳。

楊繼盛，字仲芳，劾嚴嵩而歿。《續藏書》忠節名臣有傳。

書前有〈題三異人文集小引〉，評論三人文章所自，皆從性情中來，所謂「不求媚于世而神情獨往。眞可前無古而後無今。」

《評于節閣文集》卷首，「奏疏」類次行低一格書「具二十分識力、二十分才氣、二十分膽量。」《評楊椒山文集》卷首則題「具十分識力、十分才調、二十分膽氣。」《方正學文集》則無類似評語。

文中有圈、抹。圈點間間亦有小字評議。每篇詩文後或另行低一格評論、或附小注短評。

10.　《坡仙集》　十六卷　明萬曆廿八年庚子繼志齋刻本　萬曆四十七年己未程明善刊本　萬曆間陳繼儒訂補刊本。

是書《千頃堂書目》，《東海藏書樓書目》，中央圖書館、台大、師大圖書館《善本書目》，《北京圖館善本書目》，《日內閣文庫目錄》並著錄於集部別集類。央圖及師大有三八卷本之《訂補坡仙集》，為陳繼儒所訂補。

是書編撰於萬曆十七年己丑（1589）前後。《焚書》卷二〈復焦弱侯〉云：

蘇長公何如人，故其文章自然驚天動地。世人不知，祇以文章稱之，不知文章直彼餘事耳，世未有其人不能卓立而能文章垂不朽者。弟

> 於全刻抄出作四冊，俱世人所未取。世人所取者，世人所知耳，亦
> 長公俯就世人而作也。至其眞洪鐘大呂，大扣大鳴、小扣小應，俱
> 繫精神髓骨所在，弟今盡數錄出，時一披閱，心事宛然，如對長公
> 披襟面語。憾不得再寫一部，呈去請教爾。倘印出，令學生子置在
> 案頭，初場二場三場畢具矣。

今攷〈復焦弱侯書〉作於萬曆己丑（1589），故知此書之編成當略早於斯。又書後有〈坡公年譜〉及〈後錄〉乃萬曆廿六年（1598）年事。〈老人行敘〉云：

> 又有〈坡公年譜〉幷〈後錄〉三卷，陳正甫約以七八月余到金陵來
> 索。（《續焚書》卷二）

當在是年或更早。

　　至若是書刊刻則不知始於何時。《續焚書》卷一〈與焦弱侯〉又及《坡仙集》附往請教事，時《焚書》、《說書》已刻成並自批過，是萬曆十八年（1590）後是書仍未付刻。中央圖書館所藏本、有焦竑庚子（1600）序，爲重刊本。

　　李氏於此書頗愛重，《續焚書》卷一〈與焦弱侯〉云：「《坡仙集》雖若太多，然不如是無以盡見此公生平。心實愛此公，是以開卷便如與之而敘也。」又同卷〈與袁石浦公〉：「《坡仙集》我有披削旁註在內，每開卷便自懂喜，是我一件快心卻病之書。」

　　11. 《穎濱文鈔》　二卷　明末宣和堂刊本

　　是書《中央圖書館善本書目》著錄。

　　蘇轍撰，李贄選。

　　選文廿一篇。卷首有「攷實」述子由小傳。卷一標題下第二至第四行依次題：「武林趙養默淵子父閱。明溫陵李贄宏甫父原選。西甌陳鑾和聲父訂。」有抹、圈及眉批。每篇文後有各家評語。或楊升菴或袁中郎、或陶石簣等。大抵每篇多有李卓吾曰云云。

　　12. 《忠義水滸全書》　一百二十回　明萬曆間楊定見刊本　明天啟間郁郁堂刊本　明刊本　清乾隆元年序刊本　日享保刊本

　　是書《台大圖書館善本書目》、《史語所善本書目》、《史語所普通本線裝書目》並著錄於子部小說家。《西諦書目》著錄於集部小說家。《清代禁書知見錄》有名。

　　是書舊題元施耐庵撰，明羅貫中纂，李贄評。

　　李氏評點此書約爲萬曆二十年壬辰（1592）夏。袁中道《遊居柿錄》卷

九，萬曆四十二年條云：「記萬曆壬辰夏中，李龍湖方居武昌朱邸，予訪往之，正命僧常志抄寫此書，逐字批點。」至其刊刻則約於萬曆四十年甲寅（1614）

按《忠義水滸全書》祖本有二，一爲容與堂刻百回本，一即楊定見（袁無涯）刻百二十回本。容與堂刻百回本爲僞作已定讞；楊袁刊刻百二十回本雖非李氏批點原貌，然實爲眞本，特多二十回耳。陳錦釗氏有〈李贄評點水滸傳考〉（《李贄之文論》）述其事甚詳。

李氏於「水滸」一書推爲聖賢發憤所作之至文，《焚書》卷三有〈忠義水滸傳序〉云：

> 《水滸傳》者，發憤之所作也。蓋自宋室不競，冠屨倒施，大賢處下、不肖處上。馴致夷狄處上，中原處下，一時君相猶然處堂燕鵲，納幣稱臣，甘心屈膝於犬羊已矣。施、羅二公身在元，心在宋；雖生元日，實憤宋事。是故憤二帝之北狩，則稱大破遼以洩其憤；憤南渡之苟安，則稱滅方臘以洩其憤。敢問洩憤者誰乎？則前日嘯聚水滸之強人也，欲不謂之忠義不可也。

以忠義歸於水滸，以爲水滸之眾一一皆忠義。而宋公明又其大力大賢有忠有義之特傑焉。因謂：

> 有國者不可以不讀，一讀此傳則忠義不在水滸而皆在於君側矣。賢宰相不可以不讀，一讀此傳則忠義不在水滸而皆在於朝廷矣。兵部掌軍國之樞，督府專閫外之寄，是又不可以不讀也。苟一日而讀此傳，則忠義不在水滸，而皆爲干城心腹之選矣。否則不在朝廷、不在君側、不在干城腹心，烏乎在？在水滸。此傳之所爲發憤矣！

三、存　目

13.《老苦》

〈李溫陵自序〉云：「《焚書》之後，又有別錄，名爲〈老苦〉。雖同是《焚書》而另爲卷目，則欲焚者焚此矣！」（《焚書》卷首）今未見。疑已收入《續焚書》。

14.《征途與共》　一冊

《續焚書》卷一〈與方訒庵〉云：

> 《征途與共》一冊，是去冬別後物。似妥當可觀，故久欲奉不能得奉。

《焚書》卷四有〈征途與共後語〉，蓋爲方子及、莊純甫共學而作也。

15. 《老人行》　二冊

各目未見著錄。

是書乃萬曆廿六年戊戌（1598）由北京南下時，於舟中編纂而成。《續焚書》卷二有〈老人行敘〉云：

> 老人之遁迹於龍湖也，亦多年矣。舍而北遊，得非非計乎，何其愈老而愈不憚勞也。……足迹所至，仍復閉戶獨坐，不敢與世交接。……故至坪上則有《道古錄》四十二章書、至雲中則有《孫子參同》十三篇書……今幸偕弱侯聯舟南，舟中無事、又喜朋蓋，不復爲閉戶計矣。括囊底，復得遺草彙二冊而題曰《老人行》，不亦宜歟！

其名蓋取而足迹徧至之意。〈老人行敘〉云：「大較余之初心，不是欲人成佛，便是欲人念佛耳。」又：「老人初心，蓋欲與一世之人同成佛道，同見佛國而已。」「百世之下，倘有見是書而出涕者，堅其志無憂群魔，強其骨無懼患害，始終無惑、聖域立躋……則所著之書猶能感通於百世之下，未可知也。則此老人行也，亦豈可遂謂之徒然也乎哉！」

16. 《湖上語錄》

各目未見著錄。

《續焚書》卷一〈與焦從吾〉云：「見訶菴兄，幸出此相訊，云《湖上語錄》有無念僧旁錄出，弟以其人好事故不之禁，又不知其遂印行，且私兄與訶菴也。可笑可笑！今已令其勿行之矣。」

17. 《時有古義》　二冊

各目未見著錄。

《續焚書》卷一〈與汪鼎甫〉云：「《說書》一冊，《時文古義》二冊，中間可取者，以其不著色相而題旨躍如。所謂水中鹽味可取不可得，是爲千古絕唱，當與古文遠垂不朽者也。」

18. 《姑妄編》　七卷

是書《千頃堂書目》子部小說家類及《福建通志》卷七二著錄

19. 《禪談》　一卷

是書《千頃堂書目》子部釋家類及《福建通志》卷七二著錄

20. 《龍湖閑話》　一卷

是書《千頃堂書目》子部釋家類及《福建通志》卷七二著錄。又據《叢書子目類編》，是書曾收入清輯之《敬修堂叢書》。

21.《古德機緣》　三卷

是書《千頃堂書目》子部釋家類及《福建通志》卷七二著錄

22.《業報案》　二卷

是書《千頃堂書目》子部釋家類及《福建通志》卷七二著錄

23.《古文法眼》

24.《大慧集鈔評》

25.《宗門武庫評》

以上三種見《福建通志》卷七二著錄。

26.《卓吾大德》

是書見於萬曆三十年閏二月乙卯，禮科給事中張問達劾卓吾書。書云：「李贄壯歲爲官，晚年削髮。近又刻《藏書》、《焚書》、《卓吾大德》等書，流行海內，惑亂人心。」

四、僞託存疑

27.《李卓吾先生批點西廂記真本》　二卷　明崇禎庚辰刊本

是書藏中央圖書館。中央圖書館代管北平圖書館《藏書》中文有二本：「李卓吾先生批點西廂記眞本二卷」及「三先生合評元本北西廂」。前一本與央圖《藏書》同，三先生（湯顯祖、李卓吾、徐文長）合評本則有夾批、眉批、總評，每折前有楔子、正名。楔子皆四句、句八字，正名四句、句六字。較李批眞本評語之寥落爲勝。

此書與《水滸傳》評點於同時。約在萬曆二十年（1592）。《續焚書》卷一〈與焦弱侯〉云：「古今至人遺書抄寫批點得甚多，《水滸》批點得甚快活人。《西廂》、《琵琶》塗抹改竄得更妙」。

李氏歿後，書歸夏道甫。袁中道《遊居柿錄》萬曆卅九年辛亥（1611）五三八條云：「……夏道甫處，見李龍湖批評西廂、伯喈，極其細密，眞讀書人。予等粗浮，只合歛袵下拜耳。」

至其付刻與否及刊刻年日則不詳。據周亮工所言，似葉晝亦曾僞託李贄之名評點此書。則今所見本未必即李氏原本。

28. 《李卓吾先生批評琵琶記》　二卷　明末虎林容與堂刊本

是書又收入《古本戲曲叢刊初集》。今未見。周亮工《因樹屋書影》已確指為葉畫所偽。

惟據《續焚書》卷一〈與焦弱侯書〉及袁中道《遊居柿錄》（俱見上「李卓吾批點西廂記真本」條下所引），李氏確曾批點琵琶記。

29. 《李卓吾先生批評玉合記》　二卷　明末虎林容堂刊本

是書今藏中央圖書館。錢希言《戲瑕》已指其乃葉畫所偽。惟李確曾批評《玉合》。《焚書》卷四有〈玉合〉評韓君平遇柳姬之奇而曰：「此記亦有許多曲折，但當要緊處卻緩慢，卻泛散，是以未盡其美。然亦不可不謂之不知趣矣。」

30. 《李卓吾先生批評紅拂記》　二卷　明末虎林容與堂刊本

紅拂記，張鳳翼撰。錢希言已確指其為葉畫所偽。然李氏確曾批點此書。《焚書》卷四〈紅拂〉云：

> 此記關目好，曲好，白好，事好。樂昌破鏡重合，紅拂智眼無雙，虹髯棄家入海，越公並遣雙妓，皆可師可法，可敬可羨。孰謂傳奇不可以興、不可以觀、不可以群、不可以怨乎？飲食宴樂之間，起義動慨多矣。今之樂猶古之樂，幸無差別視之其可！

31. 《李卓吾先生批幽閨記》　二卷　明末虎林容與堂刊本

此書今藏中央圖書館。惟周亮工《書影》已辨其偽。

《幽閨記》又名《拜月亭》。李氏常與《西廂記》並推為至文。知李氏確曾批點此書。《焚書》卷四〈拜月〉云：

> 此託關目極好，說得好，曲亦好，真元人手筆也。首似散漫，終致奇絕。以配西廂，不妨相追逐也。自當與天地相終始。有此世界，即離不得此傳奇。肯以為然？縱不以為然，吾當自然其然。

又上四記及《水滸傳》百回本並為容與堂所刻。錢希言《戲瑕》及周亮工《書影》中所言葉畫偽託諸書當皆自此出也。〔註9〕

〔註9〕錢希言曰：「昔人著膺籍，往往附會古人之名。然其名雖假託乎其書，不得謂之偽也。今人則鬻其所著之書為射利計，而所假託者，不過取悅里耳矣。……比來盛行溫陵李贄書，則有梁溪人葉陽開名畫者，刻劃摹倣、次第勒成，託於溫陵之名以行。往袁小修、中郎嘗為余稱李氏《藏書》、《焚書》、《初潭集》，《批點北西廂》四部。即中郎所見亦止此而已。數年前溫陵事敗，當路命毀

32. 《李卓吾先生批評古本荊釵記》 二卷

是書《北京圖書館善本書目》（民48）集部曲類著錄。今未見。

33. 《李卓吾評傳奇五種》 十卷 明萬曆間刊本 明末刊本

是書《劫中得書記》、《中央圖書館善本書目》著錄。中央圖書館所《藏書》每書終頁，均題有「長樂鄭振鐸《藏書》」字樣，蓋即鄭氏舊藏，故二目所錄實即同本。

是書於〈浣紗記〉卷首有「三刻五種傳奇總評。」而後每種書首行、板心均題「李卓吾批評」「某某記」字樣。有圈點、夾批、眉批及總評。

《劫中得書記》第四十三條云：

> 此五種傳奇爲：浣紗記、金印記、繡襦記、香囊記及鳴鳳記。……浣紗記首有〈三刻五種傳奇總評〉甚關重要。初刻或爲荊劉拜殺及琵琶。二刻當爲幽閨、玉合、繡襦、紅拂、明珠。合之凡十五種。……頗疑李卓吾祇評琵琶、玉合、紅拂數種。其後初刻二刻三刻云云，皆爲葉書所僞作，故合刻數種殆皆爲翻印本。不細校，不如原刻之精美也。

《繡襦記》封面且有紉秋居士癸未十一月十四日題跋云：

> 此繡襦記二卷，爲明末蘇州刊本。友人趙斐雲爲予得之武進焦陶氏，而此書歸予未二月，蘭泉即下世，閱之有人琴之痛。此書題李卓吾批評，實即吳人葉書所托名。予尚有金印合縱記、浣紗記、香囊記等，亦皆葉氏僞評者。

其說當有所據。李氏書中亦未曾道及此五種者。

34. 《李卓吾批評忠義水滸一百回》 一百卷 明容與堂刻本

是書《續修四庫全書提要》著錄於子部小說家類。書藏日本內閣文庫。

《續修四庫提要》云：

> 按此本以一回爲一卷，凡百回。前載李贄一序。另行題云：庚戌仲夏日虎林孫樸書於三生石畔。庚戌疑即萬曆三十八年也。後又有文

其籍、吳鍰《藏書》板並廢，近年始復大行。於是有李宏父《批點水滸傳》、《三國志》、《西遊記》、《紅拂》、《明珠》、《玉合》數種傳奇及《皇明英烈傳》，並出葉筆，何關於李。」（《戲瑕》卷三〈贗籍〉）

又，周亮工亦云：

「葉文通，名畫，無錫人。多讀書，有才情，留心二氏之學，故爲詭異之行……當溫陵《焚、藏書》盛行時，坊間種種借溫陵之名以行者，如《四書第一評、第二評》、《水滸》、《琵琶》、《拜月》諸評，皆出文通手。」（《因樹屋書影》）

四首；一爲梁山泊一百單八人優劣……一爲《批評水滸傳》述語……
一爲論《水滸傳》文字……一爲水滸一百回文字優劣……。所論迂
僻怪誕不可爲訓。其每卷評語亦甚猥瑣，疑書賈託李贄名以行者。

國內學者如胡適、孫楷第多以李贄評點水滸爲楊定見所改編。魯迅、何心則
以爲係葉晝所僞託。諸家所本蓋據周亮工《書影》，而周又本之錢希言《戲瑕》。
然《水滸傳》有容與堂百回本及楊定見百二十回本；《戲瑕》所指即爲此容與
堂刻本。（此據陳錦釗氏〈李贄批點水滸傳攷〉）。（參註九）

35.《明詩選》二卷，《續皇明詩選》二卷

　　是書僅見《日內閣文庫目錄》著錄於集部總集類。著錄「明李贄編，正德
五年刊。」

　　正德五年爲 1506，而李氏生於嘉靖丁亥（1527），何差池若是？抑所指正
德刊爲明詩選，而李所編爲續詩選？今未見。

36.《李卓吾選校袁石公先生文集》　二〇卷　明萬曆四十三年乙卯
　　刊李

　　是書僅見《日內閣文庫目錄》著錄於集部別集類。

　　宏道之歿晚李氏八年，卒於萬曆三十八年庚戌（1610）；李氏及否爲之選
校，殊堪致疑！今未見。

37.《新鐫全像武穆忠傳》　八卷　明天德堂刻本有圖

　　是書《上海圖書館善本書目》集部小說家類著錄「明李贄評」。今未見。

38.《李卓吾先生批評三國志》　一百二十卷　明刊本　清康熙間吳
　　郡寶翰樓刊清初刊本

　　是書《中央圖書館善本書目》、《台大普通本綫裝書目》、《西諦書目》並
著錄。

　　羅貫中撰。卷首附長洲葆光書禿子撰序批評三國志通俗演義。每回首行
題李卓吾先生批評三國志。有圈點、眉批，每回後有總評。錢希言《戲瑕》
已確指其爲葉晝所僞。

39.《李卓吾先生批評西遊記》　一百回　明刊本

40.《鐫李卓吾批點殘唐五代演義》　八卷　清初刊本

41.《新評龍圖神斷公案》　十卷　清嘉慶七年刊本

42.《七十二朝四書人物演義》　四十回

43. 《繡榻野史》

44. 《新刊京本春秋五霸七雄全相列國志傳》

45. 《後三國石珠演義》　三十回

46. 《大隋志傳》　四卷四十六回

47. 《薛家將平西演義》　八卷

以上各書並題李卓吾批評。並著錄於孫楷第《中國通俗小說書目》卷二；明清講史部，而辨其為偽作。

第五節　叢　書

1. 《枕中十書》　十卷　明大雅堂刊本　明博極堂刊本　明萬曆間鈔補本

是書《中央圖書館善本書目》、《北京圖書館善本書目》、《美國會圖書館中文善本書目》並著錄於子部雜家類。《日內閣文庫類目》、《尊經閣文庫類目》則著錄於叢書部。亦見《清代焚書知見錄》。

卷首附袁中郎〈枕中十書序〉，次大雅堂訂正枕中十書目錄。每卷首行題「大雅堂訂正□□□」，次行至三行順序題：溫陵卓吾李贄輯，公安中郎袁宏道校，仙亭冰雪釋如德閱。袁〈序〉歷數胸中有萬卷書者，曰漢劉向、曰唐王僕射、宋王介甫、蘇子瞻……，自蘇以降則楊升菴及李卓吾。因推蘇李生平行事而以李為蘇之後身。後又追述昔偕卓吾遊黃鵠磯時自道生平著述事：自信的的實實有二十分才、胆、識，所作書皆得意皆不可忽。語曰：

> 《藏書》，予一生精神所寄也；《焚書》，予一生事迹所寄也；《説書》，
> 予一生學問所寄也。別有十種約百餘紙，予中或集諸書、或附己意，
> 此予一生神通遊戲三昧所寄也、尚未終冊……。

此所述十種即此《枕中十書》是也。袁〈序〉又述其得書經過：「自是分袂、伊南我北，卯酉相望。不數年，卓吾竟以禍殞、惜哉！己酉，予主陝西事畢……夜宿三教寺，偶于寺高閣敝篋中獲其稿，讀之不覺大叫驚起。……寺僧曰：『嚮者溫陵卓吾被逮時寄我物也，囑以秘之枕中。……』予曰：『嘻！奇哉，不意今日復覩卓吾也，卓吾其不死矣！』」又如德〈序〉云：

> 卓吾老被收，以書囑三教寺老僧曰：善為秘枕中，三年後必有識吾
> 書者。在今未三年而卓吾書復大行，四方求者亦如飴，是書竟為中

　　郎袁先生得。

《美國會圖書館中文善本書目》�錄此書，舉據中郎早卓吾兩年卒於萬曆二十八年，頗疑此書及袁〈序〉皆爲譌託。蓋誤中郎（宏道）爲伯修（宗道）故爾。萬曆二十八年死者爲宗道；若宏道中郎則晚李氏八年，卒於萬曆三十八年（1610）。

　　所收有：精騎錄、篔窗筆記、賢奕選、文字禪、異史、博識、尊重口、養生醍醐、理談、騷罎千金訣，各一卷。

　　2.《李卓吾先生秘書八種》　八卷　清康熙十二年序刊本

　　是書又名「大雅堂藏書」，乃清余聞據《枕中十書》重編者。惟除〈精騎錄〉及〈篔窗記〉，故曰八種。今未見。此據《叢書總目類編》著錄。

　　3.《李卓吾遺書十二種》　二十三卷　萬曆間繼志齋刻本　明刊本
　　　明崇禎間燕超堂重刊本

　　是書又名《李氏叢書》，《北大圖書館善本書目》著錄於子部雜家類。重刊本無〈永慶答問〉。《清代焚書知見錄》及《日尊經閣文庫類目》亦見著錄。計收：

　　（1）　道古錄二卷
　　（2）　心經提綱一卷
　　（3）　觀音問二卷
　　（4）　老子解二卷
　　（5）　莊子解二卷
　　（6）　孫子參同三卷
　　（7）　墨子批選二卷
　　（8）　因果錄三卷
　　（9）　淨土訣一卷
　　（10）闇然錄最四卷
　　（11）三教品一卷
　　（12）永慶答問一卷

　　今所見中圖藏本僅存四卷：《心經提綱》一卷、《道德經解》一卷，《南華經解》二卷。

　　4.《李氏全書》　二十四卷　明刊本

此書未見，據《叢書總目類編》著錄。計收：

（1）說書十卷

（2）焚書四卷

（3）續焚書五卷

（4）李溫陵外紀五卷（明魯紘昭輯）

5.《李氏遺說》　九卷　約明天啟間刊

未見。據《清代焚書知見錄》著錄，收：

（1）釋子須知二卷

（2）曹氏一門二卷

（3）明詩選二卷

（4）淨土訣一卷

（5）道古錄二卷

6.《李氏六書》　六卷　明萬曆四十五年丁巳病嗜軒刻本

未見。此據《北大圖書館善本書目》子部雜家類及《清代禁書知見錄》外編。二目著錄大抵相同，皆作「李贄撰　李維楨刪定」。

且皆爲同年該軒所刻，疑即同本。計收：

（1）歷朝藏書一卷

（2）皇明藏書一卷

（3）焚書書答一卷

（4）焚書雜述一卷

（5）叢書彙纂一卷

（6）說書一卷

7.《卓吾二書》　二冊　民國六十五年河洛出版社景排印標點本

是書爲《初潭集》、《史綱評要》合刊。《初潭集》爲三十卷。卷首有〈李氏序〉、〈又序〉二篇。

《史綱評要》三十六卷。卷首有新安吳從先萬曆癸丑序。

二書內容已詳前目單行本中。

圖　表

一、清源林李世系表

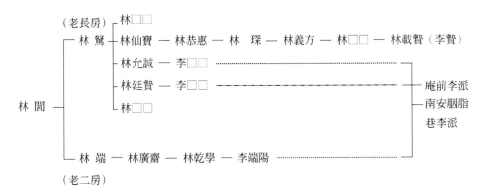

註：李贄原為老長房林仙寶之後，後嗣為庵前李派一支。

　　表據《清源林李宗譜》（參見頁3：一、家世）

二、李卓吾學術淵源表

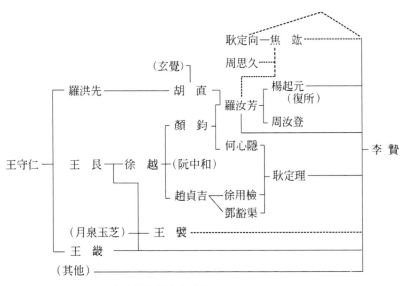

註：實線、虛線表影響力之強弱。

　　直線、斜線表義理路線之承襲與發展。

　　括弧表王學系統以外之義理路線；月泉、玄覺為佛；阮中和為道；餘以「其他」概之。

三、李卓吾大事簡表

項目	紀年	歲	大事記	重要著作
1.	嘉靖六年（1527）		出生	
2.	嘉靖卅一年（1552）	26	舉鄉試	
3.	嘉靖卅四年（1555）	29	任教共城	
4.	嘉靖卅八年（1559）	33	遷南京國子監。丁父憂返閩	
5.	嘉靖四十年（1561）	35	服闋，舉室入京。	
6.	嘉靖四十二年（1563）	37	補缺爲國子先生。	
7.	嘉靖四十三年（1564）	38	祖喪返里。河內歲荒，二女夭死。	
8.	嘉靖四十五年（1566）	40	服闋入京，補禮部司務。與聞聖道。	
9.	隆慶五年（1571）	45	遷南京，任刑部員外郎。	
10.	萬曆五年（1577）	51	出守雲南姚安府知府	卓吾論略，心經提綱
11.	萬曆八年（1580）	54	辭官。赴黃安依耿定向兄弟居。	
12.	萬曆十一年（1583）	57	隱居黃安	老子解，莊子解
13.	萬曆十二年（1584）	58	摯友耿定理逝。	
14.	萬曆十四年（1586）	60	徙麻城。與耿定向論諍。	
15.	萬曆十六年（1588）	62	徙龍潭。落髮。妻黃宜人去世。	初潭集
16.	萬曆十八年（1590）	64	袁宏道（中郎）來訪，共住三月。	焚書。說書。評點水滸、西廂等。童心說。

17.	萬曆廿一年（1593）	67	三袁兄弟來訪。	
18.	萬曆廿二年（1594）	68	與耿定向復合。	
19.	萬曆廿三年（1595）	69	帶領龍湖芝佛院諸僧用功。	孫子參同，讀升菴集，觀音問。豫約。答以女人學道爲見短書。
20.	萬曆廿四年（1596）	70	巡道史某臨麻城，議逐卓吾。後議息。耿定向卒。應劉東星邀，赴沁水。	
21.	萬曆廿五年（1597）	71	分別在坪上、大同與劉東星、梅國楨聚學。仲夏，走居庸關抵京，住極樂寺。	道古錄。孫子參同初刻
22.	萬曆廿六年（1598）	72	焦竑赴福寧任，相偕南下。居南京永慶寺。聚友讀易。	淨土訣。永慶答問。坡公年譜並後錄。龍溪先生文錄抄。
23.	萬曆廿七年（1599）	73	結識義大利傳教士利瑪竇。	藏書刊刻。批選大慧集。
24.	萬曆廿八年（1600）	74	春，應劉東星邀往濟寧。續研易學，纂集續藏書。夏，返龍湖。冬，麻城士紳毀其廬居寺塔，走避黃蘗山。	易因。陽明先生道學抄及年譜。
25.	萬曆廿九年（1601）	75	春，馬經綸奉侍北行至通州。	續藏書
26.	萬曆三十年（1602）	76	因禮科給事中張問達疏奏，卓吾被逮繫獄。馬經綸多方援救未果。卓吾自剄於獄中。	九正易因

四、李卓吾師友簡表

時期	師　　友	頁碼	時期	師　　友	頁碼
一　兩京供職	1. 趙貞吉（1508～1576）	131	三　湖廣隱名	14. 曾中野	153
	2. 徐用檢（1528～1611）	132		15. 曾承庵	153
	3. 李逢揚（？）	133		16. 曾繼泉	153
	4. 李　材（？）	133		17. 汪本鈳	153
	5. 李世達（1534～1600）	134		18. 袁宗道（1560～1600）	154
	6. 鄧石陽（？）	134		19. 袁宏道（1568～1610）	155
	7. 王　畿（1498～1583）	135		20. 袁中道（1570～1623）	156
	8. 王　襞（1511～1587）	135		21. 陶望齡（1562～1608）	156
	9. 羅汝芳（1515～1588）	136		22. 定　林；僧侶	158
	10. 焦竑（1540～1620）	137		23. 深　有；僧侶	158
	11. 陸光祖（1521～1597）	138		24. 懷　林；僧侶	159
	12. 方沆（1542～1608）	139		25. 若　無；僧侶	159
	13. 李登（1524～1609）	140		26. 常　志；僧侶	159
	14. 祝世祿（1539～1610）	141		27. 道　一；僧侶	160
二　姚安任守	1. 顧養謙（1537～1604）	141		28. 石洞道人；僧侶	160
	2. 李元陽（1497～1580）	142		29. 自　信；僧侶	160
	3. 陶　斑	142		30. 明　因；僧侶	160
	4. 郭萬民	143		31. 澄　然；僧侶	160
三　湖廣隱名	1. 耿定向（1524～1596）	144		32. 澹　然；僧侶	160
	2. 耿定理（1534～1584）	144		33. 善　因；僧侶	160
	3. 耿定力（1544～？）	145	四　出遊四方	1. 劉東星（1538～1601）	161
	4. 周思久（1527～？）	145		2. 劉用相	162
	5. 周思敬（1532～？）	146		3. 梅國楨（1542～1605）	163
	6. 管志道（1536～1608）	147		4. 馬歷山	165
	7. 楊起元（1547～1599）	148		5. 馬經綸（1562～1605）	165
	8. 潘士藻（1537～1600）	149		6. 方時化	166
	9. 馬逢暘	150		7. 余永寧	167
	10. 楊定見	150		8. 吳世徵	167
	11. 劉近城	151		9. 何　祥	167
	12. 邱　坦	152		10. 利瑪竇（1552～1610）；教士	167
	13. 夏大朋	152			

五、李卓吾著作簡表

部類	書　名	頁碼	部類	書　名	頁碼
經部	1. 易因	169	子部	14. 龍溪先生文錄抄	185
	2. 九正易因	170		15. 讀升菴集	186
	3. 說書	171		16. 墨子批選	187
史部	1. 李氏藏書	172		17. 孫子參同	187
	2. 遺史	174		18. 李卓吾批點世說新語補	188
	3. 李氏續藏書	174	集部	1. 焚書	191
	4. 史綱評要	175		2. 續焚書	192
	5. 異史	176		3. 李氏焚餘	193
	6. 皇明三異人錄	176		4. 李卓吾先生遺書	193
	7. 張文忠公奏疏抄	176		5. 李溫陵集	193
	8. 李卓吾先生批選趙文肅公文集	177		6. 李氏文集	194
子部	1. 卓吾子三教妙述	178		7. 李卓吾合選陶王集	194
	2. 三教品	179		8. 卓吾諸家選	194
	3. 文字禪	179		9. 三異人文集	195
	4. 心經提綱	179		10. 坡仙集	195
	5. 因果錄	180		11. 穎濱文鈔	196
	6. 淨土訣	180		12. 忠義水滸全書	196
	7. 老子解	181	叢書	1. 枕中十書	203
	8. 莊子內篇解	181		2. 李卓吾先生秘書八種	204
	9. 初潭集	181		3. 李卓吾遺書十二種	204
	10. 道古錄	183		4. 李氏全書	204
	11. 精騎錄	184		5. 李氏遺說	205
	12. 李氏逸書	184		6. 李氏六書	205
	13. 陽明先生道學鈔附年譜	184		7. 卓吾二書	205

***詳見：第三章　李卓吾著述考

六、李卓吾詩文著述表〔註1〕

紀　年	年　歲	詩文著述	收入成書
萬曆二年（1574）	四十八歲	〈子由解老序〉	《焚書》卷三：十八。另見：焦竑《老子翼》卷七
萬曆五年至七年（1577~1579）	五十一歲五十三歲	〈卓吾論略〉	《焚書》卷三：一
		〈論政篇〉	《焚書》卷三：二
		〈心經提綱〉	《焚書》卷三：十
		〈高同知詩獎勸序〉	《焚書》卷三：十九
		〈送鄭大姚序〉	《焚書》卷三：二十
		〈關王告文〉	《焚書》卷三：二六
		〈雨後訪段嚴庵禪室兼懷焦弱侯舊友〉	《續焚書》卷五：五四
萬曆八年（1580）	五十四歲	〈李中谿先生告文〉	《焚書》卷三：二七
		〈寄焦弱侯〉	《續焚書》卷一：十
		〈與焦弱侯〉	《續焚書》卷一：六九
		〈鉢盂庵聽誦華嚴並喜雨〉二首	《續焚書》卷五：五五
		〈鉢盂庵聽誦華嚴並喜雨〉又一首	《雞山范志》卷十
		〈顧沖菴登樓話別〉	《續焚書》卷五：七六
萬曆九年（1581）	五十五歲	〈與焦弱侯〉	《續焚書》卷一：六九
萬曆十年（1582）	五十六歲	〈壽焦太史尊翁後渠公八秩華誕序〉	《續焚書》卷二：三
		〈與焦弱侯之二、之八、之十〉	《李卓吾遺書》卷上
		〈與焦漪園〉	《續焚書》卷一：三二
		〈復焦漪園〉	《續焚書》卷一：七三
		〈入山得焦弱侯書有感二首〉	《續焚書》卷五：五二

〔註1〕 本表依著述年日列出李卓吾所著詩文，至於所列各書之版本與著年之考訂請
　　　　參見第三章：〈李卓吾著述考〉。李卓吾所著單篇詩文，大多已收入《焚書》、
　　　　《續焚書》，餘(如 1580 年、1582 年等)則另以《李溫陵集》、《李卓吾遺書》
　　　　等書補見。所據本爲《李氏焚書、續焚書》，（日本）京都：中文出版社，1971
　　　　年標點排印本；《焚書》六卷，《續焚書》五卷。
　　　　《李卓吾遺書》，台北：中央圖書館，萬曆壬子（四十）陳大來刊二卷本。
　　　　《李溫陵集》，台北：文史哲出版社，1971 年 8 月影明萬曆刊本。

萬曆十一年（1583）	五十七歲	《老子解》、《莊子解》	
		〈與焦弱侯之四、之六、之七〉	《李卓吾遺書》卷上
		〈王龍溪先生告文〉	《焚書》卷三：二八
		〈與焦弱侯〉	《續焚書》卷一：十六
		〈與焦弱侯〉	《續焚書》卷一：六十
		〈讀南華〉	《續焚書》卷四：十一
		〈老子解序〉	《李溫凌集》卷十：六
		〈讀史四十八篇〉	《焚書》卷五
		〈感事二絕寄焦弱侯〉	《續焚書》卷五：四五
1583 附〔註2〕	五十七歲附	〈提綱說〉	《李溫陵集》卷九：三
		〈石湖卷〉	《李溫陵集》卷十二：一
		〈與耿楚倥〉	《續焚書》卷一：二四
		〈初到石湖〉	《焚書》卷六：五五
		〈宿天台頂〉	《續焚書》卷五：八三
萬曆十二年（1584）	五十八歲	〈復耿中丞〉	《李溫陵集》卷二：七
		〈與弱侯焦太史〉	《續焚書》卷一：二九
		〈與焦弱侯之十五〉	《李卓吾遺書》卷上
		〈哭耿子庸四首〉	《焚書》卷六：九
萬曆十四年（1586）	六十歲	〈與司寇告別〉	《焚書》卷一：二十二
		〈答鄧明府〉	《焚書》卷一：二十四
		〈與焦弱侯太史〉	《續焚書》卷一：二十
		〈與焦弱侯太史〉	《續焚書》卷一：二十八
		〈答駱副使〉	《續焚書》卷一：三十四
		〈與焦弱侯〉	《續焚書》卷一：六五
		〈答耿司寇〉	《李溫陵集》卷三：一

〔註 2〕耿定理歿（1584）前，卓吾偕與往來之作無法確繫於各年者，彙附於此。

萬曆十五年 （1587）	六十一歲	〈答耿中丞〉	《焚書》卷一：十二、
		〈又答耿中丞〉	《焚書》卷一：十三、
		〈答耿中丞論淡〉	《焚書》卷一：十八、
		〈寄答耿大中丞〉	《焚書》卷一：二六、
		〈復耿侗老〉	《焚書》卷二：十九、
		〈復鄧鼎石〉	《焚書》卷二：四、
		〈李生十交文〉	《焚書》卷三：三二
1587附〔註3〕	六十一歲附	〈答周西巖〉	《焚書》卷一：二
		〈答周若莊〉	《焚書》卷一：二
		〈與焦弱侯〉	《焚書》卷一：三
		〈南詢錄序〉	《焚書》卷二：十二
		〈答鄧石陽〉	《焚書》卷一：四
		〈又答石陽太守〉	《焚書》卷一：五
		〈答李見羅先生〉	《焚書》卷一：六
		〈復鄧石陽〉	《焚書》卷一：九
		〈復周南士〉	《焚書》卷一：十
		〈與友人書〉	《焚書》卷二：四十
		〈自贊〉	《焚書》卷三：三十三
		〈贊諧〉	《焚書》卷三：三十四
		〈答李如眞〉	《李溫陵集》卷一：三
萬曆十六年 （1588）	六十二歲	《初潭集》	
		〈方竹圖卷文〉	《焚書》卷三：三五
		〈寄答留都〉	《李溫陵集》卷四：八
		〈答周柳塘〉	《李溫陵集》卷四：七
		〈答焦漪園〉	《焚書》卷一：七
		〈答周友山〉	《焚書》卷一：二十
		〈與焦漪園太史〉	《續焚書》卷一：四一
		〈何心隱論〉	《焚書》卷三：三
		〈答鄧明府〉	《焚書》卷一：十一

〔註3〕來麻後，落髮前，此一階段（1586～1588）之著述無法確繫於各年者，彙附
　　　　於此。

		〈又與從吾孝廉〉	《李溫陵集》卷二：六
		〈又與從吾〉	《李溫陵集》卷二：五
		〈答周二魯〉	《李溫陵集》卷四：二
		〈答劉方伯書〉	《焚書》卷二：八
		〈與莊純夫〉	《焚書》卷二：一
		〈哭黃宜人〉	《焚書》卷六：十六
		〈憶黃宜人〉	《續焚書》卷五：十六
		〈初居湖上〉	《續焚書》卷五：十七
		〈薙髮〉	《焚書》卷六：十四
		〈讀書燈〉	《續焚書》卷五：三四
萬曆十七年（1589）	六十三歲	《坡仙集》，《說書》（撰述中、未成書）	
		〈羅近谿先生告文〉	《焚書》卷三：二九
		〈復焦秝稜〉	《李溫陵集》卷四：三〔註4〕
		〈書常順手卷呈顧沖菴〉	《李溫陵集》卷四：十一
		〈又與周友山書〉	《焚書》卷二：十一
		〈石潭即事四絕〉	《續焚書》卷五：四一
萬曆十八年（1590）	六十四歲	《焚書》，《說書》，《評點水滸、西廂、琵琶》（未刻）	
		〈李溫陵自序〉	《李溫陵集》卷首
		〈自刻說書序〉	《續焚書》卷二：九
		〈答友人書〉	《焚書》卷二：十七
		〈復周柳塘〉	《焚書》卷一：二五
		〈與曾中野〉	《焚書》卷二：六
		〈與楊定見〉	《焚書》卷一：十四
		〈與焦弱侯〉	《續焚書》卷一：五一
1590 附〔註5〕	六十四歲附	〈答何克齋尚書〉	《李溫陵集》卷一：九
		〈與夏道甫〉	《續焚書》卷一：六七
		〈秋前約近城鳳里到周子竹圍〉	《焚書》卷六：五八
		〈中秋劉近城攜酒湖上〉	《焚書》卷六：五七
		〈盆荷〉	《續焚書》卷五：八

〔註4〕案：本文《焚書》卷二：二所收為刪節本，刪汰甚多。

〔註5〕明年卓吾走武昌，龍湖隱居暫告一段落。此期間（1588～1591）所作詩文無法確繫於各年者，彙附如後。

萬曆十九年 （1591）	六十五歲	《批點孟子》	
		〈與周友山〉	《焚書》卷二：十
		〈與楊定見〉	《焚書》卷二：二五
		〈與焦弱侯〉	《焚書》卷二：二二
		〈與焦漪園〉	《焚書》卷二：十二
		〈與焦弱侯〉	《續焚書》卷一：三六
		〈復楊定見〉	《續焚書》卷一：四三
		〈答劉晉川書〉	《焚書》卷二：十五
		〈登樓篇〉	《續焚書》卷五：六
		〈自武昌渡大江宿大別〉	《焚書》卷六：七五
		〈戲袁中夫〉	《續焚書》卷五：二十
萬曆二十年 （1592）	六十六歲	《批點水滸傳》（未刻）	
		〈復麻城人書〉	《焚書》卷二：二九
		〈二十分識〉	《焚書》卷四：二一
		〈因記往事〉	《焚書》卷四：二二
		〈與友山〉	《焚書》卷二：三二
		〈寄焦弱侯〉	《續焚書》卷一：五三
		〈別劉肖川書〉	《焚書》卷二：十六
		〈與劉肖川〉	《續焚書》卷一：四四
		〈與河南吳中丞書〉	《焚書》卷二：三十
		〈答劉憲長〉	《焚書》卷一：十九
		〈答陸思山〉	《焚書》卷二：三一
		〈與周友山〉	《焚書》卷二：三二
		〈贈何心隱高第弟子胡時中〉	《焚書》卷六：二五
		〈寓武昌郡寄眞定劉晉川先生〉	《焚書》卷六：二二
(1592附)〔註6〕	六十六歲附	〈忠義水滸傳序〉	《焚書》卷三：十七
		〈崑崙奴〉	《焚書》卷四：三三
		〈玉合〉	《焚書》卷四：三二
		〈紅拂〉	《焚書》卷四：三五

〔註 6〕 明夏以前，卓吾復返龍湖。此居武昌期間（1591～1593）所作諸文無法確繫
　　　　於各年者，總彙於此。

		〈拜月〉	《焚書》卷四：三四
		〈雜說〉	《焚書》卷三：八
		〈童心說〉	《焚書》卷三：九
		〈與楊鳳里〉，	《焚書》卷二：二六
		〈寄京友書〉	《焚書》卷二：三四
		〈江上望黃鶴樓〉	《續焚書》卷五：三四
萬曆二十一年（1593）	六十七歲	〈又與鳳里〉	《焚書》卷二：二七
		〈三蠢記〉	《焚書》卷三：十五
		〈窮途說〉	《續焚書》卷二：二一
		〈三叛記〉	《焚書》卷三：十六
		〈移往上院邊廈告文〉	《焚書》卷四：十五
		〈三大士像議〉	《焚書》卷四：十一
		〈題孔子像於芝佛院〉	《續焚書》卷四：九
		〈題關公小像〉	《焚書》卷四：十
		〈告土地文〉	《焚書》卷四：十九
		〈列眾僧職事〉	《續焚書》卷四：六
		〈告佛約束偈〉	《焚書》卷四：二十
		〈代深有告文〉	《焚書》卷四：十二
		〈又告〉	《焚書》卷四：十三
		〈禮誦藥師告文〉	《焚書》卷四：十四
		〈安期告眾文〉	《焚書》卷四：十八
		〈答袁石公〉	《續焚書》卷五：二二
萬曆二十二年（1594）	六十八歲	〈禮誦藥師經畢告文〉	《焚書》卷四：十六
		〈代常通病僧告文〉	《焚書》卷四：十七
		〈與周友山〉	《續焚書》卷一：四八
		〈與周友山〉	《續焚書》卷一：十三
		〈六度解〉	《焚書》卷四：二八
		〈法華方便說〉	《續焚書》卷二：二二
		〈復梅客生〉	《續焚書》卷一：五八
		〈與梅衡湘〉	《焚書》卷二：二八
		〈復京中友朋〉	《焚書》卷一：十五
		〈耿楚倥先生傳〉	《焚書》卷四：九

		〈夜半聞雁〉	《焚書》卷六：十七
		〈讀顧沖菴辭疏〉	《續焚書》卷五：三九
		〈偈二首答梅中丞〉	《焚書》卷六：二八
		〈莊純夫還閩有憶〉	《焚書》卷六：十八
		〈重來山房贈馬伯詩〉	《焚書》卷六：四四
萬曆二十三年（1595）	六十九歲	《孫子參同》，《讀升菴集》，《觀音問》	
		〈孫子參同序〉	《李溫陵集》卷十：十一
		〈楊升菴集〉	《焚書》卷五：十八
		〈蜻蛉謠〉	《焚書》卷五：十九
		〈唐貴梅傳〉	《焚書》卷五：二十
		〈伯夷傳〉	《焚書》卷五：二三
		〈封使者〉	《焚書》卷五：二七
		〈宋統似晉〉	《焚書》卷五：二八
		〈逸少經濟〉	《焚書》卷五：二九
		〈孔北海〉	《焚書》卷五：三十
		〈鍾馗即終葵〉	《焚書》卷五：三二
		〈黨籍碑〉	《焚書》卷五：三六
		〈荀卿李斯吳公〉	《焚書》卷五：三八
		〈陳恒弒君〉	《焚書》卷五：四一
		〈文公著書〉	《焚書》卷五：四四
		〈四海〉	《焚書》卷四：二三
		〈八物〉	《焚書》四：二四
		〈書黃安上二人手冊〉	《焚書》卷三：三六
		〈高潔說〉	《焚書》卷三：十四
		〈與潘雪松〉	《續焚書》卷一：三八
		〈與方伯雨柬〉	《焚書》卷二：二四
		〈答以女人學道爲見短書〉	《焚書》卷二：十八
		〈豫約〉	《焚書》卷四：三十
		〈與方訒菴〉	《續焚書》卷一：八
		〈爲黃安二上人三首〉	《焚書》卷二：四五

(1595 附)〔註7〕	六十九歲附	〈寒燈小話〉	《焚書》卷四：三一
		〈與曾繼泉〉	《焚書》卷二：七
		〈復丘若泰〉	《焚書》卷一：八
		〈夫婦論〉	《焚書》卷三：四
		〈鬼神論〉	《焚書》卷三：五
		〈戰國論〉	《焚書》卷三：六
		〈兵食論〉	《焚書》卷三：七
		〈四勿說〉	《焚書》卷三：十一
		〈虛實說〉	《焚書》卷三：十二
		〈五死篇〉	《焚書》卷四：二五
		〈傷逝〉	《焚書》卷四：二六
		〈與周貴卿〉	《續焚書》卷一：四六
		〈與夏道逋〉	《續焚書》卷一：四九
		〈復夏道甫〉	《續焚書》卷二：十九
		〈富莫富於常知足〉	《焚書》卷六：二
		〈題繡佛精舍〉	《焚書》卷六：六
萬曆二十四年（1596）	七十歲	〈讀若無母寄書〉	《焚書》卷四：八
		〈答來書〉	《續焚書》卷一：二二
		〈與周友山〉	《續焚書》卷一：十九
		〈與馬伯時〉	《續焚書》卷一：三七
		〈答梅瓊宇〉	《續焚書》卷一：三一
		〈與城老〉	《續焚書》卷一：二五
		〈答周友山〉	《續焚書》卷一：三五
		〈與耿克念〉	《續焚書》卷一：二六
		〈與耿克念〉	《續焚書》卷一：三三
		〈答高平馬大尹〉	《續焚書》卷一：六一
		〈與汪鼎甫〉	《續焚書》卷一：七二
		〈答馬侍御〉	《續焚書》卷一：二三
		〈答友人書〉	《續焚書》卷一：十一

〔註 7〕明年秋後，卓吾復離龍湖出遊西北。此期間（1593～1596）所作詩文無法確
繫於各年者附彙於此。

		〈讀書樂〉	《焚書》卷六：一
		〈觀音問〉	《續焚書》卷五：十一
		〈郭有道與黃叔度會遇處〉	《續焚書》卷五：十二
		〈渡黃河〉	《續焚書》卷五：二四
		〈中州第一程〉	《焚書》卷六：四六
		〈詠史〉	《焚書》卷六：四七
		〈觀漲〉	《續焚書》卷五：五一
		〈雨甚〉	《續焚書》卷五：六九
		〈贈兩禪客〉	《焚書》卷六：四二
		〈中秋對月寫懷〉	《續焚書》卷五：六二
		〈八月雨雪似晉老和之〉	《續焚書》卷五：八十
		〈初雪〉	《續焚書》卷五：七十
		〈秋懷	《焚書》卷六：六五
		〈九日坪上〉	《焚書》卷六：三三
		〈至日自訟謝主翁〉	《焚書》卷六：四
		〈閑步〉	《焚書》卷六：六六
		〈雪後〉	《續焚書》卷五：五九
		〈除夕道場即事〉	《焚書》卷六：三四
萬曆二十五年（1597）	七十一歲	《道古錄》,《孫子參同》（初刊）	
		〈壽劉晉川六十序〉	《續焚書》卷二：五
		〈復夏道甫〉	《續焚書》卷一：四七
		〈祭無祀文〉	《焚書》卷三：三十
		〈壽王母田淑人九十序〉	《續焚書》卷二：八
		〈答劉敬臺〉	《續焚書》卷一：十八
		〈答友人〉	《續焚書》卷一：二七
		〈答代州劉戶曹敬台〉	《續焚書》卷一：六二
		〈與李惟清〉	《續焚書》卷一：三九
		〈答李惟清〉	《續焚書》卷一：三十
		〈與耿子健	《續焚書》卷一：七十
		〈答劉晉川〉	《續焚書》卷一：六三
		〈與李惟清〉	《焚書》卷二：二十

〈與耿叔台〉	《續焚書》卷一：六六
〈與潘雪松〉	《續焚書》卷一：五九
〈復陶石簣〉	《續焚書》卷一：七
〈與弱侯〉	《焚書》卷二：二三
〈與友人〉	《續焚書》卷一：五六
〈閉關〉	《焚書》卷六：三五
〈元宵〉	《焚書》卷六：三六
〈贈段善甫〉	《續焚書》卷五：七
〈得上院信〉	《焚書》卷六：四三
〈客吟四首〉	《續焚書》卷五：九
〈古道通三晉〉	《焚書》卷六：四五
〈晉陽懷古〉	《焚書》卷六：三八
〈渡桑間〉	《焚書》卷六：四十
〈過雁門〉	《焚書》卷六：三九
〈初至雲中〉	《焚書》卷六：四一
〈乾樓晚眺〉	《焚書》卷六：六八
〈大同城〉	《續焚書》卷五：二九
〈雲中僧舍芍藥〉	《焚書》卷六：二七
〈哭懷林〉	《焚書》卷六：三七
〈塞上吟〉	《焚書》卷六：二三
〈曉行逢征東將士卻寄梅中丞〉	《焚書》卷六：七六
〈晚過居庸〉	《焚書》卷六：七七
〈望京懷雲中諸君子〉	《續焚書》卷五：七七
〈觀兵城東門〉	《續焚書》卷五：一
〈至後大雪呼鄰人縫衣帶因感而賦之〉	《續焚書》卷五：七一
〈薊北遊寄雲中歐江詞伯〉	《續焚書》卷五：七八
萬曆二十六年（1598） 七十二歲	《淨土訣》。《選錄睽車志》。《老人行》。《永慶答問》（余永寧等編錄）。《坡公年譜幷後錄》。《龍溪先生文錄抄》
	〈答潘王〉　《續焚書》卷一：六四

		〈選錄睽中志敘〉	《續焚書》卷二：十
		〈說弧集序〉	《續焚書》二：十一
		〈老人行敘〉	《續焚書》卷二：六
		〈書使通州詩後〉	《焚書》卷二：四三
		〈定林庵記〉	《焚書》卷三：十三
		〈與焦弱侯〉	《焚書》卷二：三五
		〈與吳常得〉	《續焚書》卷一：二一
		〈復顧沖菴翁書〉	《焚書》卷二：四一
		〈龍溪先生文錄抄序〉	《焚書》卷三：二五
		〈元日極樂寺大雨雪〉	《焚書》卷六：七九
		〈朔風謠〉	《焚書》卷六：五
		〈清池白月詠似瀋國王〉	《續焚書》卷五：六三
		〈直沽送馬誠所兼呈若翁歷山並高張二居士〉	《續焚書》卷五：七五
		〈過聊城〉	《焚書》卷六：七三
		〈過武城〉	《焚書》卷六：七四
		〈歌風臺〉	《續焚書》卷五：五
		〈使往通州問顧沖菴〉	《續焚書》卷五：八二
		〈和壁間韵〉	《續焚書》卷五：五七
		〈初往招隱堂堂在謝公墩下〉	《續焚書》卷五：七三
		〈士龍攜二孫同弱侯過余解粽〉	《焚書》卷六：二八
		〈六月訪袁中夫攝山〉	《焚書》卷六：七十
		〈恨菊〉	《焚書》卷六：三一
		〈哭陸仲鶴〉	《焚書》卷六：三二
		〈喜楊鳳里到攝山〉	《焚書》卷六：四九
萬曆二十七年（1599）	七十三歲	《藏書》（初刊）	
		〈復劉肖川〉	《續焚書》卷一：四二
		〈復顧沖菴〉	《焚書》卷二：四二
		〈書晉川翁壽卷後〉	《焚書》卷二：三八
		〈復晉川翁書〉	《焚書》卷二：三七
		〈復李士龍〉	《續焚書》卷一：十七

		〈棲霞寺重新佛殿勸化文〉	《續焚書》卷四：五
		〈書方伯雨冊葉〉	《焚書》卷四：七
		〈立春喜常融二僧至〉	《焚書》卷六：六七
		〈觀梅〉	《焚書》卷六：十二
		〈卻寄〉	《焚書》卷六：四八
		〈贈利西泰〉	《焚書》卷六：六九
1599附〔註8〕	七十三歲附	《批選大慧集》（或名：《大慧集鈔評》），《宗門武庫評》，《闇然類鈔》	
		〈書蘇文忠公外紀後〉	《續焚書》卷二：十六
		〈闇然堂類纂引〉	《焚書》卷五：四五
		〈朋友篇〉	《焚書》卷五：四六
		〈阿寄傳〉	《焚書》卷五：四七
萬曆二十八年（1600）	七十四歲	《易因》，《陽明先生道學鈔》，《陽明先生年譜》，《焚書》（再刻），《說書》（再刻）	
		〈說法因由〉	《續焚書》卷四：八
		〈與鳳里〉	《續焚書》卷一：五四
		〈與汪鼎甫〉	《續焚書》卷一：六八
		〈與汪鼎甫〉	《續焚書》卷一：七五
		〈與方伯雨〉	《續焚書》卷一：十四
		〈與友人書〉	《續焚書》卷一：五二
		〈釋迦佛後〉	《續焚書》卷四：二
		〈復澹然大士〉	《焚書》卷二：四四
		〈與友人〉	《續焚書》卷一：五七
		〈與梅長公〉	《續焚書》卷一：四五
		〈與焦弱侯〉	《續焚書》卷一：五
		〈琴臺〉	《續焚書》卷五：十三
		〈聊城懷古〉	《續焚書》卷五：二七
		〈掛劍臺〉	《續焚書》卷五：二六
		〈南池〉	《續焚書》卷六：二九
		〈太白樓〉	《焚書》卷六：三十
		〈望東平有感〉	《焚書》卷六：七二
		〈哭袁大春坊〉	《續焚書》卷五：五六

〔註8〕卓吾明春旅濟寧，旋歸龍湖。南都三年間（1598～1600）尚有編著，列於次。

萬曆二十九年 （1601）	七十五歲	《三教妙述》（即：言善篇）。《史閣》（二四篇）	
		〈復丘長孺〉	《續焚書》卷一：十五
		〈道教鈔小引〉	《續焚書》卷二：十四
		〈聖教小引〉	《續焚書》卷二：十五
		〈釋子須知序〉	《續焚書》卷二：四
		〈史閣敘述〉	《續藏書》卷十
		〈書小修手卷後〉	《續焚書》卷二：十八
		〈姚恭靖〉	《續藏書》卷九
		〈送馬誠所侍御北還〉	《續焚書》卷〉五：七二
		《溫泉酬唱——有序》	《續焚書》卷五：五二
		〈汝陽道中〉	《續焚書》卷五：十
		〈復丘長孺〉	《續焚書》卷一：十五
		〈道教鈔小引〉	《續焚書》卷二：十四
		〈聖教小引〉	《續焚書》卷二：十五
1601附〔註9〕	七十五歲附	《續藏書》	
		〈追述潘見泉先生往會因由 付其兒參將〉	《續焚書》卷四：七
		〈答馬歷山〉	《續焚書》卷一：一
		〈復馬歷山〉	《續焚書》一：二
		〈與馬歷山〉	《續焚書》卷一：三
萬曆三十年 （1602）	七十六歲	《九正易因》	
		〈遺言〉	《續焚書》卷四：十四
		〈書遺書後〉	《續焚書》卷四：四
		〈繫中八絕〉	《續焚書》卷五：四八
		〈繫中憶汪鼎甫南還〉	《續焚書》卷五：八四
萬曆三十九年 （1611）	歿後九年	《續藏書》刊行 《陽明先生道學鈔附年譜》再刻（武林繼錦堂）	
萬曆四十年 （1612）	歿後十年	《李卓吾遺書》刻行	

〔註9〕居通州一年又數月間尚有數事者繫於此

萬曆四十一年 （1613）	歿後十一年	《史綱評要》刊行
萬曆四十二年 （1614）	歿後十二年	袁無涯刊行卓吾《批點水滸傳》
萬曆四十六年 （1618）	歿後十六年	《續焚書》刻行
1618後？	歿後？年	潘曾紘輯：《永慶答問錄》、《柞林紀譚》……，及卓吾諸友輩來往書箚成《李溫陵外紀》

參考書目

一、

1. 《易因》，李贄，續道藏（家、給）本。

2. 《藏書》，李贄，學生書局。

3. 《續藏書》，李贄，學生書局。

4. 《卓吾二書》（初潭集、史綱評要），李贄，河洛出版社。

5. 《陽明先生道學鈔》，李贄編，萬曆己酉（三十）武林繼錦堂刊本。

6. 《李氏叢書》（老子解、莊子解、心經提綱），李贄，明刊本（央圖）。

7. 《墨子批選》，李贄，中國子學名著集成（蕭天石編）本。

8. 《李溫陵集》，李贄，文史哲出版社（影明刻本）。

9. 《李氏焚書》、《續焚書》，李贄，（日）中文出版社。

10. 《李卓吾遺書》，李贄，萬曆壬子（四十）陳大來刊本。

11. 《李溫陵外紀》，潘曾紘編，偉文圖書公司（影明刊本）。

12. 《李卓吾評傳》，容肇祖，商務印書館。

13. 《儒教叛徒李卓吾》，吳澤，仲信出版社。

14. 《李卓吾文論》，陳錦釗，政大中研所碩士論文。

15. 〈李贄〉，釋袾宏，見氏著：竹窗隨筆（新文豐出版社）。

16. 〈李贄〉，顧炎武，見氏著：日知錄（明倫出版社）。

17. 〈李卓吾年譜〉，鈴木虎雄，福建文化三：十八（民國 24 年）。

18. 〈李卓吾專號〉，朱維之等，福建文化三：十八（民國 24 年）。

19. 〈李卓吾事實辨正〉，黃雲眉，金陵學報二：一（民國 21 年 5 月）。

20. 〈李贄先世攷〉，葉國慶，歷史研究（1958 年 2 月）。

21. 〈李贄的家世、故居、及其妻墓碑〉，泉州市文管會等，文物（一九七五：一）。

22. 〈李卓吾著述攷〉，烏以鋒，國立中山大學文史研究所輯刊一：二（民國21年）。

23. 〈李贄的進步思想〉，邱漢生，歷史研究（1959年7月）。

24. 〈泰州學派的進步思想家——李贄〉，邱漢生，歷史研究（1964年3月）。

25. 〈李贄之史學〉，趙令揚，東方文化十一：一（1973年1月）。

26. 〈評福蘭閣教授的李贄研究〉，馮君培，圖書季刊新二：一（民國29年3月）。

27. 〈介紹李贄的一都重要著作——明刻本《史綱評要》〉，廈門大學歷史系等，文物二二〇。

28. 〈跋上海博物館所藏李贄手迹〉，汪慶正，文物1974年10月。

29. 〈李贄——自相衝突的哲學家〉，黃仁宇，見氏著：《萬曆十五年》（食貨出版社）。

二、

1. 《明史》，張廷玉，國防研究院。

2. 《明書》，傅維麟，商務印書館（國學基本叢書）。

3. 《明史稿》，王鴻緒，文海出版社。

4. 《明史列傳》，徐乾學，學生書局。

5. 《明史紀事本末》，谷應泰，華世出版社。

6. 《國朝獻徵錄》，焦竑，學生書局（中國史學叢書）。

7. 《蘭台法鑒錄》，何出光等，萬曆刻本。

8. 《居士傳》，彭際清，琉璃經房。

9. 《本朝分省人物考》，過廷訓，天啓刻本。

10. 《光緒順天府志》，繆荃孫等，光緒二八年補刊光緒十至十二年本。

11. 《福建通紀》，陳衍，大通書局（影民國十一刊本）。

12. 《泉州府志》，黃任等，台南文獻委員會（影同治九年重刊本）。

13. 《晉江縣志》，朱升元等，同治十一年補刊乾隆三十年本。

14. 《公安縣志》，王慰等，成文出版社（影民國26年重排本）。

15. 《麻城縣志》，余士珩等，光緒八年重訂光緒三年本。

16. 《姚州志》，陸宗鄭等，光緒十一年刊本。

17. 《通州志》，王維珍，光緒五年刊本。

18. 《黃安縣志》，朱錫緩等，同治八年刊本。

19. 《台灣公藏方志聯合目錄》，中央圖書館，正中書局。

20. 《列朝詩集小傳》，錢謙益，世界書局。

21. 《明儒學案》，黃宗羲，河洛出版社。

22. 《明代史》，孟森，華世出版社。

23. 《明代名人傳》（Dictionary on Ming Biography），房兆楹等，（美）哥倫比亞大學出版部。

24. 《明清儒學家著述生卒年表》，麥仲貴，學生書局。

三、

1. 《國史經籍志》，焦竑，見：明史藝文志廣編（世界書局）。

2. 《明史藝文志》，黃虞稷等，同上。

3. 《明史藝文志補》，宋定國等，同上。

4. 《清續文獻通考經籍考》，（乾隆間官修），見：明史藝文志廣編（世界書局）。

5. 《四庫全書總目提要》，紀昀，藝文印書館。

6. 《四庫目略》，楊立誠，台灣中華書局。

7. 《四庫簡明目錄標注》，邵懿辰等，世界書局。

8. 《四庫提要辨證》，余嘉錫，藝文印書館。

9. 《四庫提要補正》，胡玉縉，中國辭典館復館籌備處。

10. 《續修四庫提要》，台灣商務印書館。

11. 《清代禁燬書目》，姚覲元，收入嚴靈峰編：書目類編（成文出版社）。

12. 《清代禁書知見錄》，孫殿起，收入嚴靈峰編：書目類編（成文出版社）。

13. 《台灣公藏善本書目書名索引》，國立中央圖書館編，該館（民國 60 年）。

14. 《台灣公藏善本書目人名索引》，國立中央圖書館編，該館（民國 61 年）。

15. 《美國國會圖書館藏善本書目》，王重民、袁同禮，文海出版社影印本。

16. 《普林斯敦大學葛斯德東方圖書館中文善本書目》，屈萬里，藝文印書館。

17. 《日本現存明人文集目錄》，山根幸夫，東京女子大學東洋史研究室。

18. 《中國通俗小說書目》，孫楷第，鳳凰出版社。

19. 《日本東京所見小說書目》，孫楷第，鳳凰出版社。

20. 《戲瑕》，錢希言，借月山房彙鈔本。

21. 《因樹屋書影》，周亮工，清雍正三年刊本。

22. 《四庫書目續編（販書偶記）》，孫耀卿，世界書局。

23. 《善本戲曲經眼錄》，張棣華，文史哲出版社。

四、

1. 《龍溪王先生全集》，王畿，中文出版社（影日江戶年間和刻本）。
2. 《王龍溪語錄》，王畿，廣文書局。
3. 《盱壇直詮》，羅近溪，廣文書局。
4. 《耿天台先生文集》，耿定向，文海出版社（明人文集叢刊）。
5. 《方初庵先生集》，方揚，萬曆乙卯（四十三）新安方氏家刊本。
6. 《焦氏澹園集》，焦竑，偉文圖書公司。
7. 《焦氏澹園續集》，焦竑，（日）內閣文庫據萬曆三九年（序）刊本製（M. F）。
8. 《焦氏筆乘》，焦竑，商務印書館。
9. 《何心隱集》，容肇祖編，弘文館出版社。
10. 《楊復所家藏文集》，楊起元，萬曆間楊氏家刊本。
11. 《鄒子願學集》，鄒元標，萬曆間楊氏家刊本。
12. 《白蘇齋集》，袁宗道，偉文圖書公司。
13. 《袁中郎先生全集》，袁中道，偉文圖書公司。
14. 《珂雪齋前集》，袁中道，偉文圖書公司。
15. 《珂雪齋近集》，袁中道，偉文圖書公司。
16. 《遊居柿錄》，袁中道，新興書局。
17. 《萬曆野獲篇》，沈德符，新興書局。
18. 《歇庵集》，陶望齡，萬曆庚戌（三十八）眞如齋刊本。
19. 《無夢園集小品》，陳仁錫，崇禎乙亥（八）古吳陳氏刊本。
20. 《牧齋初學集》，錢謙益，商務印書館（四部叢刊本）。
21. 《帝京景物略》，劉侗，廣文書局。

五、

1. 《中國哲學史》，勞思光，三民書局。
2. 《中國思想史》，韋政通，大林出版社。
3. 《中國思想通史》，侯外盧，（北平）人民出版社。
4. 《新儒家思想史》，張君勱，張君勱獎學金基金會。
5. 《明儒學案》，黃宗義，河洛出版社。
6. 《明代思想史》，（容肇祖），台灣開明書局。
7. 《中學術思想史論叢（六、七)》，錢，穆，東大圖書公司。
8. 《中國哲學資料選輯（宋元明)》，馮芝生、容肇祖等，九思出版社。

9. 《中國哲學思想論集（宋明篇)》，項維新、劉福增編，牧童出版社。

10. 《明清思想家論集》，王煜，聯經圖書公司。

11. 《王門諸子致良知學之發展》，麥仲貴，香港中文大學。

12. 《晚明思想史論》，嵇文甫，商務印書館（重慶，民國 32 年）。

13. 《左派王學》，嵇文甫，開明書店（上海，民國 23 年）。

14. 《朱元璋傳（附：歷史的鏡子)》，吳辰伯，活泉書屋。

15. 《佛教與儒家倫理》，道端良秀，中華佛教文獻編撰社。

16. 《中國佛教之歷史研究》，陳垣，九思出社版。

17. 《中國佛教史論集（明清)》，張曼濤編，大乘文化出版社。

18. 《佛教與中國思想社會》，張曼濤編，大乘文化出版社。

19. 《明代宗教》，陶希聖等，學生書局。

20. 〈焦竑及其思想〉，容肇祖，《燕京學報》二三（民國 27 年）。

21. 〈何心隱及其思想〉，容肇祖，《輔仁學誌》六：一～二（民國 26 年）。

22. 〈明儒與道教〉，柳存仁，《新亞學報》八：一（1967 年）。

23. 〈研究明代道家思想中日文書舉要〉，柳存仁，《崇基學報》六：二（民國 55 年）。

24. 〈觀老莊影響論〉，釋德清，見氏著：《憨山老莊解》（琉璃經房）附錄。